Talk Like TED
The 9 Public-Speaking Secrets
of the World's Top Minds

TED
驚異のプレゼン

人を惹きつけ、心を動かす9つの法則

カーマイン・ガロ
土方奈美 訳

日経BP社

TALK LIKE TED

『TED　驚異のプレゼン』

目次

はじめに

アイデアが21世紀を動かす

「僕はラーニング・マシン《学習する機械》であり、ここは絶好の舞台だ」
――アンソニー・ロビンズ、2006年TEDにて

アイデアが21世紀を動かす。世の中には、自分のアイデアを伝えるのが抜群にうまい人たちがいる。そのスキルのおかげで、彼らの社会的なステータスや影響力は高まっていく。卓越したスピーカー（講演者）が語る大胆なアイデアほど心を揺さぶるものはない。入念に練り上げ、伝えられるアイデアには、世界を変える力がある。

世界一流のコミュニケーターの目が覚めるようなプレゼンテーションを聞き、彼らに共通する法則を見きわめて、あなた自身がその法則で聴衆を魅了できたら、どんなにすばらしいだろう。今、その夢が現実になる。夢をかなえてくれるのは、最高のプレゼンテーションをイン

ターネットで無料公開しているTED（Technology, Entertainment, Design の略）というカンファレンスだ。そして何百ものTEDプレゼンに対する私の科学的な分析、TEDの人気スピーカーへの直接取材、さらに世界で最も尊敬されるブランドのリーダーに長年プレゼンテーションを教えてきたノウハウもきっとお役に立つはずだ。

本書は、もっと自信をもって話をしたい、説得力のあるスピーチをしたいという人たちに向けた本だ。プレゼンテーションをする人、製品やサービスを販売する人、周囲を激励して組織を引っ張る人のための本でもある。あなたに広めるべきアイデアがあるなら、本書のテクニックを活用してほしい。想像ができなかったほどの説得力でアイデアを伝えられるようになる。

2012年3月、人権弁護士のブライアン・スティーブンソンがカリフォルニア州ロングビーチで毎年開かれるTEDカンファレンスで、1000人の聴衆を前に講演した。そしてTED史上、最も長い時間スタンディング・オベーションを受け、そのプレゼンテーションはネット上で200万回近く視聴された。スティーブンソンは聴衆のアタマとハートに訴え、18分にわたってくぎづけにした。「アタマとハートに訴える」というコンビネーションが奏功し、その日の聴衆は総額100万ドルをスティーブンソンの非営利団体（NPO）、イークアル・ジャスティス・イニシアチブに寄付したという。講演1分あたり5万5000ドル超という計算になる。

スティーブンソンはプレゼンでパワーポイントは使わなかった。画像もスライドも、何の小道具も使わなかった。彼の力強い語り口の勝利である。

TEDの人気スピーカーの中には、インパクトを強めるためにパワーポイントを使う人もいる。2011年3月にはデビッド・クリスチャン教授がTEDでの講演を機に、学校で「ビッグヒストリー」を教える運動をはじめた。「ビッグヒストリー」とは、子供たちにこの世界がどのように進化したのか、それが宇宙の中でどのような位置づけなのかを教える取り組みだ。18分間にわたるクリスチャンの講演では、視覚に訴えるスライドや興味をそそる図表が威力を発揮した。18分間で130億年の歴史を網羅したクリスチャンのプレゼンテーションは、100万回以上視聴されている。

スティーブンソンとクリスチャンのプレゼンテーションの流儀は、一見するとまったく異なる。ひとりは胸を打つストーリーを語り、もうひとりは山のようなデータをイメージ豊かなスライドとともに伝える。しかし、ふたりのプレゼンテーションが人の心をとらえ、楽しませ、刺激に満ちているのは、共通する9つの法則を実践しているからだ。ふたりとも説得の科学と技を知り抜いているのだ。

500以上のTEDプレゼン（のべ150時間以上）を分析し、TEDで大成功を収めた人たちを直接取材した結果、私は最も人気のあるTEDのプレゼンテーションには共通する9つの法則があることを発見した。さらに世界一流の神経科学者、心理学者、コミュニケーションの専門家へのインタビューを通して、この9つの法則の根底にある基本ルールがなぜこれほどすばらしい効果をあげるのかを突きとめた。

ここでとっておきのニュースをひとつ。卓越したコミュニケーターに共通する法則を身につければ、あなたも次のセールストーク、あるいはプレゼンテーションで目覚ましい成果をあげられる。こうしたテクニックは私が長年、生活に欠かせない製品を送り出す起業家、あるいはそうした企業のＣＥＯ（最高経営責任者）やリーダーのコーチングで使ってきたものだ。

みなさんがＴＥＤの年次カンファレンスに登壇することはないかもしれないが、ビジネスで成功したいと思うなら、ＴＥＤに出ても恥ずかしくないプレゼンテーション能力を身につけたほうがいい。それは大胆かつ新鮮、現代的で魅力的なスタイルであり、身につければみなさんも、聞き手を魅了できるようになる。

広める価値のあるアイデア

リチャード・ソール・ワーマンは１９８４年、１回限りのイベントとしてＴＥＤカンファレンスを立ち上げた。その６年後、ＴＥＤはカリフォルニア州モントレーで４日間にわたる会議として復活した。４７５ドルの参加費を払うと、技術（Technology）、教育（Education）、デザイン（Design）という３分野にわたるさまざまな講義を聞ける。２００１年にはテクノロジー雑誌の発行人であったクリス・アンダーソンがＴＥＤを買収し、２００９年に開催地をカリフォルニア州ロングビーチに移した。国際的な人気を受けて、２０１４年からはカナダのバンクーバーでも開催される。

２００５年までは年１回のみの開催だった。４日間にわたり、50人のスピーカーがそれぞれ18分間のプレゼンテーションを行う形式だ。その年、アンダーソンは世界中の聴衆が聞けるように、「ＴＥＤグローバル」という姉妹カンファレンスを立ち上げた。２００９年にはほかの団体が「ＴＥＤｘ」と呼ばれる地域レベルのイベントを開催できるようにライセンス供与をはじめた。その結果、３年間に世界中で行われた講演は１万６０００以上。現在では世界１３０カ国以上で、毎日５つの「ＴＥＤｘ」イベントが開催されている。

驚異的に成長したカンファレンス以上にＴＥＤスピーカーと世界中の聴衆とを引き合わせたのは、２００６年６月に立ち上がったウェブサイト「ＴＥＤドットコム」である。まず、テストとして、６つの講演が公開された。半年後、サイトにはまだ40ほどのプレゼンテーションしか公開されていなかったが、視聴回数は３００万回以上にのぼった。世界は明らかに、優れたアイデアに心を震わせる経験に飢えていた。それは今も変わらない。

２０１２年11月13日、ＴＥＤドットコムの視聴回数は10億回に達し、現在は１日１５０万回ペースで視聴されている。動画は最大90カ国語に翻訳され、毎日毎秒、新たに17人がプレゼンの再生ボタンを押している。クリス・アンダーソンはこう語っている。

「かつては年１回、８００人が集まるだけだったが、今では日々１００万人近い聴衆がネットでＴＥＤの講演を見ている。実験として講演を何本か公開したらあまりにも熱狂的な反応があったので、組織の発想を切り替え、自分たちの商品はカンファレンスではなく、『広げる価値のあるアイデア』だと考えることにした。そして、ウェブサイトをつくった。今でもカンファレンスが事業のエンジンであることに変わりはないが、ウェブサイトはアイデアを世界に広げるアンプの役割を果たしている[1]」

最初にネットで公開されたＴＥＤトークは、ファンの間で「クラシックス《古典》」として知られ、そのファンは自分たちを愛着を込めて「ＴＥＤｓｔｅｒ（ＴＥＤ屋）」と呼ぶ。スピーカーにはアル・ゴア、ケン・ロビンソン卿、アンソニー・ロビンズなど錚々《そうそう》たる顔ぶれが並ぶ。従来型のスライドを使う人もいれば、使わない人もいる。だが、だれもが心を揺さぶる斬新で記憶に残る講演をしている。ＴＥＤが非常に影響力のあるプラットフォームとなったため、有名な俳優やミュージシャンは広める価値のあるアイデアを思いつくと、ＴＥＤのステージに直行するようになった。映画『アルゴ』でアカデミー作品賞を受賞した監督のベン・アフレックは受賞の数日後、ロングビーチのＴＥＤカンファレンスに登場し、コンゴでの自分の活動について語った。その数日前にはＵ２のボーカル、ボノが反貧困活動の世界的な成功についてプレゼンをしている。有名人がまじめな話をしたいときには、ＴＥＤのステージに立つのだ。

フェイスブックＣＯＯ（最高執行責任者）のシェリル・サンドバーグは「組織における女性」というテーマで講演し、それがＴＥＤドットコムで大反響を呼んだ。そこで同じテーマでベストセラー『ＬＥＡＮ　ＩＮ（リーン・イン）』（日本経済新聞出版社刊）を書いた。ＴＥＤのプレゼンは、人々の世界の見方を変え、芸術、デザイン、ビジネス、教育、健康、科学、技術、そして世界的問題といった分野で新たなムーブメントを起こすきっかけとなるのだ。

２００６年のＴＥＤカンファレンスに参加したドキュメンタリー映画監督のダフネ・ズニーガは「世界一流の起業家、デザイナー、科学者、アーティストが驚くようなアイデアを披露する、頭脳版『シルク・ド・ソレイユ』」という形容がぴったりのカンファレンス」と評している[2]。ズニーガは、こんなイベントは2つとないと言い、こう語る。

「学習、情熱、そしてインスピレーションの4日間。（中略）知的な刺激があり、耳にしたアイデアが心まで動かすことがあるなんて思ってもみなかった」

オプラ・ウィンフリーはもっと簡潔にこう表現している。

「ＴＥＤはとびきり優秀な人たちが、とびきり優秀な人たちの語るアイデアを聞きに行くところだ」

スティーブ・ジョブズ　驚異のプレゼン

私には、ＴＥＤのプレゼンテーションを分析するうえで強みとなる経験がある。世界的ベストセラー『スティーブ・ジョブズ　驚異のプレゼン』（日経ＢＰ社刊）を書いた経験だ。数々の著名CEOが、同書で紹介した基本法則を実践している。また、世界中の何十万人ものプロフェッショナルがこの法則を使ってプレゼンテーションを劇的に改良している。これほど注目されるのは光栄だが、ここで改めて『スティーブ・ジョブズ　驚異のプレゼン』で紹介したテクニックはスティーブ・ジョブズの専売特許ではないことをお伝えしたい。アップルの共同創業者でハイテク業界のカリスマ経営者だったジョブズは、テクニックを使うのがおそろしくうまかっただけだ。そして、こうしたテクニックはとても「TEDらしい」ものと言える。

『スティーブ・ジョブズ　驚異のプレゼン』の中で、聴衆を魅了するジョブズの才能をあますところなく示す事例として、私は2005年のスタンフォード大学卒業式での有名なスピーチを挙げた。このスピーチはTEDドットコムで、最も人気のある動画のひとつだ。正式なTEDトークではないにもかかわらず、最高のTEDプレゼンと同じ要素を備え、1500万回以上も見られている。

「時間は限られています。他人の人生を歩んで時間を無駄にしないでください[3]。世間の常識にとらわれないでください。それは、ほかの人々の考えに従って生きることに等しいのですから。周りの意見に惑わされ、自分の内なる声を見失わないでください。一番大事なのは、自分の心とひらめきに従う勇気を持つことです。自分が本当はどうなりたいと思っているのか、それを教えてくれるのが自分の心とひらめきなのです」

このジョブズの言葉は、TEDのプレゼンに感動するような人たちの心に響く。彼らは常に何かを追い求め、学ぶことに意欲的だ。現状に満足せず、世界を進歩させるような刺激的で革新的なアイデアを探している。『スティーブ・ジョブズ　驚異のプレゼン』では、スティーブ・ジョブズというひとりの達人からテクニックを学んだが、本書では達人をわんさか紹介する。

21世紀のデール・カーネギー

本書は書店に並んでいるどの本よりも、コミュニケーションの科学をとことん深く掘り下げる。科学者、作家、教育者、環境活動家、そして有名なリーダーなど、一世一代のスピーチを練り上げ、発表する人々を紹介する。TEDドットコムで視聴できる1500以上のプレゼンテーションの一つひとつが、パブリックスピーキング（演説法）がどういうものかを教えてくれる。

TEDトークに共通するパブリックスピーキングの法則を本にまとめようと考えはじめたとき、私がイメージしたのは「21世紀のデール・カーネギー」だ。カーネギーは1915年、マスマーケット向けとしては初めてのパブリックスピーキングと自己啓発の本『The Art of Public Speaking（パブリックスピーキングの技法）』を出版した。カーネギーの直観は的を射たものばかりだった。たとえばスピーチは短くすべきだと勧めている。物語は聴衆と感情的な結びつきを生む強力な手段だとも書いている。メタファーやアナロジーといった修辞的手法の有効性も提示。また、パワーポイントが発明される75年以上前であるにもかかわらず、カーネギーはビジュアルの利用についても論じている。人々の心を動かすうえで、情熱、練習、そして優れた話し方の重要性をよく理解していた。１９１５年にカーネギーが推奨したことはすべて、今でも効果的なコミュニケーションの基礎となっている。

カーネギーの考え方は正しかったが、当時は科学的な解析ツールはまだ存在していなかった。今日の科学者はｆＭＲＩ（機能的磁気共鳴画像装置）を使って人の脳をスキャンして、話す、あるいは他人の話を聞くといった特定の作業をしているときに、脳のどの分野が活性化しているかを正確に把握できるようになった。ｆＭＲＩをはじめとする近代科学のさまざまなツールによって、コミュニケーション分野では膨大な研究成果が生まれた。

本書で明らかにする法則は、世界一流の科学者のこうした最新の成果を裏づけとしている。情熱は伝播するのか。物語を語ると、あなたの心と聞き手の心を「シンクロ」させることができるのか。なぜ60分のプレゼンより、18分のプレゼンのほうが効果的なのか。なぜビル・ゲイツが聴衆に向かって蚊を放つ動画が拡散するのか。こうした疑問の答えは、すべてこの本の中にある。

パブリックスピーキングの技法を学ぶための強力なツールで、カーネギーの時代には存在しなかったものがもうひとつある。それは、インターネットだ。インターネットが商用化されたのは、カーネギーが亡くなってから40年後である。ブロードバンド通信のおかげで、ＴＥＤドットコムで世界一流の人材の一世一代のプレゼンテーションを見られるようになった。9つの法則を学び、TEDの人気スピーカーのインタビューを読み、それらの裏づけとなる科学を理解したら、TEDドットコムでそうしたスキルが実際にどのように活かされているかを確かめてほしい。

心を動かすプレゼンの3要素

TEDの人気スピーカーのプレゼンは、アイデアの山に埋もれてしまうことがない。突出しているのだ。ダニエル・ピンクが著書『人を動かす、新たな3原則』(創元社刊)で指摘するとおり、「好むと好まざるとにかかわらず、いまやだれもがセールスマンだ[4]」。

あなたがすでにTEDで講演を頼まれているなら、本書はまちがいなくバイブルとなる。まだTEDから招かれておらず、講演するつもりがないとしても、本書はあなたの人生において最も価値ある1冊の中に入るはずだ。なぜなら、これまで想像もしなかったほどの説得力であなた自身、そしてあなたのアイデアを売り込む方法をお教えするからだ。心を動かすプレゼンに例外なく備わっている要素を自分のプレゼンに取り入れる方法、そしてリーダー、コミュニケーターという新しいイメージを打ちだす方法も伝授する。

ここで、改めて言っておこう。どんなすばらしいアイデアでも、人の心を動かせなければ意味がない。アイデアの価値は、それによって引き起こされる行動の価値で決まるのだ。

本書は3部構成になっており、それぞれが心を動かすプレゼンテーションの3要素に対応している。魅力的なプレゼンテーションは例外なく、次の要素をそなえている。

- ■感情に訴える――聴衆のハートに触れる
- ■目新しさを出す――聴衆に何か新しいことを教える
- ■記憶に残す――聴衆が絶対に忘れないような形で見せる

感情に訴える

傑出したコミュニケーターは、聴衆のアタマに訴え、ハートに触れる。プレゼンテーションをする人のほとんどは「ハート」の部分を忘れがちだ。第1章では、あなたが心から熱くなれることを見つけだし、あなたの中にいる「プレゼンの達人」を呼び覚ます方法を学ぶ。そこでは、なぜパブリックスピーキングのスキルを習得するうえで情熱がカギとなるかを解き明かす。この研究が一般向けの本で紹介されるのは初めてだ。

第2章では、あなたのアイデアに共感してもらうためにストーリーが効果的である理由とストーリーテリング《物語を話す》の技法とを説明する。ストーリーがどのようにあなたと聞き手の心を「シンクロ」させ、深い連帯感をはぐくむかを示す最新の研究も紹介しよう。第3章では、誠実で自然な何気ない会話をしているような印象を与えるTEDスピーカーのボディランゲージや話し方を見ていく。プレゼンテーションのリハーサルに200時間も費やすスピーカーも紹介するので、その練習方法を学んでほしい。あなたのたたずまいや話し方を、自然で、それでいて強い印象を与えるものにするテクニックも学ぼう。

目新しさを出す

私が取材した神経学者によると、人を惹きつけるのに最も効果があるのは「目新しさ」だという。ユーチューブのトレンド・マネージャーであるケビン・アロッカはTEDの聴衆にこう語った。

「毎分2日分の長さの動画がアップロードされる時代に注目を集められるのは、めちゃくちゃユニークで意表を突くものだけだ」

脳は目新しいことを無視できない。だからあなたが第2部のテクニックを身につけたら、聞き手はあなたを無視できなくなる。第4章ではTEDの凄腕スピーカーたちが、新しい情報や専門分野への独自のアプローチによって、どのように聴衆を夢中にさせるかを見ていく。第5章では何年たっても語り草になるような「驚きの瞬間」を、スピーチの中に慎重かつ意識的に仕込むスピーカーを取りあげ、「驚きの瞬間」を演出する方法を説明する。第6章では、本物のユーモアという難しくも重要な要素について、使うべきタイミング、使い方のほか、ジョークを言わずにおもしろいと思わせる方法を見ていく。ユーモアの持ち味は人それぞれで、あなた自身のプレゼンスタイルになじむものでなければならない。

記憶に残す

どんなに目新しいアイデアでも、聴衆があなたの言ったことを覚えていられなければ、まったく意味がない。第7章では、アイデアを伝えるのに18分というTEDプレゼンテーションの長さが理想的である理由を掘り下げていく。もちろん、その裏づけとなる科学的根拠もある。

第8章は、聴衆が内容を思い出しやすいように、いくつもの感覚を刺激し、プレゼンテーションを生き生きと見せることの重要性について解説する。第9章では、自分らしさの重要性に注目する。これは聴衆に「この人は信じられる」と思わせる、誠実で信頼感のあるスピーカーになるための究極のポイントだ。

各章では、TEDの人気スピーカーに共通するテクニックのひとつに的を絞り、実際にプレゼンテーションをした人たちの事例、意見、インタビューをまじえて紹介する。また各章には「TED NOTE」として、あなたの次のセールストークやプレゼンテーションに役立つ具体的なヒントをまとめた。

本書の巻末には、本書で紹介するTEDのスピーカーとプレゼンのタイトル、URLも章ごとに記載したので、TEDドットコムで簡単に見つけられるだろう。

各章で紹介する法則については、裏づけとなる科学的な根拠も詳しく見ていく。なぜそうしたテクニックに効果があるのか、どうすればそれを応用してプレゼンテーションを一段とハイレベルなものにできるのかがわかる。人間心理に関する研究はここ10年で大きな進歩を遂げた。そうした研究成果には、あなたの次のプレゼンテーションに活かせる重要なヒントが含まれている。

達人から学ぼう

ロバート・グリーンは著書『Mastery（達人技）』で、だれでも能力の限界を超えられると主張する。力強さ、知性、創造力は、正しい考え方とスキルがあれば伸ばせるのだ。芸術、音楽、スポーツ、パブリックスピーキングなど、その道の達人といわれる人々は、私たちとは違った目で世界を見る。グリーンは「天才」を神秘的なものと考えるのはやめよう、と説く。私たち現代人は「過去の達人は到底手に入れることができなかった情報や知識を入手できるようになった」からだ[5]。

TEDドットコムは、コミュニケーション、説得、パブリックスピーキングの分野で達人になりたいと願う人にとって、宝の山である。本書はあなたらしい語り口を見つけ、ことによるとひと財産つくれるツールを提供し、その使い方を説明する。

十人並み以上のコミュニケーション能力の持ち主は、たいがい普通の人よりは成功している。だが傑出したコミュニケーターというものは、新たなムーブメントを巻き起こす。ジェファーソン、リンカーン、チャーチル、ケネディ、キング、レーガンというように名字を聞いただけで、だれもが敬意を覚えるような人たちだ。ビジネスの世界では、コミュニケーションの失敗は事業そのものの失敗につながりやすい。ベンチャー企業なら資金は集まらず、製品は売れず、プロジェクトは支持を得られず、昇進の希望も潰《つい》える。TEDレベルのプレゼンテーションができるか否かは、賞賛を浴びるか、希望もなく無名のまま苦しむかの分かれ目になりかねない。

あなたはまだ生きている。それはあなたの人生には目的があるということだ。あなたは偉大な人物になるために生まれてきた。アイデアを伝えられないがために、自分の可能性にふたをしてはならない。

カリスマコーチのアンソニー・ロビンズはTED2006でこう語った。「有能なリーダーには、自分にも他人にも行動を起こさせる能力がある。それは人間を形づくる見えない力を理解しているからだ[6]」。情熱的で力強く、心を動かすコミュニケーションは、私たちを突き動かし、形づくる力のひとつだ。積年の問題を解決する新たなアプローチ、心を動かす物語、情報を届ける魅力的な方法、そしてスタンディング・オベーションを総称して「TEDモメント」という。

あなたもＴＥＤモメントを生みだそう。観衆を虜《とりこ》にしよう。聴衆の心を動かし、世界を変えよう。その方法が、ここにある。

第１部

感情に訴える

「ＴＥＤ流プレゼンで重要なのは、聞き手と心でつながることだ。スピーカーはある意味、ハダカでステージに立つようなものである。最大級の成功を収めるのは、感情、夢、想像力といった人間性が強く感じられる講演だ」

―― TED キュレーター、クリス・アンダーソン

第1章

内なる達人を解き放つ

「情熱こそが、あなたの才能を最高に表現する武器となる」
――ラリー・スミス、2011年11月のTEDxにて

エイミー・マリンズには足が12組ある。生まれたときは2本だったが、医学的な理由で両足ともひざから下を切断しなければならなかった。最初の誕生日を迎えたときから、ひざ下のない状態で生きてきた。

マリンズは中産階級の町ペンシルバニア州アレンタウンのごく普通の家庭で育ったが、その歩みはおよそ「普通」ではない。まだ赤ん坊だったころに担当医から、早くひざ下を切断するほど将来それなりに動ける可能性が高くなると言われた。マリンズに選択の余地はなかった。だが、成長した彼女は、「障害者」というレッテルを受け入れることも、また自分を障害者と

思うこともきっぱり拒んだ。義足をつければ、普通の人が逆立ちしたってかなわないスーパーパワー《ケタはずれの能力》を手に入れられるはずと考えたのだ。

マリンズは障害者の定義を変えてしまった。トークショーの司会者でコメディアンのスティーブン・コルベアにはこう言った。

「私の体中のプロテーゼ（シリコン）を合わせたって、たいていの女優さんが胸に入れている量にはかなわないわよ。でもハリウッド人口の半分を障害者とは言わないわよね？」

マリンズは自らのスーパーパワー、つまり義足を使い、全米大学体育協会（ＮＣＡＡ）の最高レベル「デビジョンＩ」にジョージタウン大学代表の短距離選手として出場した。１９９６年のパラリンピックでは、陸上競技で３つの世界新記録を打ち立て、その後はファッションモデル、女優として活躍。雑誌『ピープル』の「世界で最も美しい50人」に選ばれた。

２００９年、身長１７２センチのマリンズは、１８５センチになってＴＥＤのステージに上がった。いつもイベントに合わせて義足を選ぶのだ。マンハッタンを歩きまわるときには機能的なペア、おしゃれなパーティに出るときにはファッショナブルなペア、といった具合に。

「ＴＥＤはまさしく、それからの冒険に満ちた10年の出発点だったわ」とマリンズは語る。[1] 自分がＴＥＤに出たことで、障害を持つ人々への社会の見方を根本的に変えるようなムーブメントが始まったと考えている。伝統的な義肢業界とは無縁のイノベーター、デザイナー、アーティストたちが独創的な義足をつくれると気づき、夢中になった。マリンズはこう訴えた。

「義足のテーマはもはや、どうやって欠陥を克服するかじゃないの。どんな可能性があるかになったのよ。もう義足は、失ったものを補うための道具じゃなくなった。（中略）かつて社会が障害者と見なしていた人たちは、今では自らのアイデンティティを自由に創りだせるようになった。内なる力の源から、自分の身体をデザインしていくの。人間の美しさは、内なる人間性とそこに秘められたとほうもない可能性から生まれるのよ」

マリンズは強い意志によって世界レベルのアスリートとなり、情熱によってTEDの聴衆のハートをつかんだ。

法則1

内なる達人を解き放つ

あなたの心の中をじっくりと見つめて、プレゼンテーションのテーマと自分とのつながりを見つけよう。情熱は一流のパフォーマンスにつながる。情熱がなければ、プレゼンテーションは無意味になってしまう。ただし、あなたの心に火をつけるのは目の前のものではないかもしれない。エイミー・マリンズは義足に情熱を感じているのではない。人間の可能性を解き放つことに情熱を持っているのだ。

なぜ効果的なのか――情熱は人から人へと伝播することが、科学によって明らかになっている。あなた自身が感動していなければ、周りの人たちの心を動かすことはできない。あなたが情熱的に自分とテーマのつながりを伝えられれば、聞き手の心を動かし、説得できるチャンスはぐっと大きくなる。

2012年10月、キャメロン・ラッセルはTEDxの聴衆にこう訴えた。

「ルックスがすべてじゃないのよ[2]」

月並みな表現だと思うだろうか。たしかに、こう発言したのがファッションモデルとして並外れた成功を収めているラッセルでなければ、そうだろう。

ステージに立って30秒も経たないうちに、ラッセルは衣装を変えた。ボディラインもあらわな黒いドレスの上に巻きスカートを巻きつけ、ハイヒールを平らな靴に履き替え、頭からタートルネックのセーターをかぶった。

「なぜこんなことをしたと思う？」

とラッセルは聴衆に問いかけた。

「イメージは強力であると同時に、表面的なものだと示したかったからなの。たった60秒で、みなさんの私に対するイメージはがらりと変わってしまったでしょう？」

ラッセルは自分が「ヴィクトリアシークレット」の下着モデルとしてファッションショーに出たことや、ファッション誌の表紙を飾ったことを話した。モデル業がおいしい仕事であることは認めつつ（大学の学費もそれで賄ったという）、自分は単に「遺伝子版〝宝くじ〟に当たったようなもの」だという。

それから「ビフォー&アフター」の写真を何枚か見せた。「ビフォー」は撮影当日、まだ撮りはじめたばかりのころの写真、「アフター」は最終的に広告に使われた写真である。もちろん、2つはまったく別物だ。ある写真では当時16歳（まだ男の子と交際したことすらなかったという）のラッセルが挑発するようなポーズをとり、若い男性が彼女のジーンズの尻ポケットに手を入れている。

「これが本当の私の写真ではないことを、みなさんには理解していただきたいわ。これはつくりものなの。プロ集団、たとえばヘアスタイリストやメーキャップ・アーティスト、カメラマンやスタイリスト、彼らのアシスタントや事前準備、編集作業によって生まれた作品です。つくったのは彼らであって、写っているのは私じゃありません」

ラッセルはモデル業という専門分野の達人だ。だが、その情熱の対象はモデル業ではない。若い女性の自尊心を高めることに情熱を感じているのであり、だからこそ聴衆と気持ちを通わせることができるのだ。情熱は伝播する。

「正直なところ、私がモデルになったのは遺伝子版宝くじに当たったからで、古い価値観の恩恵を享受しているにすぎません。古い価値観って何だろうと思うでしょう？　過去数百年、美しさは若く健康で、人間が本能的に好ましいと感じる対称性を持ち合わせているだけでなく、背が高く、痩せていて、女性的で色白であることと定義されてきました。私には都合のよい価値観だし、それを存分に利用してきたことも否定しないわ」

ラッセルはルックスによってモデルになり、その情熱によって優れたスピーカーとなったのだ。ラッセルとマリンズがＴＥＤのステージに立てたのは、それぞれの分野で卓越した成果をあげたからだが、そこで実際に聴衆と気持ちを通わせることができたのは、それぞれ講演のテーマに情熱があったからだ。スピーカーの情熱をかきたてるのは、日々の仕事に関係することとはかぎらない。ラッセルは撮影用のポーズの取り方を伝授したわけではないし、マリンズも陸上競技について語ったのではない。それぞれが人生で一番大切なことを語ったのだ。

どの分野にもきわだって人を惹きつける能力のあるコミュニケーターがおり、ＴＥＤの人気スピーカーと彼らには共通点がある。どうしても伝えたい情熱やこだわりがあるのだ。ＴＥＤの人気スピーカーに〝仕事〟はない。彼らにあるのは情熱、こだわり、天職であって、単なる仕事ではないのだ。ＴＥＤが招くのはそういう人々だ。

自分自身が感動していなければ、人々の心を動かすことはできない。

ロバート・グリーンは著書『Mastery』にこう書いている。「我々の文化では、思考力や知力と、成功や優れた業績とを同一視する傾向がある。だが、その道をきわめる人と単に仕事をこなすだけの人とを分けるのは、どれだけ情熱があるかだ。最終的には私たちの願望、忍耐、粘り強さ、自信をどれだけ持てるかが、論理的な思考能力よりもはるかに重要になる。モチベーションとエネルギーがあれば、どんなこともたいてい乗り越えられる。退屈でイライラしていたら、心は閉ざされ、次第に受け身になる」[3]。モチベーションとエネルギーあふれるスピーカーは、退屈で受身なスピーカーより絶対におもしろく、魅力的だ。

私は重要な製品の発売や新たな取り組みの際に、企業のCEOから協力を求められることが多い。ブランドストーリーをより効果的かつ説得力をもって伝えたいと考える人たちだ。世界中を飛び回り、インテル、コカ・コーラ、シェブロン、ファイザーなどあらゆる製品カテゴリーにわたる多くの企業を訪ねた。言葉や大陸、国が違っても、人々の心を動かすリーダーとして成功するのは、心からの情熱と熱意を表現できるスピーカーだけだ。顧客がともにビジネスをしたいと思うのは、こういう人々である。

長年、私はコーチングのセッションの冒頭で、クライアントに必ず同じ質問をしてきた。「あなたは何に情熱を感じますか」と。ストーリーをつくる初期段階では、製品のことはあまり考えない。むしろ、なぜスピーカーがその製品やサービスに夢中になっているのかを知ろうとする。スターバックス創業者のハワード・シュルツは、かつて私にこう語ったことがある。

「私はコーヒーに情熱があるというより、職場でもなく家庭でもない第3の場所、働く人たちを大切に扱い、卓越したカスタマーサービスを提供する場をつくることに情熱があるんだ」

コーヒーはたしかに看板商品だが、スターバックスの本業はカスタマーサービスだ。

ネット通販会社ザッポスの創業者トニー・シェイは、靴に情熱を感じているのではない。「幸せを届けること」に情熱があるのだ、と私に教えてくれた。シェイは常にこう自問するという。どうすれば従業員を幸せにできるか。どうすればお客様を幸せにできるか。自分にどんな質問をするかによって、答えはまったく違ってくる。「私の製品はなんだろう」という質問より、「私の本業はなんなのか、本当に情熱を感じるのは何か」と自問するほうがはるかに効果的だ。

カスタマーサービスとエンプロイー・エンゲージメント（従業員との関係強化）にたぐいまれな情熱を持つトニー・シェイは、世界中のイベントやカンファレンスにひっぱりだこだ（招待を受けるより、断らなければならないほうがずっと多い）。カンファレンスのスピーカーには、講演テーマに情熱を持っていない人も多く、講演は無味乾燥なものが多い。そんな中で情熱あふれるスピーカーに出会うと、砂漠でオアシスを見つけたようなさわやかな気持ちになる。

あなたのハートが歌いだすきっかけは？

最近私は、コミュニケーション能力を高めたいという経営者に投げかける最初の質問を変えた。スティーブ・ジョブズは公の場では最後となったプレゼンテーションで「我々のハートが歌いだすのは、テクノロジーとリベラルアーツの交差点だ」と語った。それにならい、私は「あなたは何に情熱を感じますか」と聞くかわりに、「あなたのハートが歌いだすきっかけは何ですか？」とたずねるようにした。すると、以前よりもはるかに奥深く、ワクワクする答えが返ってくるようになった。

たとえば、カリフォルニア州でアグリビジネスを営むクライアントと仕事をしたときもそうだった。同州の主要な農産物であるイチゴの農家団体トップとのやりとりはこんな具合だ。

質問1　あなたの仕事は？

「カリフォルニア州イチゴ協会のCEOだ」

質問2　何に情熱を感じますか？

「カリフォルニア州のイチゴを売り込むことに情熱を感じる」

質問3　イチゴ業界のどんなところが、あなたのハートが歌いだすきっかけになるのですか？

「アメリカンドリームさ。私の両親は移民で畑で働いていた。やがて1エーカーの農地を買うことができて、そこからすべてが始まった。イチゴ栽培にはそれほど広い土地は必要ないし、借りればいいから最初から土地を買う必要もない。まさにアメリカンドリームへの足がかりなんだよ」

みなさんも最後の質問の答えのほうが、最初の2つよりはるかにおもしろいと思うだろう。あなたのハートが歌いだすきっかけは何か？　それを見きわめ、みんなと共有しよう。

TED NOTE

あなたのハートが歌いだすきっかけは？

「私のハートが歌いだすきっかけは何だろう？」と自問してみよう。情熱は一時的な興味でもなければ、趣味とも違う。深い意味があり、あなたのアイデンティティの根幹をなすものだ。自分の情熱を見きわめたら、それがあなたの日常とどうかかわっているか、考えてみよう。それを仕事の一部に取り込めるだろうか。あなたが本当に情熱を感じるものこそ、あなたが伝えるテーマにすべきで、それは聴衆を魅了するはずだ。

世界一幸せな男

マチュー・リシャールは世界一幸せな男だが、彼自身はそれを喜んではいない。2004年、リシャールはネパールのカトマンズにあるシェチェン僧院をしばし離れ、TEDの聴衆に「幸せの習慣」を教えるため、カリフォルニア州モントレーにやってきた。

リシャールによると、幸せとは「深い平穏と充実感」だという。彼が言うなら本当だろう。単に人生に満足しているだけでなく、掛け値なしに幸せだからだ。科学的に測定した結果、リシャールの幸福感はケタはずれだった。

リシャールはウィスコンシン大学マジソン校の研究に協力した。研究者はリシャールの頭部に256個の小さな電極を取りつけ、脳波を測定した。研究は瞑想する数百人を対象に、それぞれの幸福度を評価した。リシャールの結果は平均を上回っていただけではない。神経科学の文献のどこを見ても、リシャールのような例はなかった。脳スキャンによると「前頭葉前部皮質の左側が右側と比べてきわめて活発に活動しているため、幸福になる能力は異常なほど大きく、不幸になる性向は抑えられていた」[4]

ただ、リシャールは「世界一幸せな男」と呼ばれることが、あまりうれしくない。リシャールはこう言う。

「だれでも正しい場所を探せば、幸せは見つかる[5]。本物の幸福は長期間にわたって知恵や利他の心、共感力を磨き、憎しみ、貪欲、無知といった心理的毒を完全に排除することでしか手に入らない」

リシャールのプレゼン「幸せの習慣」は、TEDドットコムで200万回以上視聴された。

これほどの支持を集めたのは、リシャール自身がこのテーマに心底夢中になっており、自然な喜びがあふれていたからだ。リシャールは私にこう語った。

「こうしたアイデアを私が大切に思うのは、私自身が大きな充実感を得られたうえ、このアイデアは社会にも役に立つと確信しているからだ。利他の心と共感は贅沢品どころか、現代社会の課題を解決するには必需品だ。だからカンファレンスに招かれたら喜んで参加し、自分のアイデアを共有したい」[6]

すばらしいスピーカーというのは、自らのアイデアを周りの人々と共有したくてたまらない。彼らにはカリスマ性がある。カリスマ性はスピーカーが自分のテーマにどれだけ情熱を持っているかに比例するものだ。カリスマスピーカーは、喜びと情熱を発散する。自分の経験を共有し、アイデア、製品、サービスによって聴衆に恩恵を与えることに情熱を持っている。リシャールはこう語る。

「まず自分のモチベーションの質を確認することだ。『私のモチベーションは利己的か利他的か。善意は数人のためのものか、あるいは大勢のためか。短期的利益のためか、あるいは長期的な利益につながるのか』。明確なモチベーションがあれば、コミュニケーションはスムーズに進む」

おもしろいことに、聴衆と情熱を分かち合いたいという意欲を持っていると、公の場やボスの前で本当に重要なプレゼンテーションをするときでも、それほど緊張しないことが多い。私はリシャールに、大勢の聴衆の前でどうやって冷静さを保ち、リラックスするのかたずねたことがある。リシャールは、だれでもその気になれば、いつでも喜びや幸福を感じられると考えている。すべてモチベーションがあるかどうかにかかっているのだ。何かを売りたい、あるいは自分の立場を良くしたいという目標しかなければ、聞き手と心を通わせることはできないだろう（そして自分に大きなプレッシャーをかけてしまう）。

反対に、目標がもっと利他的で、聞き手の人生を豊かにするのに役立つ情報を与えるなら、聞き手と心を通わせ、自信を持ってプレゼンテーションができるだろう。リシャールは言う。

「アイデアをみなさんと共有できるのはとてもうれしい。だが、だからといって個人的に失うもの、得るものは何もない。自分のイメージなど気にしないし、まとめなければならない交渉もない。だれかにすごいと思わせたいわけでもない。私たちは考え方を変えることのとほうもない威力を過小評価しがちである、という事実についてひと言ふた言、みなさんにお話しできるのがうれしくてたまらない。それだけなんだ」

なぜすばらしいキャリアを手に入れられないのか

あなたが自分の仕事に幸せと情熱を感じていなければ、すばらしいキャリアを手に入れることはできないだろう。すばらしいキャリアを手に入れ、最高に楽しい時間を過ごしていないと、プレゼンテーションで聴衆を熱狂させることは難しいだろう。このようにキャリアと幸福と人々の心を動かす能力はすべてつながっている。

ウォータールー大学の経済学教授、ラリー・スミスがキャリア上の成功というテーマに強い関心を持つのはこのためだ。スミスは最近の大学生に歯がゆさを感じている。大学生の多くがカネや社会的地位など、まちがった動機で特定のキャリアを目指すからだ。スミスによると、そういう学生はすばらしいキャリアを築けずに終わるという。すばらしいキャリアを手に入れる唯一の方法は、自分が本当に好きなことをすることだという。スミスは自らのいらだちを「なぜあなたはすばらしいキャリアを手に入れられないのか」と題した、心を打つ、情熱的でユーモラスなスピーチにまとめ、TEDxで披露した。

私はスミスと、彼のTEDプレゼンが人気を集めた理由について話し合った。インタビュー時点で、スミスのプレゼンは200万回以上も視聴されていた。こうした反響は驚きだったようだ。プレゼンを引き受けたのは学生に頼まれたからで、普段は3時間の授業をしているため、アイデアを18分にまとめるのは苦労したという。

スミスの動画にこれほど人気が集まるのは、あふれんばかりの情熱と切迫感が聴衆に伝わり、それがプレゼンを非常に魅力的なものにしているからだ。スミスのプレゼンテーションは30年間鬱積《うっせき》していたいらだちが臨界点に達したものといえる。スミスは私にこう語った。[7]

「才能のムダ遣いほど、許しがたいムダはない。うちの学生は新たなテクノロジーを生みだしたいと思っている。私も彼らに〝とびきり最高のテクノロジー〟を生みだしてもらいたい。そして自分のしていることに情熱を感じてもらいたい」

スミスの主張はシンプルだ。世の中にはひどい仕事が山ほどある。「ストレスフルで、生気を奪い、魂を破壊するような仕事」だ。その対極にすばらしい仕事があるが、両者の中間というのは存在しない。すばらしい仕事を手に入れたり、すばらしいキャリアを楽しんだりできない人が多いのは、自らの情熱に従うことを恐れるためだ、とスミスは語る。

「『すばらしいキャリアを手に入れるには、情熱や夢を追いかけなければならない』と耳にタコができるほど聞いても、たいていの人はそれに従わない」。自分に言い訳をしているのだ。それに対するスミスのアドバイスはこうだ。「自分が情熱を持てるものを探し、実行すれば、すばらしいキャリアが手に入る。それが嫌なら、すばらしいキャリアはあきらめろ」

スミスは私が出会った中でも特に感動を与えてくれるＴＥＤスピーカーのひとりだが、正直に言うと、多少ひいきめもあるかもしれない。というのも、私もロースクールに行くのをやめ、ジャーナリストのキャリアを選んだときから、スミスと同じ主張をしてきたからだ。最初のころは弁護士とは比べものにならないほど収入が少なく、ときにはキャリアの選択を誤ったのではないかと思ったこともある。自分の情熱に従うのには勇気がいる。特に、望むほど早く結果が出ないときはそうだ。

今の私のキャリアは当時とはまったく違う。自分のアイデアを世界中の人々に伝える日々を大いに楽しんでいる。何よりうれしいのは、そもそも「働いている」という気がしないことだ。こういう文章を書き、すばらしいプレゼンテーションを観察し、その背後にある科学を学び、有名なスピーカーにインタビューし、彼らの考えをみなさんに伝えるというのは、すばらしく楽しい経験だ。私が学んだとても重要な事実は、自分の仕事を楽しんでいる人はたいていパブリックスピーキングでも大成功を収めることだ。

> あなたの情熱に従いなさい。自分が本当に好きなこと、自分が本当はだれなのかを探りあてなさい。そしてそれを実行する勇気を持ちなさい。人間にとって本当に必要な勇気はたったひとつ、自分の夢を追いかける勇気よ。
>
> ――オプラ・ウィンフリー

スミスはＴＥＤｘのプレゼンテーションで、スティーブ・ジョブズが２００５年のスタンフォード大学卒業式で行った有名なスピーチの、若者たちに心から愛する道を進むよう説くくだりを引用した。

「大好きなことを見つけてほしい。仕事というのは人生のかなり大きな部分を占めるわけだけど、本当に満足するには、すごい仕事だと信じることをするしか方法がない。そして、すごい仕事をするには、自分がすることを大好きになるしか方法がない。まだ見つからないなら、探し続けてほしい。あきらめちゃいけない。心がからむものはそういうものだが、見つかれば必ずわかる。そして、すばらしい関係とはそういうものだが、年を経るごとにもっともっとすばらしくなっていく。だから、見つかるまで探し続けてください。あきらめちゃいけない」

スミスはこのジョブズの意見に大賛成だが、このアドバイスに従う人は少ないという。スミスは聴衆に語りかけた。

「ジョブズのスタンフォード大のスピーチを何度見ても、やっぱりやめておこうという人がほとんどだ。みんな情熱を追いかけるのが怖い。バカみたいと思われるのが怖い。挑戦するのが怖い。失敗するのが怖いんだ」

四半世紀にわたってジャーナリズム、執筆、講演、コミュニケーションを生業《なりわい》としてきた私は、最も人の心を動かすプレゼンテーションができるのは、ラリー・スミス、エイミー・マリンズをはじめ、本書で紹介するような人々だと自信を持って言える。彼らに共通するのは豊富な経験、そして自らのアイデアを伝えることでみんなの成功を助けたいという熱い思いだ。

TED NOTE

幸せは選択の結果であることを認めよう

最近あなたが直面した試練はなんだろう。その試練を実はチャンスだと考えるべきだ。その根拠を3つ挙げよう。まず、幸せは選択の結果である。そして幸せは周囲に伝わる。さらに、あなたが幸せに感じていたら、周囲のあなたに対する評価は高くなるだろう。

マチュー・リシャールは私にこう言った。

「否定的な感情で歪んでいない自然な状態の我々は完璧だ。希望と自信はとても大切である。それこそが今の時代に最も欠けており、最も必要とされているものだ」

情熱と説得にまつわる新しい科学的知識

情熱とパブリックスピーキングには密接なかかわりがある。フランスの哲学者ドゥニ・ディドロはかつて、「情熱だけが、偉大な情熱だけが、魂を偉大なものに昇華させる」と語った。

歴史を振り返ると、成功する指導者はおしなべて情熱、それも偉大な情熱が魂を昇華させると信じていた。今日、科学がその正しさを証明している。神経科学者は、TEDスピーカーや偉大なリーダーのような情熱的な人々がなぜ心を動かし、元気づけ、影響力を与えられるのかを突きとめ、しかも定量的に把握できるようになった。

情熱的なプレゼンテーションを考え、実行できるようになるには、まず情熱とはなにか、それがどのように機能するかを理解しなければならない。ペース大学の経営学教授メリッサ・カードンは過去10年にわたり、情熱の研究に取り組んできた。そして画期的な研究論文「起業家的情熱の性質と体験」で、名門大学の4人の共同研究者とともに、情熱は起業家の成功を左右する重要な役割を果たすことを明らかにした。

まず、情熱はエネルギーを高め、目標達成への決意を強くする。だが、それだけではない。カードンによると「起業家の情熱は、脳の活発な働きと身体的反応をともなう、本格的な感情的体験の触媒となる[8]」

カードンは研究の冒頭で「起業家的情熱」とは何かを定義している。一般的な「情熱」の定義では、学術的研究や測定には使えないからだ。情熱は「強い恋愛感情」あるいは「性的欲求」と定義されることが多いが、カードンが学術的研究の対象にしようとしていたものは違う。とはいえ「情熱」は常に成功の決定的要因に挙げられ、私は心を動かすすべてのプレゼンテーションに欠かせない要素だと考えている。

何かに情熱を持つ、というのは具体的にどういう意味か。また、どうすれば情熱を人生、ビジネス、そしてパブリックスピーキングの成功につなげられるのだろうか。

カードンは情熱とは何を意味するのか、どんな作用をするのか、まだどうすれば情熱を測れるのかを探ろうとした。学術的には、何かを測定できなければその具体的作用を定量化できない。情熱をまっとうな研究分野にするには、多くの学者が合意できるような定義をつくらなければならない。「個人にとって深い意味を持つ、前向きで強烈な感情」というカードンの起業家的情熱（ＥＰ）の定義は今日、学術文献で広く採用されている。

情熱とは我々の個性の根幹をなすものだ、とカードンは言う。情熱の追求は、自分は何者であるかということと切り離せない。人間の存在の根幹をなす。

「情熱は、起業家が生まれつき持っているものではない。起業家が自分に意味があるものや、自分らしい個性とかかわりのあるものに取り組んでいるから、わき上ってくるのだ」

カードンの分析は、ＴＥＤの人気スピーカーが聴衆と心を通わせられる理由を理解する助けになる。スピーカーは「自分の個性の重要な一部をなす」ことについて語っているのだ。たとえば都市環境コンサルタント、マジョラ・カーターの例を見てみよう。カーターの一番上の兄はベトナム戦争に従軍したが、射殺されたのは戦場ではなく、地元サウスブロンクスだった。情熱的に都市の再生を訴える現在のカーターを生んだのは、貧困、絶望、人種の壁だ。カーターの個人的経験が彼女の人格を形づくり、その仕事を形づくっている。ＴＥＤドットコムには「自信、エネルギー、強く感情に訴える語り口によって、カーターのプレゼンテーションには嵐のような迫力がある」と書かれている。マジョラ・カーターの場合、希望を失った人の希望を育てたいという思いが、アイデンティティの核となっている。

ヴァージン・グループの創業者、リチャード・ブランソンのアイデンティティの核をなすのは起業家精神だ。2007年、ブランソンはTEDの聴衆にこう語りかけた。

「企業にとって何より大切なのは最適な人材を見つけ、刺激を与え、その最良の部分を引きだすことだ。僕は何かを学ぶことが大好きで、とびきり探求心が旺盛で、現状をひっくり返すのがたまらなく好きなんだ[9]」

ヴァージン・アトランティック航空のような現状打破を目指す企業をつくることが、ブランソンという人間の核となっている。2013年4月22日、私はブランソンとともに1日を過ごした。彼に招かれ、ロサンゼルスとラスベガスを結ぶヴァージン・アメリカの就航飛行に同行したのである。地上でも飛行中でも、ブランソンは満面の笑みでカスタマーサービスについて、それが自社のブランドの成功にどれほどの成功をもたらすかについて、熱っぽく語った。

ブランソンとカーターは、自分にとって大きな意味があり、アイデンティティと密接に結びつく活動に没頭している。カードンによると、彼らのキャリア上の成功、そしてコミュニケーターとしての成功に決定的に重要な役割を果たしているのが、その情熱だ。

「自分のトピックについて本物の情熱を持っている人は、優れたスピーカーになる。情熱や生気のない人々にはとてもまねできない方法で、聴衆の心を揺さぶる。何かに情熱を感じたら、ひたすらそれについて考え、そのために行動し、それを周囲の人々に伝えずにはいられない」とカードンは語る。投資家や顧客など企業のステークホルダーは「スマートカスタマー（賢い顧客）」だと彼女は言う。本物の情熱を持っている人と、うわべだけの人を敏感に見抜くのだ。自分のプレゼンの内容に、強い思い入れもなく聴衆をしびれさせるのは難しい、というより不可能だ。

情熱はなぜ効果的なのか

カードンの次のステップは、なぜ情熱が大きな意味を持つのかを突きとめることだった。そこで明らかになったのは、情熱は重要な行動や結果をもたらすということだ。カードンをはじめ、この分野の何十人という科学者が、情熱的なビジネスリーダーは創造性に富み、高い目標を設定し、粘り強く、業績も優れていることを発見した。また、スピーカーから投資家に「伝わった情熱」と、投資家が出資する可能性には正の相関が確認された。

メリッサ・カードン、シェリル・ミットネス（ノースイースタン大学）とリチャード・サデック（チャップマン大学）は優れた実験を行い、その成果を『ジャーナル・オブ・ビジネス・ベンチャリング』誌の2012年9月号に発表した。研究の目的は、起業家の情熱が投資家の意思決定にどんな役割を果たしているかを解明することだ。

ビジネスピッチは、ビジネスの世界で最も重要なプレゼンテーションのひとつだ。投資家へのビジネスピッチの結果、出資してもらえなければ、ベンチャー企業はまず離陸できない。グーグルやアップルに投資家の興味をそそるカリスマ的で情熱的なリーダーがいなかったら、両社のサービスが我々の生活を一変させることもなかったはずだ。もちろん、アップルやグーグルの投資家が、創業者の情熱だけを基準に出資を決めたわけではない。ただ、創業者たち（スティーブ・ジョブズ、スティーブ・ウォズニアック、サーゲイ・ブリン、ラリー・ペイジなど）から伝わった情熱は、出資の最終的な決断に影響を及ぼしたことはまちがいない。

カードンの研究の舞台となったのは、カリフォルニア州オレンジ郡に本拠を置くアメリカ最大規模のエンジェル投資家団体、テック・コースト・エンジェルズだ。[10] 個人投資家が集まるこの団体は１９９７年の発足以来、１７０社近くに1億ドル以上を投資してきた。

研究対象は、組織としてではなく、個人として投資判断を下す個人投資家だ。２００６年8月から２０１０年7月にかけて、64人の投資家が２４１の企業を検討した。パワーポイントを使った15分間のプレゼンテーションと、15分間の質疑応答の２部構成で検討を進めた（ビジネスピッチの長さとして15~20分が理想的な理由はあとで説明する）。

最終的に41社（全体の17%）が出資を受けた。候補となったベンチャー企業はソフトウエア、消費者製品、医療装置、ビジネスサービスなど16のカテゴリーに分散していた。エンジェル投資家は、「ＣＥＯは情熱を持っているか」「ＣＥＯに強い熱意が感じられるか」という2つについて、それぞれ5段階で評価した。

評価にあたっては市場機会、相対的リスク、収益可能性など、情熱と熱意以外の要因が影響しないように配慮し、出資の決定要因として「情熱」だけを分離した。情熱を分離することで、その役割を定量的に把握できるようになった。その結果、情熱がビジネスピッチの最終的な成否にきわめて重要な役割を果たすことが明らかになった。

投資家は起業家のポテンシャルを13の評価基準にもとづいて判断し、出資を最終決定するうえで重視する基準を順番に選んだ。最も重視された基準は、市場機会の大きさと起業家の強さで、それぞれ1位と2位だった。「CEOから伝わった情熱」は3位で、起業家の学歴、経営スタイル、起業経験、年齢などを大幅に上回った。

こうした結果を受けて、研究者たちは次のように結論づけている。「研究結果は、エンジェル投資家が新規事業を評価するうえで、起業家の情熱は確かに影響するというエビデンスを示している。（中略）起業家の情熱とは熱意や興奮などで、どれだけプレゼンを準備したか、あるいはどれほど事業にコミットしているかではない。情熱は出資を検討する投資家にとって明らかに重要であるようだ」。カードンの研究は、一部のTEDプレゼンがインターネット上でセンセーションを巻き起こす理由、なにより我々がパブリックスピーキングの能力を引き上げるにはどうすればよいかを理解するうえで非常に重要だ。カードンはこう強調する。

「大学生に伝えても、絶対に聞いてもらえない格言があるの。『好きなことを仕事にしなさい』。

でも、これは真実よ。お金持ちになれそうでも、製品や業界など何か違和感のある分野で起業するのは間違っているわ」

好きでもないテーマ、自分のアイデンティティの核ではないテーマについてスピーチをして、周りの人々に影響を与えたり、心を動かしたりできると思うこともまちがいだと言う。

脳卒中を自ら体験した脳科学者

神経解剖学者でハーバード大学脳組織リソースセンターの広報担当であるジル・ボルト・テイラー（ドクター・ジル）ほど、講演テーマに思い入れのあるＴＥＤスピーカーは少ないだろう。それは彼女のプレゼンが、ＴＥＤ史上まれに見る人気を集めた理由のひとつでもある。

ある朝、ドクター・ジルは左目奥の突き刺すような痛みで目が覚めた。アイスクリームを食べたときのような鋭い痛みだったが、そんな無害なものではなかった。頭痛はますますひどくなり、身体のバランスも失われ、まもなく右腕は完全に麻痺した。脳の左側の血管が文字どおり破裂し、脳卒中を起こしたのだ。

ドクター・ジルは、脳卒中をすばらしい幸運と考えた。神経解剖学者であるドクター・ジルは、重篤な精神疾患を研究しており、脳の解剖が専門だ。２００８年3月の講演では、ＴＥＤの聴衆にこう語っている。

「『大変、脳卒中になっちゃった！』と思った瞬間、脳の中でこんな声がしたわ。『最高！　自分の脳を徹底的に調べられる脳科学者なんて、そういるもんじゃない！』って」[11]

脳卒中によって、ドクター・ジルは身体的、精神的に生まれ変わった。脳卒中は重篤なもので、話すことも動くこともできなくなった。身体機能を部分的に回復させるだけでも何年もかかった。TEDで講演したのは、発作から8年後のことである。

一方、ドクター・ジルの精神的な覚醒は驚くべきものだった。「左脳が支配していた世界」では想像もしなかったような、世界や他者との一体感を経験したのだ。左脳が支配する世界では、自分は宇宙全体から独立した存在だった。だが左脳が干渉せず、どこからどこまでが自分の身体かまったくわからなくなった新たな世界では、「私の精神は自由になった」とドクター・ジルは振り返る。自分は果てしなく広がる宇宙の一部だと感じるようになった。要するに、仏教でいう涅槃《ねはん》に到達したのである。

「このとほうもなく大きな私という存在を、再びちっぽけな肉体に押し込めることなんて絶対にできない、と思ったわ」

脳卒中によって一変したドクター・ジルの人生は、TEDのプレゼンによってさらに大きく変わった。2008年、ドクター・ジルは著書『奇跡の脳』（新潮社刊）を題材に講演したが、その模様はすでに1000万回以上視聴されている。このプレゼンテーションが直接のきっかけとなり、ドクター・ジルはタイム誌が選ぶ「2008年版世界で最も影響力のある100人」

に選ばれた。

2013年1月、ジルはTEDプレゼンによって人生がどのように変わったか、ハフィントンポストのブログにこう書いている。「2008年の講演からほんの数週間で私の人生は一変し、その反響は今も続いている。『奇跡の脳』は30カ国で翻訳され、タイム誌とテレビ番組『オプラのソウルシリーズ』が連絡してきた。ヨーロッパ、アジア、南米、カナダにも足を運び、全米を回った。2012年2月には、アル・ゴア元副大統領や20人の科学者、気候問題を重視する世界中の125人のリーダーとともに南極大陸にも行った」[12]

ドクター・ジルがすばらしいキャリアを手に入れたのは、感動的なスピーチをするきっかけとなったつらい経験のはるか以前に、天職を見つけ、それを追い求めたからだ。脳科学者になったのは、兄が統合失調症と診断されたためである。

「妹として、またその後は科学者として、なぜ私の場合は夢を夢だと理解でき、それを現実と結びつけられ、夢を実現できるのか。一方、兄の脳や統合失調症のどこに問題があるのか、なぜ兄は夢をごく普通の現実と結びつけられないのか、妄想を抱いてしまうのか。そういったことをずっと理解したいと思っていた」

私はドクター・ジルに直接、プレゼン・スタイルについてたずねてみた。どのようにストーリーを組み立て、練習し、実行するのかについてだ。そこで聞いた教育者やコミュニケーターへのアドバイスは、「ストーリーを語り、自分の情熱を表現せよ」だ。

「ハーバード時代には、たくさんの賞を受賞したわ。それは、私の研究がだれよりも優れていたからではないの。人々の興味を引くような魅力的な、そしてどこまでも個人的なストーリーを語ることができたからなの」

ドクター・ジルのプレゼンのテーマへの強い思い入れは、情熱的にメッセージを伝え、聴衆の世界に対する見方を変えてしまう驚くべき能力と切っても切れない関係にある。自分自身がテーマに魅力を感じ、深く興味を持ち、すばらしいものだと思えるなら、聴衆もそう感じてくれる可能性は高い。

脳の成長は止まらない

神経可塑性《かそせい》の研究によって、脳は私たちが生きている間は成長と変化をやめないことが明らかになってきた。あるタスクを徹底的に繰り返すことで、新しく強力な神経経路ができる。音楽、スポーツ、パブリックスピーキングといった分野のエキスパートになると、そうしたスキルと関連する脳の領域が本当に成長する。

ミズーリ州セントルイスのワシントン大学の非常勤准教授、パスカーレ・ミケロンは「何かを繰り返すと、だれでも必ず上達する」と話す[13]。ミケロンはタクシー運転手からミュージシャンまで、幅広い職業の人を対象にした研究について説明してくれた。ロンドンのタクシー運転手は、バスの運転手と比べて脳の後方の「海馬」が大きいという。

海馬はさまざまなルートを運転するのに必要なスキルの発達に特別な役割を果たす。バス運転手の海馬がそれほど刺激されなかったのは、毎日同じルートを走行していたからだ。さらに科学的研究によって、音楽の演奏にかかわりのある灰白質（運動領、前上頭骨頭頂部、下側頭部）が最も多いのは毎日1時間演奏するプロのミュージシャンで、アマチュアミュージシャンは中程度であり、一般人では少なかった。新たなスキルを学習し、そのスキルを繰り返すと、脳内に新たな神経経路がつくられるのだ。

ミケロンはこうした研究成果は、情熱を感じるテーマについて繰り返しプレゼンをする人にも当てはまると考えている。

「言語に関係する脳の領域、すなわちアイデアをよりはっきりと話し、説明するのを助ける領域は、使えば使うほど活性化し、効率的になる。公の場で話すほど、脳の構造が実際に変化し、言語領域が発達していくんだ」

ネット上で多くの視聴者を集めるＴＥＤプレゼンターに代表される、説得力のあるコミュニケーターは、特定のテーマの達人だ。強い情熱に支えられ、自らの目標に向かって当然のように愛情、時間、努力を注ぎ込むからである。

カリスマの秘密

心理学者のハワード・フリードマンは「カリスマ性」というきわめてつかみどころのない資質を研究している。カリスマ性は情熱と非常に密接なかかわりのある概念だ。著書『長寿と性格』（清流出版刊）で、フリードマンはこの問題をめぐる画期的な研究の成果を明らかにしている。

まずフリードマンは、カリスマ性の低い個人と高い個人を分類する質問票を作成した。ここには「すばらしい音楽を聞くと、リズムにあわせて自然と体が動きだす[14]」、あるいは「パーティでは注目の的になる」「自分の仕事に情熱を抱いている」といった質問が含まれている。回答者は「まったく当てはまらない」から「非常によく当てはまる」までの選択肢から選ぶ。平均スコアは71点だった（最も高い層は117点前後）。この研究では人を惹きつける魅力的な人と目立たない人とを区別した。

この分類法は「感情的コミュニケーション尺度（ACT）」と呼ばれ、感情の伝え方を測定する。フリードマンはさらに一歩踏み込んだ。まず特にスコアの高かった人と、特に低かった人を数十人選び、質問票を配ってその時点の気分をたずねた。それから高スコアと低スコアの人を同じ部屋に入れた。2分間同じ部屋にいたが、互いに口をきくことはできなかった。2分経過したあと、また質問票を配り、そのときの気分をたずねた。まったく言葉を交わさなかったにもかかわらず、カリスマ性の高い人は、カリスマ性の低い人々の気分に影響を与えていたのである。

カリスマ性の高い人が幸せな気分だと、カリスマ性の低い人も実験前より幸せだと答えた。その逆の作用は見られなかった。カリスマ的な人たちは、微笑む回数が多く、非言語的ボディランゲージも生き生きとしていた。彼らは喜びと情熱を発散していた。

フリードマンの研究は、情熱が確実に周囲の人々に影響を及ぼすことを明らかにした。感情的なコミュニケーションの乏しい人たち（アイコンタクトが少ない、身じろぎしないで座っている、手を使ったジェスチャーをしない）は、カリスマ的な人たちのように人々に影響を与え、説得することはできなかった。

情熱は伝染する

哲学者のラルフ・ワルド・エマーソンはかつて、「熱意なくして偉業が達成されることはない」と語った。その主張が正しかったことを証明したのが、ミネソタ大学のジョイス・ボノ教授とミシガン州立大学のリーマス・イリーズ教授だ。ビジネススクールの教授である2人は、総勢数百人の参加者を集め、カリスマ性、前向きな感情、そして「感情の伝わり方」を測定するため、複数の研究に取り組んだ。

その結果、「カリスマ性のスコアが高い人は、書面あるいは口頭によるコミュニケーションで前向きな感情をより多く表現する傾向がある」ことがわかった[15]。ここでいう前向きな感情には、情熱、熱意、興奮、楽観性などが含まれる。ボノとイリーズは、前向きな感情は伝染し、聴衆の気持ちを盛り上げることも発見した。前向きなリーダーの講演を直接、あるいは動画で見た人は、前向きな感情のスコアが低いリーダーの講演を見た人と比べて、前向きな気分になったのだ。さらに前向きなリーダーのほうが説得力があると感じられ、自分が期待する行動を部下に促すことができた。

「我々の研究結果は、リーダーの感情表現が説得力や魅力、さらには聞き手のムードまで大きく左右することを明確に示している。さらにリーダーのカリスマ性は組織の成功と結びつくと示唆している。なぜならカリスマ的リーダーは、部下に前向きな感情を持たせられるからだ。重要なこととして、リーダーの行動は部下の情緒に影響を与え、彼らの幸福と安心感を明らかに高めることも示している」

成功は必ずしも幸福につながらない、とよく言われる。むしろ幸福が成功を生みだすのだ。TEDの人気スピーカーは、この格言が真実だと実証している。あなたの考え方、すなわち自分の専門分野での自信、テーマに対する情熱は、聴衆に直接影響を及ぼす。考え方は脳内物質に作用し、あなたが何をどのように語るかを決定づける。

すばらしい目的や最高のプロジェクトに奮い立っていると、あらゆる呪縛から解き放たれる。あなたの精神は限界を超え、意識はあらゆる方向に広がり、未知のすばらしい世界に立っていることに気づくだろう。眠っていた力、知力、才能が開花し、自分が夢にも思わなかったほどすばらしい人間になったことを発見するのだ。

——ヨガの父、インドの指導者パタンジャリ

とりつかれていると言えるくらいプレゼンテーションのテーマに情熱を持っていると、エネルギーや熱意が聴衆にも伝染する。本当の自分を表現することを恐れてはならない。あなたがドクター・ジルのようにひらめきを感じているのなら、それを伝えよう。ラリー・スミスのようにいらだちを感じているなら、はっきり言おう。マチュー・リシャールのように幸せなら、それを表現するのだ。

TED NOTE

情熱的な人たちを人生に招き入れよう

スターバックスの創業者ハワード・シュルツは私に、「同じ目的のもとで同じ情熱を抱く人たちに囲まれていると、なんだってできる」と言ったことがある。自分の情熱は何かを確かめるのは第一歩にすぎず、それを同僚、顧客などあなたの人生にかかわる人たちと共有し、表現しなければならない。

何より重要なのは、同じ情熱を共有する人たちとつながることだ。優れたリーダーは情熱を採用基準にする。リチャード・ブランソンは〝ヴァージンらしい〟人を採用する。よく笑い、前向きで熱意があり、その結果優れたコミュニケーターとなる。自分だけが情熱を持っていてもダメだ。あなたの組織や活動について、あなたと同じように情熱のある人たちを集めよう。あなたが最終的にリーダーとして、またコミュニケーターとして成功できるかは、そこにかかっている。

500人のTED屋が言うならまちがいない

リチャード・セントジョンがTEDカンファレンスに向かう飛行機に乗っていたとき、隣に座っていたティーンエイジャーにこう聞かれた。「成功ってどうしたらできるの？」セントジョンはうまく返事ができなかったが、良いアイデアを思いついたという。TEDカンファレンスに集まる、成功しているリーダーに聞けばいいんだ。

セントジョンはそれからの10年で500人の「TED屋（TEDster）」にインタビューをして、成功者である彼らの共通点を突きとめた。それを2005年のTEDモントレーで3分間のプレゼンテーションにまとめ、発表している。

400万回以上視聴されたこのプレゼンテーションで、セントジョンは「成功の8つの法則」を語った。第1の秘訣？　もうおわかりだろう。そう、情熱である。「TED屋はカネのためではなく、好きだから働く[16]」とセントジョンは言う。

同名の著書でセントジョンは、本章の冒頭で紹介したマリンズについてこう書いている。「情熱によって、エイミー・マリンズは走るために欠かせない身体のパーツ、すなわち両足がないにもかかわらず、世界記録を打ち立てた。（中略）エイミーという名前はフランス語の『愛』という言葉に由来するが、愛こそが競技場や人生で彼女に成功をもたらした大きな要因だ。彼女が『情熱を仕事にしたら、成功はまちがいなしよ』と言うのも当然だろう」

だれかの力になりたければ黙って話を聞こう

シロリ・インスティテュートの創業者で、世界的に有名な経済開発の専門家であるアーネスト・シロリ博士は、「聞く」ほうが「話す」よりずっと大切だと身をもって学んだ。

1970年代初頭のアフリカでの援助活動を皮切りに、持続可能な成長に取り組んできたシロリは2012年、TEDxの聴衆にこう語りかけた。持続可能な成長をめぐる〝専門家〟の認識はたいてい間違っている、と。

21歳のころ、シロリはイタリアのあるNGOで働いていたが、「僕らがアフリカで立ち上げたプロジェクトはことごとく失敗した」という[17]。初めて担当したプロジェクトは、ザンビア南部の農村部でのトマト栽培の指導だった。

「アフリカでは、なんでもびっくりするほどよく育つんだ。すばらしいトマトができたよ。だから僕らはザンビアの人たちに得意げに言ったんだ。『ほらね、農業なんて簡単さ』。でもトマトが完熟して赤く色づいたある晩、200頭ぐらいのカバが川から大挙して押し寄せてきて、すべて食べつくしてしまった（聴衆大爆笑）。僕らが『カバが来るなんて！』と嘆いていると、地元の人たちが『ほらね、だからここでは農業はやらないんだ』という。『なんで教えてくれなかったんだ？』と詰め寄ると、こう言われたよ。『だって聞かなかったじゃないか』（大爆笑）」

だれかの力になりたければ、黙って相手の話を聞かなければならない。これがシロリが駆け出し時代に学んだ貴重な教訓だ。「絶対に自分のアイデアを持ち込んではならない」とシロリは言う。コミュニティに住んでいる人たちの情熱、エネルギー、想像力を引きだすのだ。

本書で見てきたとおり、情熱はビジネス、キャリア、そしてパブリックスピーキングで成功をつかむ土台となるものだ。それはシロリにとっても同じだ。

「だれかにアイデアを伝えることはできる。でも相手がそんなことはしたくないと思ったら、どうする？　その人自身が成長したいという情熱が、なにより大切なんだ。それがあれば、必要な知識を探す手伝いができる。だれもひとりでは成功できないんだから。アイデアのある人に必要な知識はないかもしれないが、知識は手に入れられる」

みなさんが本書を読んでいるのも、成長したいという情熱があるからだ。すでに自分が語るべきテーマを見つけている（あるいはそれに近い状態）かもしれない。自分の興奮を、他人と分かちあうのを恐れないでほしい。きっと聴衆に伝わるはずだ。

> 我々の経験から言って、格別にすばらしい経営者になるのは、自分自身の取り組みに格別な情熱を抱いている人々だ。
>
> ――大富豪の投資家、ボブ・バロン

法則1

内なる達人を解き放つ

　みなさんにストーリーテリングを教えることはできる。かっこいいパワーポイントの書き方も、声やボディランゲージの効果的な使い方だって教えられる。効果的なストーリーテリング、スライド、ボディランゲージは説得力のあるプレゼンテーションに役立つ要素だ。しかし、スピーカーがそのテーマに情熱を感じていなければ、そんなものは何の足しにもならない。

　聴衆の心を動かす最初のステップは、自分自身が感動することだ。自分が本当は何に情熱を感じるのか、確かめる一番簡単な方法は「私のハートが歌いだすきっかけは何だろう」と自問することだ。あなたのハートが歌いだすものを突きとめてしまえば、ストーリーテリングもスライドも話し方も、自然に生き生きとしてくるはずだ。驚くほど聴衆と深く心を通わせることができるだろう。あなたが学んだことを、その道の達人として自信を持って聴衆に伝えられるようになる。そうなれば一世一代のスピーチをする準備は整ったも同然だ。

第2章 ストーリーの技術をマスターする

「ストーリーとは、魂のこもったデータである」
——ブレネー・ブラウン、2010年TEDxヒューストンにて

ブライアン・スティーブンソンの家では、もめごとを収めるのは常に祖母の役回りだったという（祖母自身がもめごとの原因になることも多かったようだが）。スティーブンソンはこの祖母から「アイデンティティの力」を学んだ。

スティーブンソンは人権問題に取り組む弁護士で、イークアル・ジャスティス・イニシアティブという団体のエグゼクティブ・ディレクターだ。イークアルは、刑事訴訟制度で不当な扱いを受けた貧しい被告人の法的代理人を務める非営利団体（NPO）だ。スティーブンソンは仮釈放なしの終身刑を未成年に課すことを禁止する、画期的な最高裁判決を勝ち取った。

２０１１年9月、ルーズベルト協会が社会正義におけるスティーブンソンの功績に対し、フリーダム・メダルを授与した。この授賞式に出席していたＴＥＤ関係者がスティーブンソンに、２０１２年3月にロングビーチで開かれるＴＥＤカンファレンスで講演するよう依頼した。スティーブンソンは私に、「当時はＴＥＤのことをよく知らず、断ろうと思った」と打ち明けた。同月末に最高裁での重要な裁判が2件予定されていたためだ。だがＮＰＯのスタッフがなんとしてもＴＥＤに出るべきだと懸命に説得。今では、スティーブンソンは出てよかったと思っている。ＴＥＤの聴衆はスティーブンソンのプレゼンテーションに感動し、イークアルに総額１００万ドルを寄付したからだ。

持ち時間の18分間で、スティーブンソンは自分の人生に影響を与えた３人（祖母、ローザ・パークス、そしてある清掃員）のストーリーを語り、聴衆の心をつかんだ。まず、祖母の両親が奴隷の子供として生まれたこと、そして奴隷制度が祖母の世界に対する見方に与えた影響について語りはじめた。祖母には10人も子供がいたので、スティーブンソンと一緒に過ごす時間は限られていた。だがスティーブンソンが８歳か9歳だったある日のこと。祖母が部屋の向こうから歩いてきて、手をとってこう言った。「おいで、ブライアン。ちょっとお話しをしよう[1]」。そのとき祖母から聞いた話を、スティーブンソンは生涯忘れないという。

祖母は私を座らせ、じっと目を見て、こう言いました。「いいかい、私はずっとおまえを見てきたんだよ。それでね、おまえは特別なんだとわかった。おまえがやろうと思うことなら、何でもできるよ」。あの言葉は絶対に忘れません。さらに祖母はこう言いました。「私と約束してもらいたいことが3つあるんだ、ブライアン」。「いいよ、ばあちゃん」と私は答えました。

「ひとつめは、おまえのかあさんをずっと愛し続けることだ。私の大切な娘だからね、ずっと大切にすると約束しておくれ」。私は母が大好きだったので「はい、ばあちゃん。そうするよ」と迷わず答えました。次に祖母はこう言いました。「2つめは、いつも正しいことをすること。たとえ、それが大変なことであってもね」。私は少し考えて、「はい、ばあちゃん。そうするよ」と言いました。最後に祖母はこう言いました。「3つめはね、一生お酒を飲まないことだ」。当時私は9歳だったので「はい、ばあちゃん。そうするよ」と答えました。(聴衆大爆笑)

数年後、スティーブンソンはふたりの兄と一緒に裏庭にいたとき、ビールを勧められた。そこでビールを突き返し、こんなことはいけないよ、と言った。

「すると兄は信じられないという顔をしました。『何言ってんだ、飲めよ』。そしてまじまじと私の顔を見て『まさか、まだばあちゃんの話にこだわってるんじゃないよな?』と言うのです。なんのこと? と聞くと『ばあちゃんはな、孫にはみんな、おまえは特別なんだって言うんだよ』(聴衆大爆笑)。私は打ちひしがれました(聴衆、さらに大爆笑)」

スティーブンソンはここで声を落とす。

図 2.1 ■ TED 2012 で講演するブライアン・スティーブンソン
James Duncan Davidson/TED (http://duncandavidson.com)

「これからみなさんにお話しすることは、本当は言うべきではないのかもしれません。この講演は一般に公開される可能性がありますからね。私は52歳になりますが、実を言うと、お酒はこれまで一滴も飲んだことがありません。それが立派だと言いたいわけではありません。アイデンティティにはそれだけの力がある、と言いたいのです。ある種のアイデンティティを確立すると、周囲の人々に、彼らが理屈に合わないと思うようなことを言えるのです。そして、無理だと思っていることを、やらせてしまうことができるのです」

スティーブンソンの話を聞いて笑っていた聴衆は、突然静かになった。スティーブンソンの話が聴衆のアタマに届いたのは、その前に彼らのハートをつかんでいたからである。

法則2 ストーリーの技術をマスターする

聴衆のアタマとハートに響くストーリーを語ろう。

なぜ効果的なのか——TED史上最も長いスタンディング・オベーションを受けたブライアン・スティーブンソンは、プレゼンテーションの65%をストーリーテリング（物語を語ること）に充てた。脳スキャンを使った実験では、ストーリーは人間の脳を刺激し、夢中にさせることが明らかになっている。その結果、スピーカーが聴衆と心を通わせられたり、自らの主張を伝えられたりするのだ。

ストーリーで壁を取り払う

スティーブンソンはプレゼンテーションで、アメリカの刑務所に収容されている人の数、そのうち貧困者やアフリカ系アメリカ人が占める割合に関するデータを紹介したが、そこに至るまでの5分は別のストーリー話をしている。スティーブンソンの主張を裏づけるのはデータだが、プレゼンの最初の3分の1はストーリーテリングに充てたのだ。しかも、それはどこにでもあるようなストーリーではなかった。スティーブンソンは意図的に、聴衆と心が通うような物語を選んでいる。スティーブンソンはその理由をこう説明する。

「みんなに私を信頼してもらわないといけないからね。初めからこむずかしい話、普通の人の生活と関係のない話をしたら、身を入れて話を聞いてもらえない。私はたいてい家族の話から始める。だれにでもたいてい家族はいるからね。そして子供や弱い立場にある人、あるいは苦しんでいる人たちの話をする。こういうストーリーは問題を理解してもらうのに役立つんだ」[2]

聴衆の中には、ひと言も話を聞かないうちから、スティーブンソンの言い分には絶対に賛成しないと決めている人がたくさんいる。しかし、ストーリーテリングは、スティーブンソンが説得しなければならない相手との壁を突き崩せるのだ。スティーブンソンは判事、陪審員のほか、自分の意見に反対する人たちの心をつかむためにストーリーを使うという。反対勢力を突破する最も強力な方法が、ストーリーであることを知っているのだ。

スティーブンソンの講演がストーリーテリングの模範例と言えるのは、一つひとつのストーリーを講演の中心テーマ「アイデンティティ」と結びつけているためだ。最後のストーリーは、スティーブンソンが法廷に向かう道すがら、少し顔を合わせただけの清掃員の話だった。

ふと横を見ると、さきほどの清掃員が行ったり来たりしているのが目に入りました。ずっとそうしているのです。とうとうこの年老いた黒人男性は、とても心配そうな顔で法廷に入ってきて、私の真後ろの被告席の近くに腰を下ろしました。それから約10分後、裁判官が休廷を宣言しました。休憩に入ると、清掃員が法廷に入ってきたことに腹を立てた保安官代理がこちらに駆け寄ってきました。そして黒人男性にこう言いました。「ジミー、法廷に入るなんてどういうつもりだ？」　すると黒人男性は立ち上がり、まず保安官代理を見て、次に私を見て、こう言ったのです。「私はね、この若い人に『目標を見失うな、がんばれ』って言いに来たんですよ」

ベン・アフレック監督の感想

俳優兼監督のベン・アフレックは、スティーブンソンの講演をお気に入りのTEDトークに挙げる。社会正義に関する講演やプレゼンテーション、スピーチはたくさん見てきたアフレックだが、スティーブンソンの話（実際、かしこまったプレゼンというよりお話というほうが近かった）はアフレックに忘れがたい印象を残したという。「人権弁護士のブライアン・スティーブンソンはアメリカの司法制度の厳しい現実を伝えた。（中略）アメリカ史の知られざる一面とも言えるこうした問題が、これほど率直に、優れた洞察と説得力をもって語られることはめったにない[3]」

――ベン・アフレック

スティーブンソンはTEDでの講演の締めくくりに、基本的人権と尊厳の大切さを知ってはじめて、人は本当に成熟したと言えると語った。

「TEDのビジョンであるテクノロジー、デザイン、エンターテイメント、クリエイティビティと、人間性、思いやり、正義とを融合させなければなりません。そしてこの思いを共有してくれるみなさんに、何よりこう言いたいのです。『目標を見失うな、がんばれ』と」

それを聞いて聴衆が立ち上がったのは、スティーブンソンのストーリーに胸を打たれたからだ。スティーブンソンは聴衆の魂に触れたのである。

私はスティーブンソンと会ったとき、こう尋ねた。

「あなたのテーマは扱いづらく、意見が分かれる難しい問題です。講演が成功した理由として、ストーリーを効果的に伝える能力はどれくらい重要だったと思いますか」

「ほぼすべてと言っても過言ではないよ。世の中には、私の大切な依頼人をおとしめるような先入観があまりにも強くある。私の役目はこれまでつくられてきたストーリーを打ち消すことだと思っている。それができるかどうかは、効果的なコミュニケーションにかかっている。だれかの過ちを正そうと思ったら、データや事実や分析が必要だ。でもその前に、相手に関心を持ってもらえるストーリーも絶対に必要だ。まずは聴衆を、話を聞く気にさせなければ」

スティーブンソンはこのインタビューで、私が日頃コミュニケーションのコーチングをするうえで基本的なコンセプトとしていることに賛同してくれた。それはすなわち、ストーリーテリングが人を説得する究極の武器である、という考え方だ。

感情に訴える〝本物のストーリー〟を語る個人やブランドは、ライバルとは比較にならないほど顧客や聴衆と深い絆を結ぶ。みなさんもスティーブンソンの見解に勇気づけられるのではないだろうか。ビジネスパーソンには、パワーポイントを使ったプレゼンテーションで個人的なストーリーを持ちだすことをちゅうちょする人が多い。特にデータや図表を多用するようなプレゼンの場合はなおさらだ。だが最高裁でも主張を通すことのできるスティーブンソンが、ストーリーに強い力があると言うなら、我々も参考にしたほうがいい。

ペーソスの力

スティーブンソンはペーソス（情感）が豊かだ。ギリシャの哲学者アリストテレスは、コミュニケーション理論の生みの親のひとりである。アリストテレスは、エートス、ロゴス、ペーソスという3要素がそろったときに説得できると考えた。エートスとは信頼感だ。我々は優れた業績、地位、経験があり、尊敬できる人に共感する傾向がある。ロゴスとは論理、データ、統

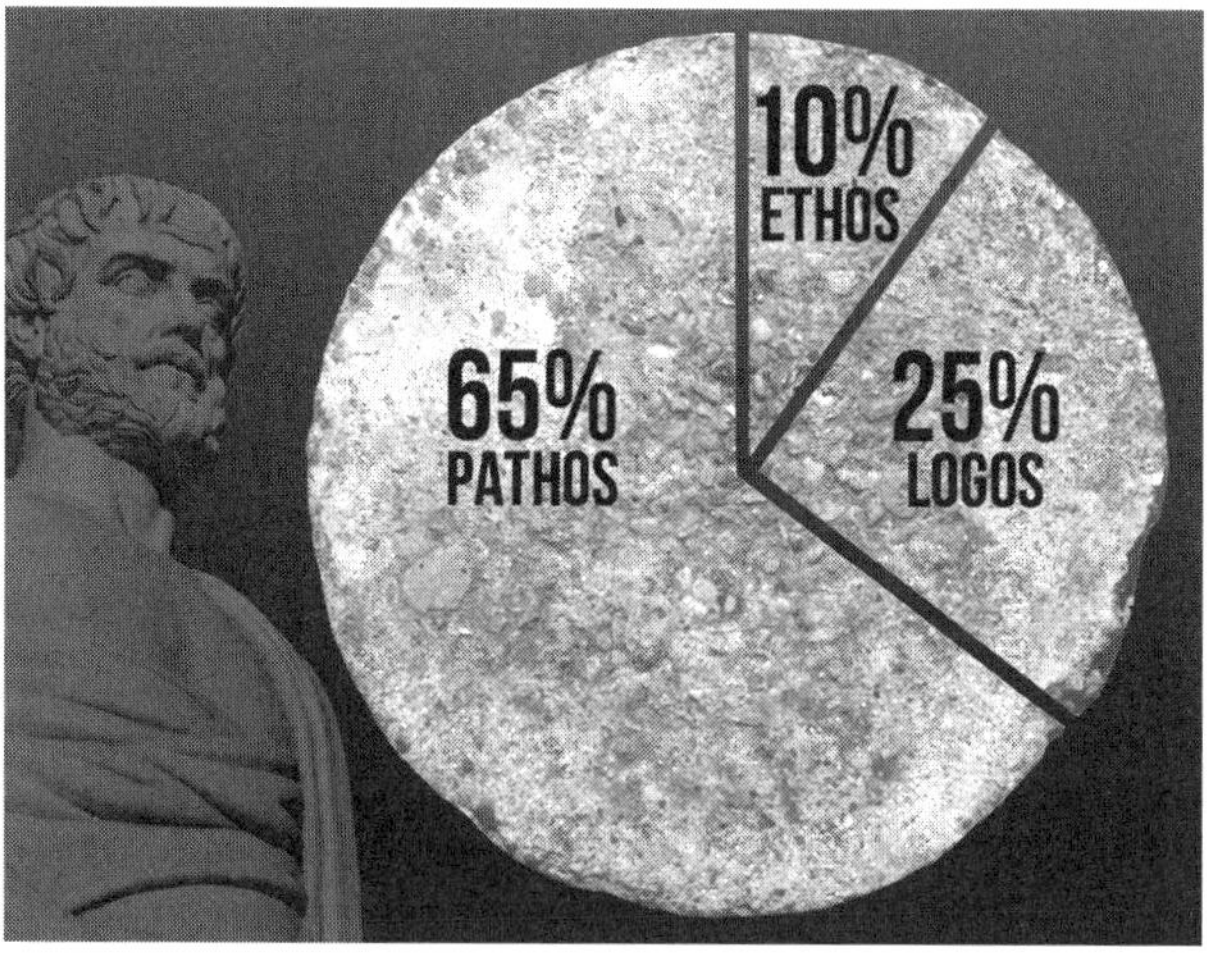

図 2.2 ■ スティーブンソンの TED プレゼンのエートス、ロゴス、ペーソスの配分
Bryan Stevenson' s TED 2012. Created by Empowered Presentations @empoeredpres.

計を通じて説得する方法で、ペーソスは感情に訴える行為だ。

ブライアン・スティーブンソンのプレゼンの単語数は４０５７。私はそれをすべて分析し、この３つのカテゴリーに分類した。スティーブンソンが刑務所での活動について語るくだりの文章やパラグラフは、エートスのカテゴリーへ。統計に関する文章はロゴスへ。そして物語はペーソスに分類した。その結果は、**図２・２**の円グラフのとおりだ。

見てのとおり、プレゼンテーションの内容のうち、エートスはわずか10％、ロゴスは25％だ。それに対し、ペーソスがなんと65％を占めている。おもしろいことに、スティーブンソンのプレゼンはＴＥＤドットコムで「最も説得力があるプレゼン」に選ばれたもののひとつだ。「説得する」という言葉は本来、相手の理性に訴え、影響を及ぼすことと定義される。この定義に「感情」という要素は含まれないが、感情に訴えるストーリーの力がなければ、スティーブンソンのプレゼンはこれほどの説得力を持ちえなかっただろう。

論理だけで人を説得することはできない。だれがそんなことを言ったかって？　世界で一番論理的なアタマの持ち主だ。

TED NOTE

アリストテレスの「説得の3要素」をどう使うか

あなたの最近のプレゼンテーションを３つのカテゴリーに分類してみよう。エートス（信頼感）、ロゴス（エビデンスとデータ）、ペーソス（感情的アピール）だ。ペーソスは全体の中でどれぐらいの割合を占めているだろう。感情に訴える要素が少なければ、次にプレゼンをする前に物語や逸話、個人的意見を足してみるなど、内容を練り直したほうがいいかもしれない。

ストーリーと脳

デール・カーネギーは、ストーリーには聴衆の心を動かす力があると考えていた。「この世界のすばらしい真実は、往々にして魅力的なストーリーのかたちで伝えられる」と書いている。さらに、こうも語っている。「物語がパブリックスピーキングに効果的だというのは、私の勝手な考えではない。ソクラテス、チェスターフィールド、イエス・キリストのアイデアを拝借しただけだ。彼らが言うなら、文句なしに信用できるだろう」

本書で紹介するアイデアの多くも、私のものではない。TEDのものでもない。感動的なプレゼンテーションをしたスピーカーのものでもない。本書で紹介するテクニックが効果的なのは、我々が情報をどのように処理・記憶し、それがどのように脳に刻まれるか、といった人間の心理構造にもとづいているからだ。

カーネギーのアドバイスは直観的なものだったが、その正しさは今日の脳スキャンが証明している。科学者はfMRIの画像を使い、血流の変化を追跡することで脳の活動を研究してきた。過去10年で人間の脳に関する知識は飛躍的に増えた。その成果はパブリックスピーキングやコミュニケーションの能力を伸ばしたい人に大いに参考になる。

ストーリーは聞き手の脳にアイデアと感情を刻み込む

プリンストン大学のとある会議室。脳の情報処理メカニズムを解き明かそうと、あかりを落とし、チャーリー・チャップリンの映画を上映している人物がいる。同大学の心理学准教授であるユーリ・ハッソンは、プリンストン神経科学研究所のためにこの実験をしている。ハッソンの実験では、fMRIで脳波を計測しながら被験者に映画を見せたり、ストーリーを聞かせたりする。脳が複雑な情報をどのように処理するのか、解明しようとしているのだ。ハッソンたちの研究によって、個人的なストーリーは話し手と聞き手の脳を同期させることがわかった。ハッソンはこれを「脳と脳のカップリング」と呼ぶ。

ハッソンたちはまず、語り手にリハーサルをせずにストーリーを語らせ、脳の活動を記録した。次に聞き手の脳の活動を計測し、それから理解度を測るために詳しい質問票に回答させた。

こうして神経科学の分野で前例のない研究成果が生まれた。話し手と聞き手の脳が「似たような、ときにはカップリング（連動）するような反応パターンを示した」のだ。[4] 簡単にいえば、「聞き手の脳反応は、話し手の脳反応をそのまま映していた」。話し手と聞き手の脳がひとつになっていたのである。

ハッソンが話し手に選んだのは大学院生のローレン・シルベールで、彼女はプロム（高校の卒業パーティ）の思い出を語った。研究者はローレンの脳波と、聞き手となった11人の学生の脳波をスキャンした。すると彼らの脳の同じ領域が活性化し、話し手と聞き手に深い結びつきが生まれていることが示された。しかも部屋にいた全員、つまりすべての聞き手が同じ反応を示していたのである。学生には理解できないロシア語でストーリーが伝えられたときには、カップリングは起こらなかった。

「ローレンが英語で話したときには、聞き手はストーリーを理解できたので、脳が同期した。話し手の脳で、感情をつかさどる『島』が活性化しているときには、聞き手の島も活性化した。話し手の前頭葉が反応すると、聞き手の前頭葉も同じ反応を見せた。ストーリーを語るだけで、ローレンは自分のアイデア、考え方、感情を聞き手の脳に刻み込めたのだ」とハッソンは報告している[5]。

研究の結果、我々の脳はストーリーを聞いていると特に活性化することがわかった。たくさんの項目が箇条書きで並ぶパワーポイントのスライドを示されると、脳の中の言葉を意味に転換する「言語処理センター」が活性化する。だがストーリーはさらに多くの反応を引き起こす。脳全体を巻き込み、言語、感覚、視覚、運動領域を活性化するのだ。

ハッサンの研究成果は、聞き手の行動を変えようという意図をもってプレゼンするすべての人に、非常に重要な意味を持つ。ストーリーが〝脳と脳のカップリング〟を引き起こすなら、プレゼンの説得力を高める方法のひとつは、もっとストーリーを語ることだと言えるだろう。

ストーリーは魂のこもったデータ

2010年6月、ブレネー・ブラウンはTEDxヒューストンで「傷つきやすい心の強さ」と題したプレゼンテーションをした。ヒューストン大学の研究教授であるブラウンは、弱さ、勇気、信憑《ぴょう》性、恥の意識などを研究している。18分にまとめるにはかなり大きなテーマといえるが、ブラウンの講演は大成功を収め、その模様は700万回以上視聴された。プレゼンテーションの冒頭、ブラウンは短いエピソードを披露した。

2年ほど前、あるイベントで講演することになり、主催者から連絡をもらいました。相手はこう言いました。「パンフレットにあなたのことを何と紹介したらいいか、困っているんです」。何を困ることがあるのかしら、と私は思いました。すると『研究者』と書いたら、みんな退屈な話だと思って講演に来なくなるでしょう?」と言うのです。おやおや、と私は思いました。主催者はこう続けました。「でもあなたの講演がすばらしいのは、あなたがすばらしい〝ストーリーテラー（物語の語り手）〟だからでしょう? だから肩書はストーリーテラーにしたいんです」[6]

ブラウンの中の弱気な部分が、最初は難色を示した。自分はまじめな学術研究者なのに……。だが、最終的には了承した。

「だって、たしかに私はストーリーテラーなんですもの。私は定量研究のためにストーリーを集めていますが、もしかしたらストーリーは魂のこもったデータなのかもしれない。そして私はストーリーテラーそのものなのかもしれません」

ブラウンの言うとおり、我々はみなストーリーテラーだ。あなたも日々、ストーリーを語っている。ビジネス・プレゼンの場では、あなたが取り組むキャンペーン、会社、あるいは製品の背後にあるストーリーを語る。採用面接では、あなたという人間のブランドストーリーを語る。マーケティングのプレゼンでは、自分のアイデアをめぐるストーリーを語る。つまりだれもがストーリーテラーとして、仕事の場で日々ストーリーを語っているのだ。

私はノースイースタン大学のメディル・ジャーナリズム・スクールで、指導教授にこっぴどく叱られたことが忘れられない。課題を与えられたのに、手ぶらで戻ったためだ。「ストーリーと呼べるものは何もありませんでした」と言うと、教授は血管が破裂するかと思うほどカンカンに怒って、こう言った。「ストーリーは必ずあるんだ！」

以来、「私にはおもしろいストーリーがないんです」という人に会うたび、あのときのことを思い出す。ないわけがない。ストーリーは必ずある。きちんと探していないだけだ。一生懸命、知恵を絞って探せば、必ずおもしろいストーリーは見つかる。

みんなストーリーが大好きだ。生まれつき、そうなんだ。ストーリーは我々が何者であるかを教えてくれる。我々はみな、人生には意味があると確認したい。ストーリーほど優れた確認方法はほかにない。ストーリーは過去、現在、未来という時を超え、自分自身や、実在あるいは架空の人々との共通点を経験させてくれる。[7]

——映画『トイ・ストーリー』の脚本家アンドリュー・スタントン、

２０１２年２月のＴＥＤにて

シンプルで効果的なストーリーの３つのタイプ

人の心を動かすコミュニケーターや最高のＴＥＤスピーカーは、３つのタイプのストーリーのどれかを選ぶ。ひとつめは会話あるいはプレゼンテーションのテーマと直接かかわりのある個人的なストーリー。２つめは聴衆が共感できるような教訓を学んだ人々のストーリー。３つめは製品あるいはブランドの成功あるいは失敗のストーリーだ。

個人的なストーリー

ストーリーは語り手の人となりを表現する。TEDでも特に人気のプレゼンテーションは、個人的なストーリーで始まるものが多い。ブライアン・スティーブンソンが語った祖母にまつわるストーリー、「目標を見失うな」と励ました清掃人の感動的な物語を思い出してみよう。

個人的なストーリーを語る能力は本物のリーダーシップ、すなわち周りの人々から驚くほどやる気を引きだすリーダーに欠かせない資質だ。あなたも個人的なストーリーを語ってみよう。あなたの愛する人にまつわる一番の思い出はどんなものか。その人についてストーリーを語れないだろうか。私の娘たちは、おじいちゃんのストーリーが好きだ。第2次世界大戦中に捕虜になった私の父がどうやって逃げ出し、どうやって母とともにわずか20ドルしか持たずにアメリカに渡ってきたか、という話だ。こうしたストーリーは、我々家族のアイデンティティの中核をなすものだ。みなさんも同じだろう。

個人的なストーリーを話すのであれば、とことん個人的なものにしよう。聴衆をその世界に引き込もう。適確な描写と豊かなイメージで、あなたと一緒にその場にいるかのような気持ちにさせるのだ。

やけどの治療室から始まったキャリア

デューク大学のダン・アリエリー教授は心理学と行動経済学が専門で、ベストセラー作家でもある。優れた実験を通じて、人はなぜ「予想どおりに不合理」な判断をするかを示してきた。

アリエリーがこの問題に興味を持ったきっかけは、やけどの治療を受けた経験だ。

「私はひどいやけどを負いました。病院で長い時間を過ごすと、ありとあらゆる種類の不合理を見るものです。やけど治療で特につらかったのは、看護師に包帯を変えてもらうプロセスでした[8]」

アリエリーは2009年、TEDの聴衆にこう語った。アリエリーは包帯をすばやく、あるいはゆっくりとはずすプロセスが目に浮かぶように生き生きと描写した。皮膚から染み出る体液で、包帯は身体にくっつく。それをはがすときには筆舌に尽くしがたい痛みが走る。アリエリーの看護師を含めて、たいていの人は痛い時間が早く終わるように、なるべく急いで包帯をほどくほうがいいと思う。看護師がアリエリーの包帯をほどくのに、たいてい1時間かかった。アリエリーは痛みを和らげるため、2時間かかってもいいからゆっくりほどいてくれ、と懇願した。だが看護師らは自分たちにまかせておけばいいのだと突っぱね、アリエリーは痛みに耐えなければならなかった。

アリエリーは3年間の入院生活を送ったあと（やけどは身体全体の70%に及んだ）、イスラエルのテルアビブ大学に進んだ。そこでやけどを負った患者の包帯をどのようにはずすべきか、という問題を研究した。

「結局わかったのは、看護師たちがまちがっていたということです。すばらしい善意と経験にあふれた人たちでしたが、常に「予想どおりに不合理な」選択をしていました。つまり時間の長さと痛みは感じ方が違うので、包帯をはずすのに時間をかけて痛みを和らげたほうが、私の感じる痛みは少なかったはずなのです」

アリエリーはもうひとつ、とても効果的なストーリーテリングの技術を使う。「意外感」である。『アイデアのちから』（日経BP社刊）の著者であるチップ・ハースとダン・ハースは、人々の記憶に残るアイデアの要素をいくつか挙げている。ハース兄弟は「人の注意を引く最も基本的な方法は、『パターン』を打破することだ」という。[9] 好奇心と神秘性は、我々の関心を引く強力な手段だ。その証拠として、ハース兄弟はジョージ・ローウェンスタインがカーネギーメロン大学で行った研究をエビデンスに挙げる。

「ローウェンスタインによると、好奇心は我々が自分の知識に隙間があると感じたときに生じる。（中略）隙間は苦痛を引き起こす。何かを知りたいのにわからないと、そこが傷口のように痛む。痛みを取り除くには、隙間を埋めなければならない。ひどい映画でも我慢強く最後まで見てしまうのは、結末を知らずにいるのが耐えがたいからだ[10]」

アリエリーの個人的なストーリーが効果的なのは、結果が意外なものだからだ。個人的なストーリーは積極的に使うべきだが、どれを使うかは慎重に選ぼう。個人的なストーリーの中でも結末が意外なものは、特に説得力が高くなる。

母親にとっての「財政の崖」

プレゼンテーション、ソーシャルメディア、テレビのインタビューなど、あらゆるコミュニケーションで個人的なストーリーは聞き手の興味を引くのに有効だ。私は１９９９年にジャーナリズムの世界に入った。これはロナルド・レーガンが大統領であった最後の年だ。レーガンは「グレート・コミュニケーター（偉大なる伝達者）」と呼ばれた。自らのメッセージをストーリーに仕立てることができたからだ。ジャーナリズムを離れ、独立してコミュニケーションの技術を教える会社を設立するとき、私はレーガンのカリスマ性の源泉が「ストーリーを語る能力」であったことを強く意識していた。

現在、私は企業経営者や政治家に同じアドバイスをしている。「メディアに自分の言葉を取り上げてもらいたければ、ストーリーを語りなさい」と。個人的なものほどいい。これはたいていうまくいく。たとえば２０１２年12月、アメリカのメディアは「財政の崖」の議論一色だった。政治家が予算案に合意できなければ、大型減税が期限切れになり（増税）、それと同時に強制的な歳出削減が行われ、アメリカの財政は崖から転げ落ちるように悪化する、という話だ。

ある新人議員が、テレビ局からインタビューを受ける1時間前に私に電話をかけてきた。どのような発言をするか、相談したいというのである。新人議員は「何を論点にするか」ばかり気にしていたので、私は「そんなことよりストーリーを語ったらどうか」と進言した。

話し合いの結果、議員は看護師をしている自分の母親について、また「財政の崖」によって母親がどのような影響を受けるかを語ることにした。インタビューをしたレポーターは、このストーリーのくだりを放送した。その後、議員はメディアでインタビューを受けるたびにこのストーリーを使った。論点がきちんと伝えられることもあれば、失敗に終わることもあったが、母親のエピソードはどのメディアにも必ず採用された。

人間はみなストーリーが好きだ。ビジネスパーソンはめったに個人的なストーリーを語らない。だからこそ、個人的なストーリーは強く印象に残る。私は最近、取材や主要な記者会見の準備でCEOのコーチをするとき、必ず個人的ストーリーを含めるよう勧める。イベントを報じる記者やブロガーは、たいていそういうストーリーを記事に含める。どんなテクニックも100％成功するとはいえないが、個人的なストーリーの成功率はかなりそれに近い。

第三者のストーリー

教育界とビジネス界におけるクリエイティビティやイノベーション研究の第一人者であるケン・ロビンソン博士は、学校教育がクリエイティビティを殺している、と訴える。この考えに惹かれる人は多く、2006年に博士がTEDで行った講演は何百万回も視聴され、シェアされている。本書執筆の時点で視聴回数は1500万回に達し、TED史上最も人気のある講演となっている。

私がロビンソンのプレゼンテーションに魅力を感じたのは、パワーポイント、ビジュアル、小道具など一切使わずに、聴衆と心を通わせていたからだ。ではどうやっているかというと、分析、データ、ユーモア、そしてストーリーテリングを巧みに組み合わせているのだ。

クリエイティビティを育てる学校

ロビンソンの紹介した最も興味をそそるストーリーは、自分自身の話ではない。主人公はロビンソンがインタビューをした相手で、名をジリアン・リンという。ほとんどの聴衆にとっては聞き覚えのない名前だ。だがリンの名前は知らなくても、その作品は聞いたことがあるはずだ。リンはミュージカル『キャッツ』や『オペラ座の怪人』の振付師なのだ。

ロビンソンはリンに、ダンサーになった経緯をたずねた。リンが学校に通っていたのは１９３０年代だが、授業に集中することができず、常にそわそわしていたため、教師には学習障害があると思われていたという。

「今なら注意欠陥多動障害（ＡＤＨＤ）というんでしょうね。でも１９３０年代にはそんな概念はなかったのです。そんな障害があることは知られていなかったし、障害がある人自身も気づいていなかった」[11]。ロビンソンが淡々と語るのを、聴衆は笑って聞いていた。

それからロビンソンは、リンと母親が専門医を訪れたときの話をした。リンと母親の話に20分ほど耳を傾けると、医者はリンに「お母さんとふたりで話をしてくるよ」と告げた。

「医者は席を外すとき、デスクの上にあったラジオをつけました。そして母親を連れて診察室を出ると、『ここでお嬢さんの様子を見てください』と言ったそうです。ふたりが診察室を出たとたん、リンは立ち上がり、音楽に合わせて動きだしました。何分かリンの様子を見守ってから、医者は母親に向き直り、こう言いました。『お母さん、ジリアンは病気ではありません。ダンサーなのです。ダンススクールに入れてあげなさい』」

こうしてリンはダンススクールに行くことになった。ロイヤルバレエ団でキャリアを積み、作曲家のアンドリュー・ロイド・ウェバーに見いだされ、ミュージカルの歴史を代表するような大作の振り付けを任されるようになった。

ロビンソンはこのストーリーを、プレゼンテーションの結論に至る舞台装置として、また自らのテーマを強調するための道具立てとして使った。

「ＴＥＤが尊重するのは、想像力という神から人間が授かった贈り物です。我々はこの贈り物を大切にし、今私が話したようなことが起こらないようにしなければなりません。そのためのたったひとつの方法は、我々のクリエイティブな才能の多様性をありのままに認めること、子供たちの可能性を認めることです。そして我々の役割は、子供たちの全人格を育て、未来に備えさせることです」

「全人格を育てる」というロビンソンの呼びかけは、ジリアン・リンのストーリーがなければ、聴衆には十分伝わらなかっただろう。抽象的な表現は、多くの人にとって理解しづらい。ストーリーは抽象的な概念を、感情に訴え、記憶に残るアイデアに変えられる。

TED級の牧師が説教壇に立つと……

レイクウッド教会のジョエル・オスティーン牧師は、TEDのステージに立ったことはない。だがオスティーン牧師が毎週、教会に足を運ぶ4万人の信徒と、テレビでその姿を見る700万人の聴衆に見せているのは、まぎれもなくTED級のパフォーマンスだ。

TEDスピーカーと同じように、オスティーン牧師は説教の冒頭で必ずその日のテーマを語る。あるときはこう切り出した。「今日は『未来には「イエス」が待っている』というお話をしたいと思います[12]」。そしてある友人のエピソードを語った。友人は長年、まじめに働いてきた。あるとき現場監督が定年を迎え、数人が後任候補に挙がった。オスティーンの友人は年長者で、勤続年数も長かったが、結局若く経験も少ない同僚に決まった。友人は裏切られた気持ちがしたが、「だからといってくさったり、手を抜くようなことはなかった」

2年後、上級副社長が退任し、オスティーンの友人がその後任となった。「いまや友人の地位は、現場監督よりはるかに上になりました。今は『ノー』と言われている人も、いずれツキはめぐってきます。癒しや昇格もいずれやってきます。自分自身にこう言い聞かせましょう。ずっと『ノー』の状態が続くわけじゃない。『イエス』は来るんだ」

聴衆とペーソスを共有してから、オスティーンはロゴスに訴えるため次の統計を示した。初めての起業の90%は失敗する。だが、2回目の起業は90%が成功する。ただ起業家の80%は、2回目の挑戦をしない。

「あと数回『ノー』を我慢すれば、成功が手に入ることを多くの人は理解していません」

オスティーンは統計をいくつかのストーリーで補強した。聖書の登場人物、レイクウッド教会に通う信徒、歴史上の人物（アルバート・アインシュタインは２０００回失敗した）、そして最前列に座っている自分の母親の話もあった。

そこそこ成功している、小さな会社のオーナー経営者の話もした。その経営者は事業を拡大するため、長年取引のある銀行に相談に行った。事業計画も準備し、実績もあった。だが銀行は融資を断った。次に訪れた銀行でも断られた。「10行。そして20行。もうダメなんじゃないか、と思っても不思議はないでしょう？ 30行に断られ、さらに31行目でも断られました。でも32番目の銀行が『すばらしいアイデアですね。あなたに賭けてみます』と言ってくれたのです。神様があなたの心にアイデアをくださったのなら、あなたには必ず成功するとわかります。『ノー』と言われるたびに、『イエス』に近づくのです」

個人的なストーリーは、あなた自身のものであってもいいし、また聴衆が共感できる第三者のストーリーでも構わない。オスティーンはＴＥＤの人気スピーカーとひとつの共通点がある。聴衆の共感を生みだす達人なのだ。共感とは、第三者が経験した感情を理解し、感じる能力である。その人の立場になって考えてみるのだ。ストーリーがだれかの感情を追体験するのに役立つことはすでに見てきた。著名な神経科学者には、人間は共感するようにできている、共感こそが社会の結束を保つ〝接着剤〟なのだと考える者もいる。プレゼンテーションでは自分自身について、あるいはだれかについて語ることで、共感を醸成できる。

どんな人のものであっても、人生についてのインサイドストーリーなら、しかもそれが謙虚に、余計なエゴを挟まずに語られれば、成功まちがいなしのスピーチの題材となる。

――デール・カーネギー

ブランドの成功ストーリー

私は講演を頼まれると、自分自身のストーリー、個人的に知っている人や取材した人や本で読んだ人のストーリー、あるいは講演のテーマとなる経営戦略を実践して成功しているブランドのストーリーを語る。

だから常に、コラムやプレゼンテーションに使えるストーリーを探している。実際、ネタはどこにでも転がっているのだ。ヴァージン・アメリカの便に乗り、パイロットと話をしたときには、彼らがヴァージン・アメリカのツイッターを確認していると聞き、驚いた。そこから顧客と対話をするためにソーシャルメディアを活用するブランドのストーリーができあがった。リッツ・カールトンホテルに滞在したときには、無料の前菜を出してくれたウエイターにその理由をたずねた。「私は最高の顧客体験をお届けする権限を与えられているのです」と彼は答えた。その経験から、エンプロイー・エンゲージメント（従業員との関係強化）とカスタマーサービスに関するストーリーがいくつか生まれた。アップルストアに出かけた際には、販売につながる、あるいはブランド・ロイヤリティを高めるための5つのステップを実践するよう従業員が教育されていることを発見した。この経験は1冊の本に結実した。ブランドのストーリーはどこにでもあるのだ。

人気ブロガーでTEDスピーカーにもなったセス・ゴーディンは、ブランドストーリーのすばらしい語り手だ。2003年2月、ゴーディンはTEDの聴衆に、自分のアイデアを広める方法を伝授した。その動画の反響は大きく、150万回以上視聴された。U2のボーカル、ボノもお気に入りのTEDトークのひとつに挙げている。「メディアにおける革命を、革命らしからぬ普通の言葉でさらりと語っている。ゴーディンはアタマがよくておもしろいヤツだ」とボノは言う[13]。

〝アタマがよくておもしろいヤツ〟の語るストーリー

ゴーディンは自らの主張、すなわち「賢いマーケターはほかの人とは違ったやり方で製品を売り込む。当たり前なんてつまらない」を体現するような物語を3つ話した。短いシンプルな3つのストーリーを通じて、一番リスクが高いのは〝安全策〟をとること、あるいは月並みな策をとることだと説得力をもって語ったのだ。

「ワンダーブレッド」に関するストーリーはこんな具合だ。スライス済みの食パンを〝発明〟したのは、オットー・ロウェッダーという人物だが、たいていの発明家がそうであるように、ロウェッダーも特許と製造方法ばかりに気をとられていた。こうしてスライス済み食パンは発売されて15年もの間、だれも買わないだれも知らない商品だった。つまり大失敗だったわけだ。

なぜ失敗したかと言えば、「ワンダーブレッド」が登場し、スライス済み食パンというアイデアを世の中に普及させるまで、それを欲しいと思う人がいなかったためだ。TEDで議論されるたいがいのことと同じように、スライス済みパンの成功も、どんな特許や工場があるかではなく、どうやってアイデアを広めるかにかかっていたのだ。

次のストーリーでゴーディンは、フランク・ゲーリーがデザインした有名な建築物の写真を見せた。「フランク・ゲーリーは単に美術館を変えたのではありません。世界中の人が見に来るような建物をひとつデザインすることで、街全体の経済を変えてしまったのです。今ではポートランド市議会など、あらゆるところで『建築家を雇おう。フランク・ゲーリーに頼めないか？　彼なら2つとないものを創ってくれるぞ』という話が出るようになりました」

最後にゴーディンが語った豆乳メーカー「シルク」の物語はこんな具合だ。「シルクは、冷蔵コーナーに置く必要がない商品を、冷蔵コーナーの牛乳の隣に置きました。その結果、売り上げは3倍になりました。なぜか？　牛乳、牛乳、牛乳……と来て、『あ、牛乳じゃない』となるからです。要は目立つのです。シルクは広告によって売り上げを3倍にしたのではありません。目立つ工夫をすることで、売り上げを3倍にしたのです」[14]

ゴーディンのストーリーは、すべて際立った特徴のあるブランドを題材にしている。今度お店で「シルク」や「ワンダーブレッド」を見かけたら、アイデアのマーケットで目立つ存在になるためにどのようなブランディングやメッセージが必要か、新たな視点で考えてみよう。

ストーリーは、無機質な大企業に人間らしさを加えるものだと、大企業自身が気づき始めている。トスティトス、タコベル、ドミノピザ、カシ、マクドナルド、スターバックスは、原料生産者の人たちをCMに起用するようになった。消費者は、原料がどこでつくられているのか、またどんな人たちがつくっているのかを知ると、商品により強い愛着を感じるようになる。自然派石けんチェーンのラッシュは、すべての商品に開発者の写真を付けている。すべての商品にはストーリーがある、と考えているからだ。成功しているブランドの多くが、実在の従業員や店を使った広告に何百万ドルもかけるのには理由がある。そう、効果的なのだ。

お金持ちにとっては便利な商品、貧しい人にとっては命を救う商品

どんな商品にもストーリーがある。同じように、商品をつくるベンチャー起業家にもそれぞれのストーリーがある。南アフリカ共和国のケープタウンに住む21歳のルドウィック・マリシェーンが、2011年の世界学生起業家大賞に選ばれたのは、風呂が嫌いだったからだ。マリシェーンが発明した「ドライバス」は、世界初の水を使わない入浴代用ローションだ。

マリシェーンの発明をごく簡潔に説明すると、こんな具合になる。「ドライバスは世界初、そして唯一の入浴代用ジェルだ。肌に塗ると、入浴する必要がなくなる」。ここに足りないものは何だろう？　理由と目的である。なぜマリシェーンはこのジェルを発明したのか。また、それは何の役に立つのか。この空白を埋めるのがストーリーだ。

2012年5月に開かれたTEDヨハネスブルグで、マリシェーンは発明の理由と目的を説明するストーリーを語った。

「僕は（南アフリカ共和国北東部の）リンポポ州のモテテマという小さな町で育ちました。水と電気の供給がお天気と同じぐらい心もとない、厳しい環境です。17歳の冬、僕は友人たちと日光浴をしていました。リンポポの太陽は、冬でもとても暖かいのです。すると隣にいた親友がこう言ったのです。『あ～あ、だれか身体に塗るだけで風呂に入らなくてよくなるクスリを発明してくれないかな』と。『それなら僕も欲しいな！』と思いました[15]」

家に帰ってリサーチを始めたマリシェーンは衝撃的なデータを見つけた。世界には劣悪な衛

生状態で暮らす人が25億人おり、そのう５００万人が南アフリカにいる、というのだ。そうした環境では、おそろしい病気が蔓延《まん》する。たとえばトラコーマによって毎年８００万人が失明する。「何がショッキングかって、トラコーマは顔さえ洗えば防げる病気だということです」とマリシェーンは語った。携帯電話１台とかなりお粗末なネット接続環境のもとで、マリシェーンはリサーチを続け、40ページの事業計画をまとめた。４年後、マリシェーンは特許を取得し、ドライバスが誕生した。うたい文句はこうだ。

「ドライバスはお金持ちにとっては便利な商品で、貧しい人にとっては命を救う商品です」

どんなブランド、どんな商品にもストーリーがある。それを見つけ、伝えよう。

ストーリーとは何だろう？　ジョナ・サックスは著書『ストーリー・ウォーズ』（英治出版刊）でこう定義している。

「ストーリーとは聴衆を説得し、語り手の世界観に引き込むためのコミュニケーションの一形態である。語り手は、実在あるいは架空のキャラクターを舞台に上げ、その身に起きたことを語る。それぞれのキャラクターは自分の価値観に従い、ときに困難に直面しながらも何らかの目標を追いかけ、語り手の価値観に従って成功したり、失敗したりする[16]」

マーケターはアイデアの〝戦場〟において「優れたストーリー」という知られざる武器を使う、とサックスは考えている。現代人はあまりにも多くのメッセージを浴びせられているので、人類史上最も頑なで懐疑的な聴衆となった。だが「そんな聴衆でも、心を動かされると、気に入ったメッセージをクチコミで広げる。彼らの愛情を勝ち取った語り手のメッセージは、一気に広がるのだ」

グラッドウェルと幸福とスパゲティソース

２００４年2月にモントレーで開かれたＴＥＤカンファレンスで、『なぜあの商品は急に売れ出したのか』（飛鳥新社刊）の著者マルコム・グラッドウェルは、スパゲティソースを〝再発明〟した人物として名をはせたハワード・モスコウィッツのストーリーを語った。プレゼンテーションのタイトルは「選択と幸福とスパゲティソース」だ。

ストーリーの内容はこうだ。キャンベルスープがモスコウィッツに、スパゲティソースの開発に協力してほしい、と頼んできた。１９７０年代から80年代にかけて、ナンバーワンブランドに君臨していた「ラグー」に対抗するためである（キャンベルは「プレーゴ」ブランドを展開していた）。「プレーゴ」は品質が良いのに苦戦していた。モスコウィッツはキャンベルと協力し、45種類のスパゲティソースの試作品を持って現場を回り、消費者に試食してもらった。

モスコウィッツがスパゲティソースに関するデータを分析すると、アメリカ人は3つのグループに分かれることがわかりました。プレーンなソースが好きな人、スパイシーなソースが好きな人、そして具がたっぷり入ったソースが好きな人。このうち一番重要だったのは、3つめのグループです。というのも1980代初頭のアメリカ市場には、具だくさんのスパゲティソースがなかったからです。

プレーゴのスタッフは驚いてモスコウィッツにたずねました。「アメリカ人の3分の1が具だくさんのソースを欲しがっているのに、彼らのニーズに合った商品がひとつもないってことかい？」。モスコウィッツは「そうだ」と答えました。

それを聞いてプレーゴのスタッフはソースの品ぞろえを見直し、具だくさんシリーズを発売しました。新シリーズは瞬く間にアメリカのスパゲティソース市場を席巻し、それからの10年で6億ドルを稼ぎ出したのです。[17]

モスコウィッツの分析は、食品業界全体に衝撃を与えた。「今アメリカで14種類のマスタード、71種類のオリーブオイルが販売されているのは、このためです」とグラッドウェルは言う。ラグーまでがモスコウィッツに協力を求め、今日ではラグーのスパゲティソースの数は36種類にのぼる。グラッドウェルはモスコウィッツの物語に10分を割き、残りの7分をそこから我々が学ぶべき教訓に充てた。たとえば、普通の人は自分の求めるものがわかっておらず、たとえわかっているとしても本当に欲しいものを正確に説明するのは難しい、ということだ。

食品業界では、消費者が食べたいもの、彼らが満足するものを知るには、直接聞けばよい、というのが大前提になってきました。ラグーもプレーゴも長年サンプル集団を集めては「どんなスパゲティソースが食べたいですか」と聞いてきたのです。

でも、20~30年もこうしたことを繰り返してきたのに、具だくさんのソースが欲しいと言った消費者はひとりもいませんでした。少なくとも3分の1は、心の中ではそれを望んでいたのに。

グラッドウェルは「世界で一番すてきな教訓」と称するもので、プレゼンテーションを締めくくった。「人間の多様性を受け入れれば、私たちはもっと確実に、本当の幸せを見つけられるようになるのです」

グラッドウェルのプレゼンテーションが成功したのは、特定の個人にまつわる英雄譚（本章の後半でさらに詳しく述べる）と、ブランドのサクセスストーリーを組み合わせたからだ。聴衆はだれかに、あるいは何かに拍手を送りたいと思っている。感動したいと思っている。だからヒーローのストーリーを聞かせよう。自分自身、あるいは他の人やブランドに関するストーリーで聴衆の想像力をかきたてよう。

TED NOTE

どんなストーリーを使うか

あなたのメッセージ、あるいは次のプレゼンテーションに入れられそうなストーリー（個人的なもの、第三者に関するもの、あるいはブランドに関するもの）を考えてみよう。すでにストーリーが入っているなら、TED級のスピーカーに一歩近づいていると考えていい。ビジネス・プレゼンにおけるストーリーは学生にとっての〝社会科見学〟のようなもので、聴衆がプレゼンの内容をより深いレベルで体験できるようにする。

ストーリーで部下の心をつかみ、ビジネスで成功する

競争の激しい今日の市場環境において、優れたストーリーは経営者の強力な武器となる。心を打つストーリーがあれば、成功のためにはあなたの会社、商品、アイデアが必要なんだと、顧客、従業員、投資家などステークホルダーを説得できる。

我々はみな、生まれながらのストーリーテラーだが、企業社会に足を踏み入れると、なぜか

自分の中のこうした部分を忘れてしまいがちだ。特にパワーポイントを使ってプレゼンをしているときはそうだ。頭がプレゼンモードにすっかり切り替わり、ストーリーによる感情的な結びつきを通じて情報を伝える、という効果的な方法を忘れてしまう。ストーリーは概念やアイデアに具体的な姿を与えるのだ。

「ビジネス界はあまりにも長い間、パワーポイントのスライドや事実、数字、データなどに目を奪われ、語り手の口から直接語られるストーリーの威力を無視あるいは軽視してきた[18]」と語るのは、マンダレイ・エンターテイメント社長のピーター・グーバーだ。『バットマン』や『カラー・パープル』などの名作映画を送り出してきたグーバーは、著書『成功するための話術』（星雲社刊）でストーリーテリングの威力を語っている。「現代生活のノイズレベルが耳障りなほど大きくなるのにともなって、本当に耳を傾ける価値があり、意味のあるストーリーを語る能力への需要はますます高まっている」

魔法にかかったバットマンのプロデューサー

私はプレゼンテーションにおけるストーリーの威力について、グーバーに直接話を聞いた。グーバーはエンターテインメント業界での成功に満ちたキャリアを振り返り、自分の成功は顧客、従業員、株主、メディア、パートナーを説得するストーリーテリング力のおかげだと語る。ただ、投資家の感情に訴えることを忘れ、やみくもにデータ、統計、予測を語ってしまい、重要な交渉に失敗したこともあるという。

「成功するためには、自分のビジョン、夢、信条などを支持してもらわなければならない。目的が経営陣を鼓舞することか、株主をまとめることか、顧客の心をつかむことか、投資家の支持を得ることか、あるいは仕事を手に入れることかにかかわらず、大切なのは聞き手の興味をとらえ、あなたの目的を共有し、あなたのために行動してもらうことだ。聴衆のアタマだけでなく、ハートに訴えなければならない。それこそストーリーテリングの効果だ[19]」

1990年代初頭のある出来事をきっかけに、グーバーは魅力あふれるストーリーには自分のような百戦錬磨の経営者も説得してしまう力があることに気づいた。当時ソニー・ピクチャーズのCEOだったグーバーのオフィスを訪ねてきたのは、マジック・ジョンソンとそのビジネスパートナーのケン・ロンバードだ。部屋に入ってくるなり、ロンバードはこう言った。「目を閉じてください。これから異国のストーリーをお聞かせします[20]」

変わったことを言うものだ、と思いつつ、グーバーは目を閉じた。ロンバードは続けた。「これは強力な顧客基盤と、すばらしい立地条件と、質の高い投資家に恵まれた国のストーリーです。あなたはヨーロッパやアジアや南米で映画館をつくった経験があるでしょう。異なる言語、文化、問題を抱えた国々に投資する方法も知っているでしょう。その秘訣はその国の言葉や文化を理解し、固有の問題に対応できるパートナーを見つけることではありませんか？」。グーバーは目を閉じたままうなずいた。「では、すでにだれもが英語を話し、映画を渇望し、潤沢な不動産があり、しかも一切競合がない〝約束の地〟があるとしたら、どうしますか？　その約束の地は、ここからわずか10キロしか離れていないんですよ」

ロンバードとジョンソンは、見捨てられた都市コミュニティに映画館をつくる計画を売り込みにきたのだ。ストーリーのヒーローは自分たちで、グーバーが約束の地にたどりつくための水先案内人になるという。こうして誕生した「マジック・ジョンソン・シアター」の1号館は、開業から最初の4週間、ソニー系列の映画館で五指に入る売り上げを達成した。

正式なプレゼンテーションか気楽な会話かにかかわらず、聞き手に自分のアイデアを受け入れてもらいたいなら、話の中にストーリーを取り入れなければならない、とグーバーは語る。40年にわたる自らのキャリアを振り返るとストーリーを通じて顧客、従業員、株主、パートナーを説得する能力こそ、唯一最大の武器だった、という。

言葉の威力

使い古された流行語や決まり文句は使ってはいけない。マーケターはとかく「メインストリーム」「ソリューション」「エコシステム」といった言葉を使いたがる。どれも空虚で無意味で、かつてはあったかもしれないインパクトはすっかり失われている。

使い古された比喩《ゆ》も退屈だ。ニューヨーク・タイムズ紙に掲載されたある研究には「脳が比喩をどのように処理するかは徹底的に研究されてきた。『山あり谷ありの道のり』といった使い古された表現は、もはや何の感慨も呼び起こさないと主張する科学者もいる」と書かれている。[21]

脳スキャンの結果、詳しい描写（たとえば「感情に訴える比喩や、登場人物同士の感情的やりとり」）を聞くと、我々の脳のさまざまな領域が刺激を受けることがわかった。たとえば「ラベンダーの香り」という言葉を聞いただけで、嗅覚をつかさどる脳の領域が活性化する。「被験者が肌触りに関する比喩を読むと、触覚をつかさどる感覚皮質が活性化した。『あの歌手はベルベットのような声の持ち主だ』『彼は革のような手をしている』といった比喩も、感覚皮質を呼び覚ました」とニューヨーク・タイムズの記事にある。

ストーリーを語るときには、なるべく比喩や具体例、感覚を刺激する言葉を使いつつ、決まり文句や流行語や専門用語は使わないようにしよう。100万回聞いたようなフレーズを耳にしたとたん、聴衆はそっぽを向いてしまう。

CT装置に親近感を持たせたデビッドとスーザンのストーリー

東芝メディカルシステムズが革新的なCTスキャンを発売したとき、私は同社幹部とともにそのグローバル展開のためのシナリオづくりに携わった。心臓と脳の3次元画像は実にすばらしかった。聴衆をデータ攻めにせず、新製品の魅力を存分に伝えるプレゼンテーションにするには何が必要だろう？　我々はストーリーテリングに賭けることにした。

記者会見で、我々はデビッドとスーザンというふたりの人物を登場させた。実在の人物ではなく、新製品発売のためにつくったキャラクターだ。プレゼンでは、今回発売する新たな医療機器によって医師が正確な診断を下すまでの時間が大幅に短縮できること、その結果このキャラクターの命が救われることを示した。我々は「デビッド」と「スーザン」に名前だけでなく、顔や詳細なプロフィールを用意した。聴衆に自分自身、あるいは愛する家族の姿を重ねてもらおうと思ったのだ。カンファレンスに出席していた医師たちからは、プレゼンの中で「デビッドとスーザン」のくだりが一番良かった、という声が相次いだ。デビッドとスーザンは情報を提供すると同時に、聴衆と感情的なつながりをつくったのである。これが効果的な物語の威力だ。

優れたストーリーが役に立つのは、iPhoneや1台200万ドルするような医療機器を売り出そうとする人々だけではない。採用面接に行ったら、あなた自身がチーム運営に成功した体験、あるいは困難なプロジェクトをやりぬいた経験を語ろう。次に仕事でプレゼンをするときには、その製品のおかげで顧客が不況の中でも売り上げを伸ばせた実例を話そう。新製品発表会では、製品の誕生秘話を披露しよう。驚くほど多くの人たちが、あなたのストーリーを記憶にとどめてくれるはずだ。

応援したくなるキャラクターをつくろう

20世紀のアメリカの作家カート・ヴォネガットは、傑出したストーリーテラーだ。ネット上に、ヴォネガットが人気のあるストーリーの「型《かた》」について語っている動画がある。感情に訴える優れたストーリーには、シンプルな型がある。それを説明するのが（**図2・3**）だ。y軸には「不運」と「幸運」、x軸には「始まり」と「終わり」とある。

ストーリーのひとつめの型が「穴に落ちた男の話」だ。「だれかが苦境に陥り、そこから復活する。みんなそういう話が大好きだ。絶対に飽きない！[23]」。2つめの型が「男の子が女の子を手に入れる話」。なんということのない日、なんということのない少年に、とびきりすてきなことが起こる。幸運は一瞬彼の手からこぼれおちそうになるが、最終的にストーリーはハッピーエンドを迎える。「これもみんな大好きだ」とヴォネガットは語る。

ヴォネガットによると、3つめのストーリーの型は西欧文化でもっとも人気があるものだという。「この型に沿ってストーリーを書くと、だれでも何百万ドルを稼げる。あなたも挑戦してみては？」

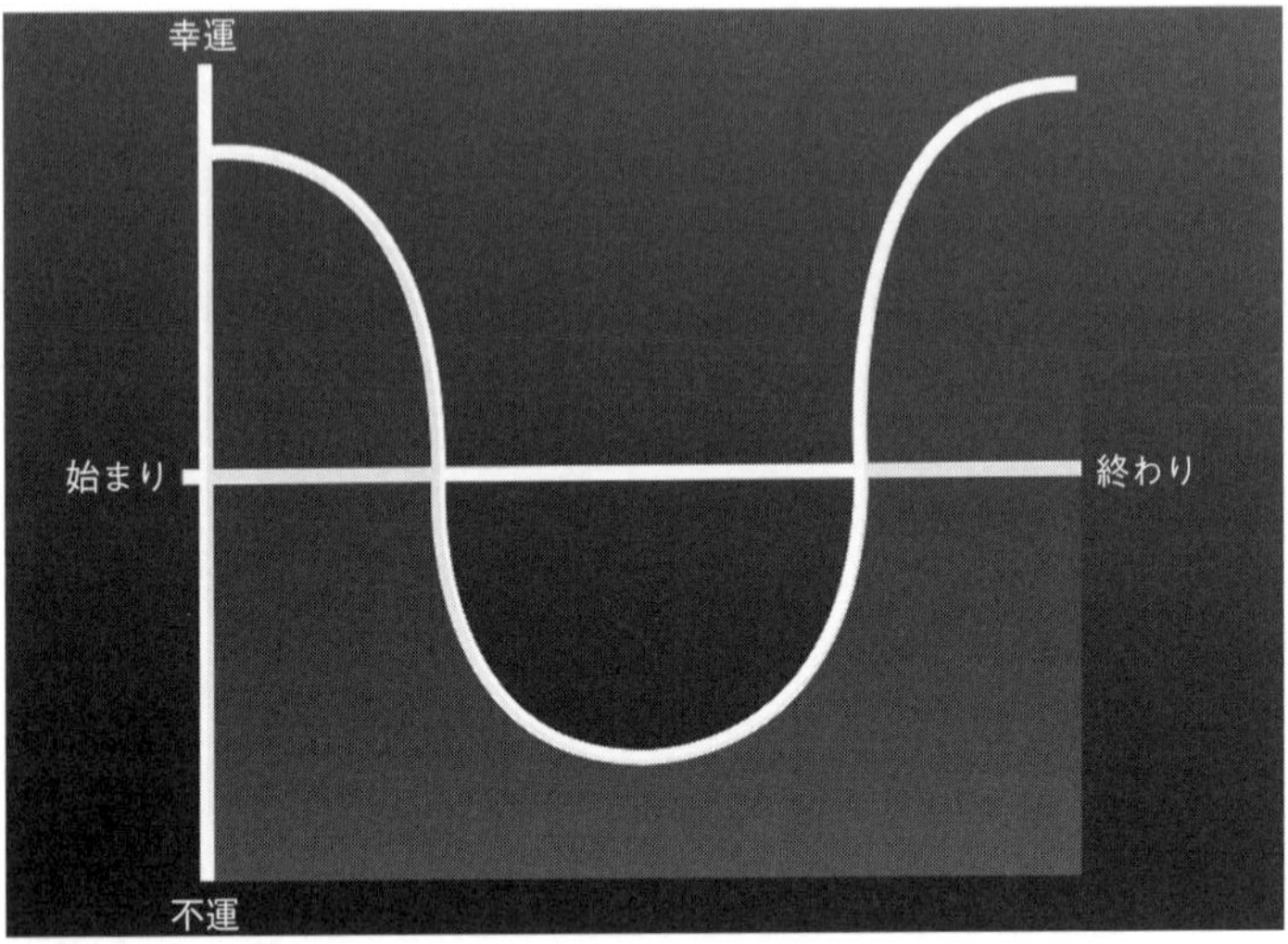

図 2.3 ■ カート・ヴォネガットによるストーリーの型
created by Empowered Presentations @empoweredpres.

聴衆の心をわしづかみにするには、ストーリーを幸運・不運の軸の一番下、つまりおそろしい不運な状況から始めなければならない。「まず小さな女の子がいるとしよう。母親は死んでしまった。父親は意地の悪い醜い女と再婚し、その女には性格の悪い娘がふたりいる。聞き覚えがないかな？」。ヴォネガットがシンデレラの物語を言っているのだとわかり、聴衆は大爆笑する。「その晩、宮殿では舞踏会が開かれるが、少女は行くことができない」。親切な魔法使いが舞踏会の準備を整えてくれ、少女は宮殿で王子様と出会う。それから再び不運になりかけるが、ドン底までは行かない。ガラスの靴がぴったり足に合った少女は王子様と結婚し、「y軸を突き抜けるぐらいの幸運を手に入れる」

ヴォネガットは物語を書こうという人に、ひとつのアドバイスをしている。「読者が応援したくなるようなキャラクターを少なくともひとりはつくろう」と。

利益率2700％の物語

シグニフィカント・オブジェクト（Significantobjects.com）はストーリーの力を証明するウェブサイトだ。シグニフィカント・オブジェクトはもともと、ロブ・ウォーカーとジョシュア・グレンが考案した社会的・人類学的実験だ。ふたりの研究者はある仮説を立てた。作家があるモノ（オブジェクト）にまつわるストーリーを創作し、その価値が高まるような主観的な意義を与える。モノは中古品店やガレージセールで調達した、1〜2ドルの品ばかりだ。実験の第2段階では、作家がそれぞれのモノについて短い架空のストーリーを創作する。第3段階として、モノをイーベイのオークションにかける。

研究者たちが購入したモノの総額は128・74ドル。そのガラクタが合計3612・51ドルで売れた。こうしてストーリーによって、どこにでもあるモノに大きな付加価値が生まれたのだ。ストーリーによって、価格が平均2700％上昇したのである。たとえば25セントで買ったバナナのおもちゃは、ストーリーが加わるとイーベイで76ドルで売れた。（オーナーが処分したがったため）タダで譲り受けたちっぽけな七面鳥料理のミニチュアは、ジェニー・オフィルがクリエイティブなストーリーを書いたところ30ドルで売れた。シグニフィカント・オブジェクトのサイトにはこうある。「ストーリーは感情的な価値を引きだす強力なツールであり、それが特定のモノの主観的価値に及ぼす影響は、客観的に測定できる」[22]

共同募金団体ユナイテッドウェイから基調講演を頼まれた大手銀行、ＪＰモルガン・チェースの幹部に協力を求められたとき、私の念頭にあったのはヴォネガットの図だ。この幹部は個人的にユナイテッドウェイのプログラムの世話になったことがあったにもかかわらず、チェースがどれだけユナイテッドウェイに協力しているか、従業員がどれだけ寄付をしているか、といった話をしようと考えていた。用意していたスライドも、図表や数字ばかりが並んでいた。貴重な情報ではあるが、およそ感情に訴えるものではない。

「ちょっとスライドのことは忘れましょう。あなた自身とユナイテッドウェイのかかわりについて話してくれませんか」と私は言った。それから彼の語った話はまさに衝撃的だった。

「実の父親が家族を捨てて出て行ったのは、私が2歳のときでした。4歳のときに母親が再婚し、私は『虐待』という言葉の意味を知りました。最初の鮮明な記憶は、母が割れたガラスの上に横たわり、継父が『オレの言うとおりにしないと、おまえの喉をかき切ってやるぞ』と脅しつけている場面です。父さんはどこにいるんだろう、なぜこの男にこんなマネをさせているんだ、と思ったのを覚えています」

この幹部は、怒りでいっぱいの若者になった、と振り返る。だが25歳のとき、ユナイテッドウェイが支援する団体に登録し、そこで自分の生き方をコントロールし、正しい道を歩むことを学んだという。良き父親になる方法もそこで身につけた。

「私は今の自分を誇りに思います。ユナイテッドウェイで学んだことを誇りに思います」

鳥肌の立つような感動を覚えた私は、その幹部に用意したパワーポイントを捨て、今語ったストーリーと写真で講演を始めるようにアドバイスした。彼はそのとおりにした。実父が自分と弟を抱いているセピア色の写真、母親の写真、そして現在の自分と家族の写真を見せたのだ。この基調講演に聴衆は涙を流し、スタンディング・オベーションを送った。そしてこの幹部が社内で同じ講演をしたところ、銀行のあらゆる部門の従業員から過去最高の寄付金が集まった。

このユナイテッドウェイのプレゼンは極端な例だ。みなさんに家族のつらい秘密をすべてぶちまけろ、と言っているわけではない。しかし、講演のテーマと深いかかわりのある個人的なストーリーがあれば、それと向き合い、自分のものにして、人々に伝えてほしい。

TED NOTE

ヒーローと悪者をつくる

映画でも小説でも、すばらしいストーリーには必ずヒーローと悪者がいる。優れたビジネス・プレゼンにも、同じようなキャストが必要だ。語り手はまず、企業あるいは業界の直面する試練（悪役）を説明する。主人公（ヒーロー役のブランド）がその試練に立ち向かう。最後に町の人々（顧客）は悪者から解放され、苦難は終わり、だれもが幸福になる。実在の人物やライバル会社を悪者に仕立てられるケースもあるが、その場合は慎重にしよう。何より、あなたの製品、ブランド、あるいはアイデアを救世主にすることが肝心だ。

ＴＥＤは年次カンファレンスに招待するスピーカーに、「ＴＥＤの十戒」が刻まれた石板を送る。４つめの戒律には「汝、物語を語れ」とある。とはいえ、小説家のイザベル・アレンデには釈迦に説法だったようだ。アレンデは情熱をテーマにした物語を書くプロなのだから。アレンデは２００７年のＴＥＤトークで、魅力的な登場人物を生みだす方法を伝授した。「常識のある善良な人はおもしろいキャラクターにはならない。せいぜい昔の配偶者にできるぐらいよ」というアレンデの言葉に、聴衆は大笑いした[24]。

「ハートには情熱が宿っているの。ハートこそが私たちを動かし、私たちの運命を決めるものよ。私の本のキャラクターに必要なのは、まさにそれ。情熱的なハート。私が欲しいのは一匹狼や異端児、冒険家やアウトサイダー、反逆者といった、疑問を抱き、掟を破り、リスクを取るキャラクターよ。ここに集まったみなさんのようにね」

法則2

ストーリーの技術をマスターする

傑出したスピーカーというのは、たしかに一匹狼、冒険家、あるいはリスクを恐れない掟破りの反逆者に通じるところがある。自分のテーマに対する情熱を表現し、聴衆と心を通わせるためにストーリーをつむぐ。21世紀は優れたアイデアがものをいう時代であり、ストーリーはそうしたアイデアの交換をうながす。ストーリーはアイデアに形を与え、彩りを添え、聞き手の心を動かすのだ。

第3章 会話のように話す

「できるまでではなく、できる自分になりきるまで、できるフリをしよう」
――ハーバード・ビジネス・スクール教授、エイミー・カディ

自然体で舞台に立てるようになるには、相当な練習が必要だ。2013年のTEDで喝采を浴びたミュージシャンのアマンダ・パーマーは、それをよくわかっていたようだ。「お願いするワザ」と題したパーマーのプレゼンテーションは、TEDドットコムに公開されてからわずか数日で100万回以上視聴された。

プレゼンから1週間後のブログでパーマーは、一世一代のスピーチの構想、リハーサル、本番までに協力してくれた大勢の人たちに感謝する長い記事を書いた。TEDトークを完成させるには、たくさんの人の協力が必要なのだ。

法則3

会話のように話す

親しい友人との会話のようにリラックスしてプレゼンができるようになるまで、徹底的に練習して身体にしみこませよう。

なぜ効果的なのか――聞き手と心がつながり、信頼を得られたとき、初めて本当に説得できる。あなたの声、ジェスチャー、ボディランゲージが言葉と一致していないと、聞き手はメッセージを信用してくれない。それは運転方法（語り方）も知らずにフェラーリ（すばらしいストーリー）を転がそうとするようなものだ。

「お願いするワザ」を練習するワザ

アマンダ・パーマーのプレゼンは、ＴＥＤ２０１３最大のヒット作となった。パーマーの音楽は、パンクロック、インディ、あるいはキャバレーミュージックともいうべき、万人ウケするものではないが、パブリックスピーキングのワザからは多くを学ぶことができる。

パーマーはパフォーマンス・アーティストであり、ミュージシャンだ。短いプレゼンテーションなどお手のもの、と思うかもしれない。だがパフォーマンスのプロだからこそ、プレゼンまでの4カ月間、膨大な時間を練習に注ぎ込んだ。「講演の準備は徹底的にやった。何度も何度も台本を書き直し、何度も時間配分を見直し、12分という短い時間に完璧に情報を詰め込もうと努力した」[1]とブログで説明している。

パーマーは30ページにもわたる長いブログ記事で、TEDトークをどのように準備したか説明している。そしてアドバイスをくれた150人もの人たちに感謝し、成功できたのは彼らのおかげだと書いている。最初のメンターはTEDの音楽にも協力する〝科学ミュージシャン〟のトーマス・ドルビーだった。ドルビーは「とにかく誠実に」とパーマーにアドバイスした。

誠実さは自然と生まれるものではない。そんなはずはない、誠実な人間なら練習なんてしなくても本音を語ればいいんじゃないかと思うだろうか。

だが、現実にはそうはいかない。誠実さの感じられるプレゼンをするには、気の遠くなるような準備が必要だ。自分の心ととことん向き合い、テーマについて自分の気持ちを最もよく表現する言葉を選び、それを最もインパクトのある形で聴衆に伝える必要がある。しかもジェスチャー、表情、ボディランゲージといった非言語的なサインがメッセージと調和するように気を配らなければならない。

打ちとけた会話のようにプレゼンできるまで練習しておかないと、本番中にさまざまなことに気を取られ、自分のストーリーや聴衆との心のふれあいに集中できなくなる。「このスライドにアニメーションは付けたかな？　次のスライドはどれだっけ？　なぜクリックしたのに画面が動かないのだろう。どんなストーリーを用意していたんだっけ？」という具合に。表情やボディランゲージにはあなたの不安が表れてしまう。

ダンスを習ったことがある人ならわかるだろう。最初はステップを数えなさい、と言われる。周りではみんながブツブツ数えながら踊っている。何時間も練習して、ようやく自然に踊れるようになる。同じことがプレゼンにも言える。パーマーが自然に話せるようになるまでには、何カ月もの努力があった。ドルビーとのやりとりの後、パーマーはさらに優れたプレゼンを目指して努力を続けた。一世一代のプレゼンテーションを練り上げ、完璧に演じ切るために、パーマーは次の3つのステップを踏んだ。

1　準備に周囲の協力を求める

パーマーのブログにはたくさんの読者がいる。そこでプレゼンのテーマについて読者の提案を求めるという〝クラウドソーシング〟を実践した。

あなたを一番よくわかっている人たちに協力を求めよう。ブログやツイッターの読者でもいいし、家族や友人や同僚でもいい。本当に語るべきテーマは、あなたには近すぎて見えない、ということもある。聴衆にはまず全体像を示さなければならないのに細部にこだわりすぎてしまったり、かみくだいて説明すべきところを自明のことのように語ってしまったりすることもあるだろう。パーマーのように周囲の人々に聞くと、聴衆と心を通わせられるようになる。

2 早い段階でフィードバックをもらう

パーマーがプレゼンの台本を声に出して読んだところ、最初に聞いた人たちは退屈そうな反応を見せたという。興味を持ってもらえなかったのだ。パーマーの演劇の教師や高校時代のメンターは、初期の台本に手厳しいフィードバックを返した。ＴＥＤで講演した実績があるブロガーのセス・ゴーディンにも相談したところ「本当の自分をさらけ出したほうがいい」というアドバイスをもらった。

これはほんの手始めで、パーマーは何十人という友人、専門家、ブロガー、スピーカーにプレゼンテーションの内容を読んでもらい、テーマを効果的に伝えるアイデアを求めた。バーでたまたま隣に座った女性に「ちょっと話を聞いてもらえる？」と声をかけたこともある。

私はこれまでたくさんのビジネス・プレゼンを見てきたが、すばらしいプレゼンは例外なく、製品や会社のストーリーを練るのに何百時間もかけている。アップルがある製品発表会で見せた20分のプレゼンでは、実際にプレゼンを行った経営幹部、プレゼンテーション・デザイナー、技術やマーケティングの専門家などを合わせて合計２５０時間も準備に費やされた。

TED NOTE

人前で練習し、録画し、見直す

友人や同僚にあなたのプレゼンテーションを見せ、率直な感想を言ってもらおう。また、プレゼンの様子を録画してみよう。三脚にスマートフォンをセットしてもいいし、ビデオカメラを使ってもいい。どんなやり方でもいいから、自分の様子を録画するのだ。一般に公開するわけではないので、プロが放送するような高画質でなくてもかまわない。

自分でも驚くような、いろいろな発見があるはずだ。「えー」といったつなぎ言葉をやたらと使ったり、鼻をかいたり、髪をかきあげたりといった無駄な動作をしているかもしれない。聴衆とのアイコンタクトは十分だろうか。話す速度にも注意したい。速すぎないか、また遅すぎないか、周りの人の意見を聞こう。ビデオカメラはパブリックスピーキングの能力を高める最高のツールだ。

3　リハーサル、リハーサル、そしてリハーサル

パーマーはブログに、知人のホームパーティで20人あまりの聴衆を前にリハーサルしている

写真を載せた。顔ぶれはパーマーの友人、ミュージシャン、技術者、ヨガ・インストラクター、ベンチャー投資家、写真家、心理学の教授などさまざまだ。これはすばらしい。クリエイティブな発想は、多様な意見の中でこそ生まれてくる。

パーマーは人前で練習するため、ありとあらゆる機会を活用した。ホームパーティの数日後には、ボストンの芸術学校の学生の前で同じプレゼンを行った。TED向けプレゼンとは別のテーマで講演するよう打診されたのだが、パーマーがTED向けのプレゼンをしてよいかたずねたところ、相手は快く変更を受け入れてくれた。パーマーは学生たちに写真は撮らないように頼み、「まだ完璧ではないけれど」と断ったうえでプレゼンをした。学生たちのフィードバックをもとに内容をさらに改良し、その後も人の集まる場所に行く機会があると、リハーサルを繰り返した。

本番の3日前には、プレゼンのアウトラインを長い紙に書き、床に広げてみた。全体の流れをひと目で見ることができ、内容をしっかり記憶できたという。カリフォルニアに向かう飛行機の中でも、声に出してリハーサルを続けた（隣の席の乗客には「病気じゃありません、プレゼンの練習をしているだけ！」と断っておいた）。

それでもまだ終わりではなかった。会場のロングビーチに到着してからも、友人にスカイプでプレゼンを見てもらった。TEDのスタッフにもスカイプで1回、ドレスリハーサルで1回、事前に見てもらった。

プレゼンのタイトルはもともと「人とつながるワザ」を考えていたが、最終的に「お願いするワザ」に決まった。このように最高傑作ともいうべきパーマーのようなプレゼンは、膨大な練習と周囲からのアドバイスがなければ生まれない。パーマーは語る。

「自分だけで準備をしていたら、これほどの講演にはならなかったわ。本当にすばらしいものに仕上がったのは、みんなのおかげよ」

頻繁に人前で話をする機会があり、ボディランゲージや話し方を磨きたいという人に、私は「3つのP」の重要性を解く。情熱（Passion）、練習（Practice）、存在感（Presence）だ。打ちとけた会話のようなプレゼンをするのに、この3つは欠かせない。

最初のステップでは、自分が何に情熱を持っているかをはっきりさせ、それとプレゼンのメッセージがどのように結びついているかを明確にする。次のステップでは練習、練習に次ぐ練習である。最初の2つのステップをクリアして初めて、本物の存在感が生まれてくる。パーマーが自分のテーマに情熱を持っているのは、それが彼女のアイデンティティの中心的な要素だからだ。そして何時間も練習した結果、TEDの舞台で圧倒的な存在感を発揮できた。

パワーポイントを抱えて生まれてくる人間はいない。練習もせずに、短い時間内にストーリーのエッセンスを凝縮し、目に浮かぶように生き生きと描写し、しかも大勢の前で落ち着いて話せる能力が生まれつき備わっている人などまずない。

「どうすればみんなのように楽々と人前で話せるのだろう」とぼやく人は多い。慰めにならないかもしれないが、みんな楽々とやっているわけではない。時間をかけるしかない。あなたのアイデアには、それだけの価値があるのだから。

聴衆の心を揺さぶり、記憶に残るプレゼンテーションをしたいなら、とにかく練習しよう。練習中は聞こえ方（話し方）と見え方（ボディランゲージ）に注意を払ってほしい。すばらしいプレゼンではこの2つの要素がどんなふうに相乗効果を発揮するか、説明しよう。

スティーブ・ジョブズと1万時間の法則

ピアノ、バスケットボール、テニスなど、なんらかのスキルで達人の域に達したければ、1万時間の練習が必要という有名な説がある。これはパブリックスピーキングにも当てはまると私は固く信じている。「私には才能がないから、スティーブ・ジョブズのような洗練されたプレゼンはできない」という人は多い。しかし、スティーブ・ジョブズも最初から達人だったわけではない。努力したのである。

1970年代半ばに、ジョブズが初めてテレビのインタビューを受けたときの映像がユーチューブにある。そこにはインタビューが始まる前に、イスに座っているジョブズの姿が映っている。明らかに緊張しており、吐きそうだからトイレの場所を教えてくれ、と言っている。「ウソじゃないよ」と語気を強めて。

１９８４年にマッキントッシュを発表したときなど、初期のプレゼンはかなりぎこちなかった。演台を両手でつかみ、用意した原稿を読んでいる。だが、年々うまくなっていった。ジョブズのスタイルや話し方を10年おきに見ると、別人のようだ。ジョブズは1回のプレゼンテーションのために、何週間も前から何時間も練習することで有名だった。そしてついには世界一カリスマ的な経営者になった。

ジョブズが苦もなく最高のプレゼンテーションをしていたのは努力の結果であることに、気づいていない人はあまりに多い。

どんなふうに話せば聞いてもらえる？

音声による表現技術（デリバリー）の基本要素は、速度、声量、抑揚、間《ま》の４つだ。

速度――話す速さ
声量――声の大きさ
抑揚――声の高さ（低さ）

間——キーワードを強調するための短い間

印刷された文章を読むとき、重要な単語やフレーズを強調するためには蛍光ペンを引くだろう。スピーチをするときには、声の大きさや話す速度を変えたり、キーワードの前後で少し間を置いたりすることが、蛍光ペンのような役割を果たす。どれも大切な要素なので、この章で具体例を挙げていくが、まずスピーチの速さがおかしいと、どうにもならない。

パブリックスピーキングの理想的な速さ

オーディオブックの読み手の速度として、最適なのは1分に150〜160ワードという研究結果が出ている。〔訳注1〕この速度であれば、ほとんどの聞き手が問題なく聞き取れるし、内容を理解して思い出せるようだ。[2]自分の著書をオーディオブックに吹き込んだ経験からも、聞き取りに最適な速度は普通の会話よりやや遅いと言える。

『スティーブ・ジョブズ　驚異のプレゼン』の録音のときは、カリフォルニア州バークレーのスタジオに4日間こもり、温かい紅茶とハチミツを頻繁に口にしながら一語一句丁寧に読んだ。ナレーションの技術を身につけなければならなかったので、出版社がプロのコーチを雇ってくれた。コーチによると、私の一番の問題は速く話しすぎることだという。

「普段会話をするときの速さでしゃべっているけど?」と言うと、「これは普段の会話じゃない。

オーディオブックは少しゆっくりめに読むんだ。車を運転しながら聞く人が多いし、オーディオブックは語り手の唇の動きや表情といった音声以外の感覚入力がないからね」

プロのナレーターや朗読家は、オーディオブックは相手と向き合って会話をするときより少しゆっくりめに読むべきだという。オーディオブックで1分150ワードが理想的なら、相手の面前でプレゼンテーションをする場合はジェスチャー、アイコンタクト、顔の表情といった感覚的な情報があるので、もう少し速くていいだろう。

私はこの仮説を検証するため、第2章で紹介したブライアン・スティーブンソンの話す速度を調べた。スティーブンソンはアメリカ最高裁で勝利を勝ち取った弁護士である。私はTEDトークを数百本、さらにジャーナリストやコミュニケーション・コーチとして活動する中で数千人のプレゼンを聞いてきたが、その中でもスティーブンソンの速度が一番聞きやすいと断言できる。スティーブンソンはあなたに読み聞かせをしてはいない。会話をしているのだ。

スティーブンソンに話し方についてたずねたところ、「レストランで夕食をとりながら友人と話しているような感じを出したい」と言っていた。優れたスピーカーの話す速度は、1分1

訳注1

オーディオブックサイトFeBeを運営するオトバンクによると、日本の場合、1分300文字程度が目安になるという。ただ、個人差もあり、ビジネスパーソンなら1分400文字程度でも自然なペースと感じるようだ。

50ワードというオーディオブックの理想的速度よりやや速いはずだという私の仮説が正しければ、スティーブンソンにも当てはまるはずだ。その読みは当たり、スティーブンソンの有名なTEDトークの速度は1分190ワードと、オーディオブックよりやや速かった。

私は仮説をさらに検証することにした。スティーブンソンのペースが速すぎも遅すぎもしない、パブリックスピーキングの理想であれば、聞き手のモチベーションを高めようとするテンションの高いスピーカーならもっと速いはずだ。そこでコーチング業界のカリスマ、アンソニー・ロビンズの2006年のTEDトークを調べた。そのペースは1分240ワード。これは確かに速い。たとえばオークションの仕切り役でも1分250ワードだ。この速さは、ステージに飛び上がり、腕を振り回し、何度もジャンプするなど、あらゆる手を使って聴衆を刺激するロビンズには非常に効果的だった。ロビンズの聴衆は、とびきりテンションの高いボディランゲージと語り口を期待するからだ。

この仮説が正しければ、パブリックスピーキングの速度でロビンズの対極にいる人は、オーディオブックよりずっとゆっくりとした速度で話すだろう。検証するため、私はリチャード・ニクソン政権で国務長官を務めたヘンリー・キッシンジャーの話す速度を分析した。キッシンジャーは切れ者だが、およそカリスマ的なスピーカーではなく、魅力のない自分を自嘲するかのように「権力こそが最高の媚薬だ」と語っているほどだ。

キッシンジャーの話す速度はとにかくゆっくりで抑揚もないため、一語一句に全神経を集中しないと、眠りに落ちてしまいそうだ。一般人の前に姿を見せる機会としては最も気楽な状況であるはずのテレビインタビューでは、なんと1分90ワードのペースで話していた。

目の前に聞き手がいるプレゼンテーションや会話では1分１９０ワードが理想的だとすると、ＴＥＤの人気スピーカーは18分間のプレゼンで３４００ワード前後を語っているはずだ。ケン・ロビンソンは３２００ワード、ドクター・ジル・ボルト・テイラーは２７００ワードを話していた（ドクター・ジルの単語数が３０００以下なのは、劇的な効果を狙って何度か長い間を置いたからだ）。そして私が見た中ではＴＥＤ史上最も自然な、会話のような語り口だったブライアン・スティーブンソンはどうかと言えば、「司法の不公正について語ろう」は４０００ワードだった。だが詳しく調べると、スティーブンソンは18分というルールをやぶり、21分話していた。最初の18分で話したのは３３７３ワードだ。

これからプレゼンをするときには、ワード数を数えたほうがいいと言っているわけではない。一度やれば十分だ。もっと大切なのは、自分の普段の話し方、そしてそれがプレゼンテーションのときはどう変わるかを意識することだ。たいていの人はスピーチやプレゼンをするとき、ことさらゆっくり話そうとして、話し方が不自然になる。プレゼンをしようと思わず、会話をするように話してみよう。

TED NOTE

気楽におしゃべりするように話そう

ブライアン・スティーブンソンのＴＥＤトークを見てみよう。３つのストーリーをどんなふうに語っているだろうか。まるであなたと気楽におしゃべりをしているようだ。自然な会話のようで、とても心がこもっている。プレゼンテーションを練習するときは、スライドを変えたり、重要なポイントを思い出そうとしたりして、普段より話す速度が落ちやすい。内容を覚えてしまったら、速度を普段の会話の速さにしていこう。

リサ・クリスティンのキーワードの伝え方

リサ・クリスティンは2年かけて世界各地をめぐり、人類に対する最大の罪、すなわち奴隷制度の実態を写真に収めてきた。プロの写真家であるクリスティンは、写真を通してストーリーを伝えようとした。聴衆の注意をスライドに向けつつ、それを補強するように力強い口調で語った（クリスティンのこうしたスキルについては第8章で再び触れる）。

その後は話す速度をやや落とし、一語一句明確に発語しながらキーワードを伝えていった（強調した言葉を太字で示す）。

「今日の奴隷制は**商売**のためのものです。奴隷となった人たちがつくる**モノ**には**価値**がありますが、つくっている**人間**は**使い捨て**なのです。奴隷制は世界中**いたるところに**あります。（間を置いて）世界中で**違法**とされているにもかかわらず、です[3]」

クリスティンは自分のテーマに情熱を持っている。プレゼンでは、現代の奴隷の実態を初めて知ったときのことを語った。ある会議で、世界中の奴隷撲滅のために活動している人物と出会ったのだ。ジェスチャーはあまり使わず、目を閉じてこう言った。

「その人と話していて本当につらい気持ちになり、こんなひどいことが行われていることに無知であった自分を心から恥ずかしく思いました。そして私のような無知な人が世の中にどれほどたくさんいるのだろう、と考えたのです。胸の中で、怒りの炎が燃え上がりました」

ストーリーを演じたドクター・ジル

「どのように語るか」は「何を語るか」と同じぐらい強い印象を聴衆に与える。それにもかかわらず、前者をおろそかにする人は多い。

ドクター・ジルはＴＥＤｘユース・インディアナポリスで、ある小道具を持って舞台に上がった。人間の脳である（この珍しい小道具については第5章で述べる）。10代の若者を中心とする若い聴衆に、なぜ思春期や10代の頃は自分をコントロールできないような気がするのか、説明するためだ。

脳の回路を理解してしまえば、思春期特有の気分の浮き沈みや、不可解な気持ちや感情の変化に対処しやすくなる。このプレゼンテーションは私がこれまで見てきた科学に関する講演の中でも五指に入る。世の先生たちがみんなドクター・ジルのように科学をおもしろく説明できたら、もっと多くの子供たちが科学や数学の道に進むだろう。

プレゼンの冒頭、ドクター・ジルの話す速度は1分165ワードだった。速すぎもせず、遅すぎもしない。ドクター・ジルは熟練したスピーカーで、聴衆のムードに敏感だ。音声による表現技術と話の内容をぴったり合わせることの大切さをよく心得ている。プレゼンの間中、ずっと同じペースで話せば、内容がどれほど魅力的でも聴衆は退屈してしまう。ドクター・ジルは情報を提供しつつ、聴衆を楽しませることを目標にしている。

プレゼンの途中、思春期に人間の脳がどのように変化するかを説明するくだりがある。この時期、ティーンエイジャーはまさに「アタマの半分を失う」。アタマの半分を失うとは、どういうことなのか。どんな状況なのか。ドクター・ジルのジェスチャーは大きくなり、それにともなって声も大きく、話す速度もぐっと高まる。次のように語る場面では、1分220ワードになっていた。

「まず、猛烈な身体の成長が始まります。身体が一気に成長すると、身体全体が変わっていきます。扁桃体は少しだけ警戒態勢に入ります。ほんの少しだけ。おもしろいでしょう？　本当に少しだけ警戒するのです。どうした？　何が起きているんだ？ってね。それに加えてホルモンシステムが身体の中をめぐりはじめ、それにともなって激しい気分の浮き沈みや興味深い行動が起こります。さらに脳の構造が劇的に変化します。脳内のシナプス結合の50％が組み換わる、つまり脳の半分が失われるのです[4]！

優れたスピーカーはストーリーを「演じる」。自分の言葉を身体で表現するのだ。ドクター・ジルはリハーサルをくり返し、重要なメッセージを最も正確に伝える言葉を慎重に選び、さらにそうした言葉を最も効果的に伝える表現技術を研究する。

ティーンエイジャーは別にアタマがどうかしているわけではない。突飛で攻撃的な行動をするのは、生物学的な理由があるのだ。ドクター・ジルはこうアドバイスする。「25歳になるまで、なんとか生き延びなさい。それまでには大人の脳が形成されるから」。これは大切なメッセージであり、ユーチューブで何百万人ものティーンエイジャーに見てほしい（プレゼンのタイトルは「The Neuroanatomical Transformation of the Teenage Brain」（ティーンエイジャーの脳における神経構造の転換））。表現方法が稚拙だと、このメッセージが必要な人たちに届かなくなることを、ドクター・ジルはよくわかっている。

ドクター・ジルのプレゼンテーションは自然で、心がこもっていて、生き生きとしていて、会話のようだ。会話のような語り口を身につけるには練習が必要だ。リハーサルは1度や2度ではない。20回でもない。200回である。ドクター・ジルがどのようにこのプレゼンをつくりあげたか、説明しよう。

プレゼンの構想が浮かんだのは、メキシコの保養地カンクンだったという。ノートを手に海岸を散歩していて、クリエイティブな気分になっていた。次々と浮かんでくる言葉やアイデアを書きとめ、実際に声に出しては印象を確かめた。編集はせず、このテーマについて聴衆(ティーンエイジャーやその親)に伝えるべきことをすべて書き出した。

ホテルの部屋に戻ると、ノートに書いたものをタイピングした。休暇が終わって自宅に帰ったときには、合計25ページもの素材ができていた。次のステップとして、内容を5つの大きなポイント(主要メッセージ)にまとめた。最後のステップとして、主要メッセージをいかに視覚的に、興味深く、おもしろく伝えるかを考えた。情報を視覚的に見せる方法は第8章で紹介するが、ドクター・ジルがプレゼンテーションの「おもしろく」という要素をほかの要素と同じくらい重視したことに注目してほしい。

技術的あるいは科学的プレゼンテーションにありがちな問題は、聴衆の視覚に訴え、興味をそそり、しかもおもしろいと思えるような内容になっていないことだ。この3つの条件を満たしたスピーカーだけが聴衆の関心を集め、その行動に前向きな変化を起こせる。最後の「おもしろさ」という要素を考えてみよう。プロの芸人は声音、表情、ジェスチャー、身体を使って我々の感情を揺さぶろうとする。優れたプレゼンテーションもまったく同じだ。

ボディランゲージの誤解を打ち砕く

音声も音声以外の表現技術も、どちらもとても大切だ。だが、具体的にどれくらい重要なのだろうか。ボディランゲージの〝専門家〟の間で都市伝説のように言われるのが、メッセージのうち言葉で伝わるのは7％で、残る93％は音声以外（38％が声の調子、55％がボディランゲージ）で伝わる、ということだ。しかし、きれいさっぱり忘れてしまおう。なぜなら、これはまちがっているからだ。

数年前、私はこの数字の出所とされるUCLAの元教授、アルバート・メラビアンと話したことがある。今は引退しているメラビアンが1960年代に行った対人コミュニケーションの研究は、非常に限定的なものだった。メラビアンが明らかにしたのは、我々が感情的なメッセージを伝えるときに、声の調子やボディランゲージがメッセージと調和あるいは一致していないと誤解される可能性がある、ということだけだ。まちがいなく理屈の通った説だが、メラビアンは「データが完全に独り歩きしてしまった」と語る。実はメラビアン自身、このひどく誤解を招く数字が使われているのを見るたびに歯ぎしりしているという。

そうはいっても、音声による表現技術とボディランゲージによって、メッセージのインパクトがほぼ決まってしまうのは確かだ。その根拠として、メラビアンの研究を使うつもりはない（研究者自身が不適切だと言っているから）。その代わりに、行動分析の分野における詳細で有効性の確認された研究を紹介しよう。これはプロの尋問官が、容疑者がうそをついているか、真実を語っているかを判断するのに使うものだ。

うその真実

モーガン・ライトはキャリア18年のベテラン警察官だ。ＣＩＡ（米中央情報局）、ＦＢＩ（米連邦捜査局）、ＮＳＡ（米国家安全保障局）の捜査官に行動分析、インタビュー、尋問のテクニックを教えてきた。

「ボディランゲージひとつで天と地ほどの違いが生まれる。ボディランゲージはうそと真実を見分けるのに役立つんだ[5]」とライトは語った。

ライトによると、ＮＳＡが取り調べの結果がすでに出ている300の刑事事件について実験をしたことがある。被験者のうち、あるグループには尋問の録音テープだけを聞かせ、容疑者が真実を語っているか否かを判断してもらった。次のグループには容疑者が尋問を受けている動画だけを見せ、音声なしで真偽を判断してもらった。3番目のグループには尋問の音声も動画もあわせて提供した。4番目のグループは動画、音声に加えてケースファイル（事件資料）も見ることができた。

この結果、尋問の音声だけを聞いた最初のグループの正答率は55%だった。つまり音声情報（容疑者が何をどんな口調で語ったか）だけでは、容疑者がうそを言っているのか、真実を語っているのか、55%の確率でしかわからなかったわけだ。一方、音声はなく、動画だけを見せられた2番目のグループのほうが結果は良く、正答率は65%だった。容疑者の音声を聞き、動画も見られた3番目のグループでは正答率は85%。動画や音声に加えて背景知識（事件資料）も参考にしたグループは、93%のケースで真実と虚偽の証言を見分けることができた。ポリグラフ（うそ発見器）以上の精度だ。

「僕がだれかのプレゼンテーションを見るときは、尋問のときと同じ視点で評価するんだ。自分が信じていない情報、あるいはうそを語っている人間は、警察官や捜査官を欺こうとする犯罪者やスパイと同じような行動を見せるからね」

自分の言っていることが正しいと心から信じよう（第1章）、とライトはアドバイスする。

「自分の言っていることを信じていないと、動きがぎこちなく不自然になる。訓練を積んだスパイやサイコパス《精神病質者》でないかぎり、どれだけトレーニングを積んでも言葉と動作のちぐはぐさを隠せない。自分のメッセージを信じていないのに、あたかも信じているような行動を身体に強いることはできないんだ」

ライトによると、誠実で自信のある人には堂々とした存在感がある。こういう人には権威が感じられ、そうした印象はまず何を着るか、そしてどのように振る舞うかで決まる。ＦＢＩが、警察官を銃撃あるいは攻撃した犯罪者を調査したことがある。その結果、犯罪者は「ことにあたる」前に、勝てる可能性を警察官の身なり（だらしないか、きちんとしているか）や姿勢（猫背か背筋が伸びているか）で判断していたことがわかった。

「猫背で、アイコンタクトを避け、物言いが曖昧で、しかも身なりが全般的にだらしない警察官はトラブルを招きやすい」

もちろんプレゼンをするのと、被疑者と対峙するのは大違いだ。後者では声の調子やボディランゲージをまちがえると、殺される可能性すらある。ただ、ここからは歩き方、話し方、目線をもとに、周りの人々が絶えずあなたを評価していることがよくわかる。

優れたリーダーが身にまとう自信のオーラ

グループでプレゼンテーションをするとき、一番「堂々とした存在感」があるのは、たいていリーダーだ。資料を一番よく理解しているのは傍目にもわかり、自信を持ってその場を仕切る。たいてい仲間より少し身なりもいい。靴はピカピカ、服にもアイロンがかかっている。相手と目線をしっかり合わせ、きちんと握手をする。簡潔に、そして正確に話す。おどおどすることもなく、常に冷静だ。オープン・ジェスチャー（両手は組まず、手のひらを上に向けるか開く）をとる。横隔膜を使って声を出すので、声はよく通る。歩き方も話し方も外見も、すべて人の心を動かすリーダーらしい。

数年前、私はジョン・ホプキンス大学でリーダーシップを教えるマット・エバースマンと対面する機会があった。陸軍にいた１９９３年、ソマリアで「モガディシュの戦闘」と呼ばれるソマリア兵との戦いの指揮官を務めた人物だ。モガディシュの戦闘は『ブラックホーク・ダウン』（早川書房刊）という本になり、同名の映画にもなっている。

エバースマンに会ってまず感じたのは、その圧倒的な存在感だ。リーダーの育成において、ボディランゲージはどれほど大切なのかと私はたずねた。エバースマンは答えた。

「優れたリーダーには、自信のオーラがある。部下には、どんな状況でも樫の大木のように泰然としている、尊敬できるリーダーが必要だ。リーダーはどのような状況にあっても、たとえ打開策がすぐに思い浮かばなくても、状況をコントロールできているという印象を与えなければならない。目的を見失ったり、委縮したり、煮え切らない態度をとったりしてはならない。常に自信のオーラを発散しなければいけないんだ」

あなたは企業という戦場において、自信のオーラを身にまとっているだろうか。優れたコミュニケーターはまちがいなくそうしている。日々の何百という行動の中で自信のある態度を示せないリーダーは、ここぞという場面で〝部隊〟の忠誠を失うだろう。

たとえＴＥＤのステージに上がることがなくても、あなたは常に自分を売り込んでいる。投資家にビジネスピッチをする起業家も、展示会のブースでソフトウエアを売り込むセールスマンも、プレゼンテーションをしているのだ。採用面接で面接官に自分を売り込むのも、ＣＥＯ

が新製品を顧客に売り込むのも、プレゼンである。TEDトークは多くの人にとって一世一代のプレゼンだが、あなたが日々ビジネスの現場で行っているプレゼンも、あなたのキャリアや会社にとっては負けないぐらい重要だ。優れたTEDスピーカーはボディランゲージに長けている。あなたも見習ったほうがいい。

リーダーらしい話し方、歩き方、ルックス

コリン・パウエルは非常に思慮深いリーダーだ。アメリカの陸軍大将であったとき、また2001年から2005年まで国務長官を務めたときも、徹底的かつ論理的な思考能力を発揮した。テレビでテーブルを挟んでインタビュアーと向き合うときには、たいてい最初はテーブルの上で両手を組んでいる。だが、その姿勢でいるのはわずかな間だ。真剣にものを考える人は、容易にジェスチャーを止められないことが研究でわかっている。手を組んだままにしようとしても、身体が自然と動いてしまうのだ。ジェスチャーによって思考能力が解き放たれるためだ。複雑な思考をする人は、複雑なジェスチャーをする。

パウエルはテレビのインタビューやプレゼンテーションで、頻繁にジェスチャーを使う。2012年10月にTEDで行った「子供たちに規律のある環境を与えよう」という心のこもったプレゼンテーションを見てみよう。

表 3.1 ▍コリン・パウエルの発言と対応するジェスチャー

発言	ジェスチャー
どんな子供にも、人生の良いスタートを切らせてあげたいものです[6]	両手は肩幅くらいに開き、手のひらを聴衆に向けている
私自身、良いスタートを切ることができ、とても恵まれていたと思います	右手の手のひらを胸のほうに向け、円を描くように回す
優秀な学生ではありませんでした。通ったのはニューヨーク市の公立学校ですが、とにかく出来が悪かった。幼稚園から大学まで、ニューヨーク市教育委員会から成績表をもらっていました	「幼稚園から大学まで」という言葉を表現するように、両手を身体の幅より広げ、手のひらを向き合うようにする
最初の本を書くとき、成績表が見たいと思いました。学業についての自分の記憶がまちがっていないか、確かめたかったのです。もちろん、まちがってなんかいませんでしたよ。見事に「オールＣ」です	左手は身体の脇にゆったりと下げ、右手だけ胸のあたりでジェスチャーを続ける
なんとか高校を卒業し、ニューヨーク市立大学に入学しました。科目平均点は 78.3 と、本来なら合格するような学力ではなかったのですが。最初は工学を専攻しましたが、半年しかもちませんでした（聴衆爆笑）	左手も胸のあたりに戻り、右手と同じジェスチャーをするが、両手はまだ組まない
専攻を“スポーツバカ”にぴったりとされる地質学に変えたところ、これは簡単でした。そして予備役将校訓練課程（ROTC）とめぐりあったのです。自分が得意なこと、同時に夢中になれることを見つけたのです	左手は再び身体の脇にゆったりと下げ、右手でジェスチャーを続ける。右手の指３本で自分のほうを指す

プレゼンの冒頭では、テレビのインタビューに応えるときのように両手を組んでいる。だがここでも、このポーズは長くは続かない。10秒も経たないうちに両手を離し、それから17分間は一度も組まない。**表3・1**にはパウエルがプレゼンで見せた、自然で流れるようなジェスチャーの数々をま

表 3.1 ▍コリン・パウエルの発言と対応するジェスチャー（続き）

発言	ジェスチャー
そして、まったく同じように感じている同年代の若者たちと出会いました	右腕を伸ばし、拳をぐっと握る
このように当時の私は、生活のすべてを ROTC と軍に捧げていました。だから子供たちにはいつも言うのです。成長し、自分の中に規律ができあがっていく時期には、得意で夢中になれることを探しなさい、と。この２つの条件を満たすことが見つかったら、しめたものです。それが一番大切なことなのです。私はそれを見つけました。私は若い人たちにいつもこう言います。どんな人間になるかは、どんな環境に生まれるかではなく、人生で何をしたかによって決まるのだ、と	前のめりになり､声を大きくし、語り口も一段と熱を帯びる。両手の握りこぶしを胸のあたりに上げる
みなさんは恵まれています。どんな環境に生まれようと、自分を信じて努力すれば、道は拓ける国に生きているのですから	自分のほうを指す
社会と国を信じるのです	右手を胸の高さで伸ばし、手のひらを聴衆に向ける
そして自分はもっと向上できる、学び続けられると信じるのです	左手でこぶしを握ったまま、右の手首から先をゆっくりと回す
それが成功のカギなのです	左こぶしを胸の高さで握ったまま、右の手のひらを上に向けたまま腕を前に伸ばす

とめた。

パウエルには堂々とした存在感がある。リーダーらしい歩き方、話し方、風貌が備わっている。パウエルは兵士や若者にもそれを教えようとしている。学生たちの前で講演するときには、質問を投げ、手を挙げた生徒を全員の前に立たせる。兵士のように直立不動の姿勢で、両手を身体の脇につけ、まっすぐ前を見て、大きな声で答えを言わせるのだ。学生たちはおもしろそうにやっているが、彼らの中で何かが変わりはじめる。自信が芽生え、やってやろうという気持ちになるのだ。プレゼンをするときも、どのように振る舞うかで、あなた自身の気持ちが変わってくる。

私は社会人生活の大半を、プロの話し手として生きてきました。陸軍士官として最初に部隊を任された日から、部下に話を聞かせ、物事を教えるのが仕事になったのです。どうすれば部下の心をつかめるのか、どんなふうに話せば興味を持ってもらえるのか、どうすれば私の教えることをきちんと学んだほうが得だと思わせることができるのか、少しずつ学んでいきました。

相手はすぐに飽きてしまう連中ですから、興味をとらえて離さないようなテクニックを山ほど身につけなければなりません。１９９６年、私はフォート・ベニング基地で歩兵の教官になりました。そこでは相手の目をしっかり見ることの大切さ、せき払いをしたり、口ごもったり、ポケットに手を突っ込んだり、鼻をほじったり、かゆいところを掻いたりするのはご法度だということがよくわかりました。ステージでは堂々と歩き、ポインターやスライド、ジェスチャーを使いこなし、さらには語り口にメリハリをつけて学生を眠らせないようにする方法も学びました。[7]
――コリン・パウエル著『リーダーを目指す人の心得』（飛鳥新社刊）より

ジェスチャーは説得力を倍増させる

第1章に登場した、情熱あふれる経済開発の専門家、アーネスト・シロリを覚えているだろうか。TEDxで、ザンビアの住民にトマト栽培を教えようとした経験について語った人物だ。第1章では情熱的なスピーチの例として取り上げたが、**表3・2**ではシロリがメッセージを補強するために使ったジェスチャーをまとめた。シロリはイタリア人で、（私もそうだが）自分の主張をはっきり伝えるためにジェスチャーをよく使う。プレゼンテーションでは非常にインパクトのある、心のこもったジェスチャーを見せている。

説得力のある主張は、一つひとつの発言を強調するようなジェスチャーによってさらに心に響くものになった。シロリのジェスチャーはとても生き生きとしていて、文章で再現するのはむずかしい。興味があれば、TEDドットコムでアーネスト・シロリ（Ernesto Sirolli）を検索し、自分の目で確かめてほしい。どのジェスチャーも、シロリが言葉で表現しようとしているイメージを鮮やかにしている。シロリはスライドさえ使わない。その必要もないのだ。ジェ

図3.1 ■ TEDxEQChCh 2012で講演するアーネスト・シロリ
Neil Macbeth for TEDxEQChCh

スチャーやバイタリティが、言葉を鮮やかに彩っている。シロリは堂々とした、それでいて躍動感のある存在感の持ち主だ。

世界一流のカリスマ的ビジネスリーダーは、ボディランゲージの使い方に長けており、自信、能力、カリスマに裏打ちされた堂々たる存在感を発揮する。「コマンド・プレ

表3.2 ▍アーネスト・シロリの発言と対応するジェスチャー

発言	ジェスチャー
実にすばらしいトマトができたよ。イタリアのトマトの大きさはこんなものですが、ザンビアのトマトはこんなに大きくなります[8]	最初に両手で小さな輪をつくり、それから両手を広げて輪を大きくする
信じられませんでした。私たちはザンビア人に言ったんだ。「ほらね、農業なんて簡単さ」と言ったものです。でもトマトが完熟して赤く色づいたある晩、200頭くらいのカバが大挙して押し寄せて、すべて食べつくしてしまいました（聴衆爆笑）	カバが大挙して畑にやってきたというくだりで、シロリは両手を大きく広げ、前へ伸ばした。そしてひと言も言葉を発することなく、顔の表情（目と口を大きく開く）だけでショックと驚きを表現
私たちはザンビア人に言いました。「なんてこった、カバが来るなんて！」	両手を頭に添える
するとザンビア人がいいました。「ほらね。だからここでは農業はやらないんだ」	うなずきながら

ゼンス（指揮官らしい態度）」とは軍隊用語で、権威を感じさせる人物、すなわちだれもが敬意を払い、従うべき人物を指す。あなたに付いていくため、どんな犠牲もいとわないという人はどれだけいるだろうか。あなたとともに働くために、報酬の高い仕事や、恵まれた福利厚生や年金制度を捨てる覚悟がある人はいるだろうか。もしいるなら、あなたにはコマンド・プレゼンスがあるのだ。

次のミーティング、セールスピッチ、あるいは採用面接で好ましい印象を与えたいなら、自分のボディランゲージに意識的になろう。だれもが付いていきたいと思うようなリーダーのような風貌で、歩き、話そう。

ジェスチャーのコツ

ジェスチャーは必要なのか？　結論から言えば、「イエス」だ。研究によって、複雑に考える人は、複雑なジェスチャーをすることがわかっている。そしてジェスチャーはスピーカーに対する信頼感を高める効果もある。

シカゴ大学の研究者、デビッド・マクニール博士は、大切なのは「手」だと指摘する。マクニールは手を使ったジェスチャー研究の権威で、ジェスチャーと思考と言語が結びついていることを実証的研究で明らかにしている。マクニールと話してみて、TEDの人気スピーカーは彼の主張を裏づけていると私は確信した。まじめで知的で自信あふれるスピーカーは、手のジェスチャーを通じて自らの思考を聴衆に伝えようとする。

マクニールに会った直後、シスコのCEO、ジョン・チェンバースの講演を生で聞く機会があった。チェンバースはカリスマ的ですばらしいスピーカーで、ステージから降りて聴衆の間を歩き回ったりして、牧師のように温かな雰囲気をつくりだす。話す速度に緩急をつけたり、声を大きくしたり小さくしたり、キーワードやフレーズを強調したりと、話し方も職人芸の域に達している。チェンバースはハイテク業界きっての知的で先見性のある経営者と言われ、記憶力はケタはずれだとされる。複雑な思考をする人は複雑なジェスチャーをするというマクニールの指摘どおり、複雑な思考をするチェンバースはほぼすべての文章を強調するため、派手なジェスチャーを使った。

マクニールとの会話や、世界のリーダーにコミュニケーションのコーチングをしてきた私自身の経験をもとに、いますぐ手の使い方を改善できる4つのコツをまとめた。

- **ジェスチャーを使う**――まず、手を使うことを恐れてはいけない。堅苦しいプレゼンテーションを改善する一番簡単な方法は、手をポケットから出し、使うことだ。プレゼンをするときは手の封印を解こう。あなたの手は自由になりたがっている。
- **ジェスチャーは自然に**――ジェスチャーを使うといっても、やりすぎは禁物だ。ジェスチャーは自然にしよう。だれかのまねをしようとすると、コントに出てくる腹黒い政治家のようになってしまう。定番のジェスチャーも避けよう。どんなジェスチャーを使おうかとアタマで考えてはいけない。適切なジェスチャーはストーリーから自然に生まれてくるはずだ。
- **ここぞというタイミングで使う**――特に大ぶりなジェスチャーは、ここぞというタイミングにとっておこう。カギとなるメッセージを、あなたの個性やスタイルにしっくりくるジェスチャーで補強しよう。
- **ジェスチャーは「パワースフィア」にとどめる**――あなたの目の上から出発し、横に伸ばした手の先、へそを通って、再び目の上に戻ってくる円をイメージしてほしい。それが「パワースフィア」と呼ばれる領域で、ジェスチャー（と目線）はこの中にとどめるようにしよう。手が

表3.3 ▌TED 2013でのジェニファー・グランホルムの発言と対応するジェスチャー

発言	ジェスチャー
先ほど「ミシガン州元知事」と紹介されましたが、私の本職は科学者です。まあ、政治科学者と言ってもいいでしょう。呼び方はどうであれ、私が取り組んでいたのは「民主主義の実験」であり、その現場がミシガン州でした。まっとうな科学者の常として、私は最大多数のための最大効果を実現する政策を実験していました[9]	前のめりになり、手のひらを開いた状態で両手を離す
でも、問題が3つありました。私が解くことのできなかった謎が3つあったのです	ポインターを握った右手はひじのところで90度に曲げ、左手は指を3本立てた状態で高く挙げた
この3つの問題をみなさんにお話ししたいと思います。なにより、私は問題解決のための提案を見つけたと思っているのです	前のめりになり、左手の人差し指をあげ、室内を見渡しながら聴衆とアイコンタクトをとった

へそより下がると、活力や自信がないように見える。ウエストより高い位置で複雑なジェスチャーをすると、聴衆にリーダーとしての自信を感じさせられる。あなたのメッセージが効果的に伝わり、存在感もぐっと高まるはずだ。

元ミシガン州知事のジェニファー・グランホルムは、パワースフィアの中で大きく大胆なジェスチャーを使う。他州に先駆けてクリーンエネルギー政策を取り入れたグランホルムは、2013年のTEDにトップバッターとして登場し、各州に代替エネルギー源の使用を呼びかけた。**表3・3**にグランホルムが使ったジェスチャーの例を挙げた。

グランホルムの両手は、一度たりともパワースフィアを離れなかった。しかも背筋をピンと伸ばし、頭を高く上げ、聴衆としっか

図 3.2 ■ TED 2013 で講演するジェニファー・グランホルム
James Duncan Davidson/TED（http://duncandavidson.com）

りアイコンタクトをとり、暗い会場で目立つような鮮やかな色の洋服（黒いパンツ、白いブラウス、緑のジャケット）を着ていた。グランホルムのいでたちやジェスチャーは、強い権威を感じさせた。

グランホルムのボディランゲージは、社会科学者によって説得力が高いことが証明されているものばかりで、「積極的非言語コミュニケーション」と呼ばれる。非言語コミュニケーションと実際の発言とのミスマッチや不一致は、あなたのプレゼンの効果を大きく下げるリスクがある。

ボブ・フェミスとマリエル・ステルは、学術誌『ジャーナル・オブ・エクスペリメンタル・サイコロジー』に都市部のスーパーマーケットで実施した画期的な研究を発表した。研究では、俳優にトレーニングを施し、買い物客にクリスマスキャンディを一箱売り込むようにした。その結果、商品の魅力をアピールする販売戦略において（値引きをしたり、商品のメリットを説明したりするなど）、積極的非言語コミュニケーションは大きな効果を発揮することがわかった。積極的非言語コミュニケーションには、（1）生き生きとした大きくオープンな身体動作、（2）手を外に大きく広げる動作、（3）前傾姿勢、という3つの要素がある。

分析の結果、「積極的非言語コミュニケーション」を使う販売員は、使わない販売員（後傾姿勢で、身体動作は緩慢で小さく、話す速度が遅い）よりキャンディをたくさん販売できた（全体の71％）。フェミスらはこう結論づけている。「あなたの提案を魅力的に見せたいなら、積極的非言語コミュニケーションは効果を発揮するだろう」[10]

ジェニファー・グランホルムのプレゼンは、この理論に完璧に合致している。グランホルムの姿勢、ジェスチャー、ボディランゲージは「積極的非言語コミュニケーション」の範疇に含まれるものばかりだ。グランホルムの目的は「クリーンエネルギー関連の雇用創出に全力で取り組もう」という提案を、他州に売り込むことだった。クリスマスキャンディを売るのとは次元の違う話だが、フェミスとステルの研究を見るかぎり、グランホルムのボディランゲージは自分の提案の魅力を高め、他州に変化を促すという目的に最適だったと言える。

姿勢をよくしよう。自信がわいてくるはずだ。『ユーロピアン・ジャーナル・オブ・ソーシャル・サイコロジー』誌に掲載された研究によると、姿勢によって自己評価に大きな違いが生まれるという。被験者に架空の仕事への応募書類を書かせ、その際ひとつのグループには背筋を伸ばすように、もうひとつのグループには猫背でいるように伝えた。背筋を伸ばして書類に記入したグループは、猫背で記入したグループより自己評価がかなり高かった。プレゼンの練習をするときには、背筋を伸ばそう。自信がみなぎってくるのを感じるはずだ！

ボディランゲージの悪癖を簡単に直す3つの方法

私がコーチングするリーダーのほとんどは、プレゼンの様子を録画したビデオを見せられるまで、自分がどんな話し方や歩き方、風貌をしているか意識したことがない。だがビデオを見せると、会話をするように自然に話すには、改善すべき点が多々あることに気づく。幸い、問題に気づけば、直すのは簡単だ。

プレゼンをするリーダーを見ていて、よく目につく問題点を3つ挙げよう。これら悪癖の解決法を実践すれば、採用面接を受けるとき、アイデアを売り込むとき、セールス・プレゼンをするとき、企業の重役になったとき、あるいは起業するときなど、さまざまな場面でコマンド・プレゼンスを発揮できるはずだ。

1　ソワソワ、カチカチ、ジャラジャラしない

プレゼンテーションや会話をするとき、聞き手の癇《かん》に障るような癖が出てしまう人は少なくない。スピーカーがソワソワしていると、自信がなく緊張していて、準備不足という印象を与える。指でテーブルをカチカチ叩いたり、ペンを回したりする癖もやめたほうがいい。最近私はリーダーシップに関する本を出版した著者の講演を聞きに行った。このスピーカーは講演中ずっとポケットの中でコインをジャラジャラさせていた。聞いていて本当に気が狂いそうになったし、ほかの出席者も同じ思いだったはずだ。その日、この著者の本はあまり売れなかっただろうし、およそリーダーシップを語るにふさわしい人物という印象は与えられなかった。

解決法

無意味な動きはやめよう。ビデオカメラやスマートフォンで、プレゼンの最初の5分間を録画し、自分の様子を見てみよう。そこで気づいた無意味なしぐさをすべて書きとめよう。たとえば鼻をこすったり、指で机を叩いたり、コインをジャラジャラさせたり、といったことだ。自分のプレゼンの様子を見るだけで、聴衆にどんなふうに見られているかという意識が高まり、

無意味な動きやジェスチャーを減らせるようになる。

私は以前、有力なハイテク企業の幹部のコーチングを引き受けたことがある。この幹部は大口出資者に製品開発が遅れていることを報告しなければならなかった。出資者とは、オラクルCEOのラリー・エリソンで、その容赦ない性格はビジネス界でも有名だった。

私のクライアントであったハイテク企業の幹部と部下たちは、すでに問題を解決し、開発遅延という経験から貴重な教訓も学んでいた。しかし、この幹部の態度はその逆の印象を与えた。プレゼンの間中、爪先で貧乏ゆすりをしたり、テーブルを指でカタカタ叩いたり、顔を触ったり、といった具合に終始落ち着かない様子なのだ。そうした癖は自信や能力がない印象を与えた。この幹部が自分の様子を録画で見たところ、即座にほとんどの悪癖に気づき、修正することができた。その結果、自信を持ってプレゼンに臨むことができた。エリソン氏も満足し、プロジェクトは大成功に終わった。

2　同じ場所で固まらない

優れたスピーカーの身体は生き生きと動く。同じ場所にとどまっていたり、ぎこちない印象は与えない。同じ場所に突っ立ったままだと、堅苦しく、退屈で、やる気がないように見える。

解決法

歩いたり、身体を動かしたりして、よい雰囲気づくりに努めよう。私にコーチングを依頼してくるビジネスパーソンの多くは、プレゼンの間はステージの上、あるいは演壇の後ろで銅像のように固まっているべきだと思い込んでいる。だが身体を動かすのは悪いことではなく、むしろ好ましいぐらいだ。会話をするときの我々の動きはなめらかで、固まってなどいない。

ビジネス界の優れたスピーカーの中には、ステージに立って話すのではなく、聴衆の間を好んで歩き回る人もいる。ひとつ、簡単なコツを教えよう。プレゼンを録画するとき、何回か画面の外に意識的に出るようにするのだ。私はクライアントに、5分間の録画中に何度かフレームアウトしないのは、動きが固すぎる証拠だとアドバイスしている。

3　ポケットに手を入れない

人前に立つとき、ポケットに手を突っ込んだままの人は多い。だが、それはやる気がなく退屈している、あるいは不安げな印象を与える。

解決法

これは簡単。ポケットから手を出せばいいだけだ。優れたビジネスリーダーには、プレゼン中に両手を同時にポケットに入れた姿を絶対に見せない人が多い。一方の手がジェスチャーをしていれば、もう片方の手はポケットに入っていてもかまわない。ジェスチャーは必ずパワースフィアにとどめよう。

できるまで、できるフリをする

エイミー・カディはハーバード・ビジネス・スクールで社会心理学を教えている。カディのボディランゲージに関する研究はタイム誌やCNNで取り上げられたほか、TEDのステージでも披露されることになった。

ボディランゲージによって、我々がどんな人間かが決まってしまう、とカディは言う。身体をどう使うか、すなわちどんな非言語的サインを使うかによって、周囲の受ける印象はがらりと変わる。だが、それだけではないのだ。身体の使い方を変えるだけで、自分が自分をどう思うかが変わる。自己評価が変われば、当然周囲の人たちがあなたを見る目も変わる。たとえ自信がなくても、自信があるように振る舞えば、成功する確率はぐっと高まる。

精神が肉体に影響するのはまちがいない。たとえば不安を感じている人は肩をすぼめて縮こまり、イスの上で小さくなって目線を落とす。ただ、カディはその逆もまた真だと考えている。「肉体によって精神が変わり、精神によって行動が変わり、行動によって結果が変わる」[11]。〝パワー・ポーズ〟を取ることで、テストステロンが増え、また脳内のコルチゾールのレベルが下がる。こうして自信や影響力を感じられるようになる。ほんのちょっぴり行動を変えるだけで、大きな変化につながるというのだ。

パワー・ポーズとはどんな姿勢かというと、両腕をできるだけ遠くに伸ばし、そのままの体勢を2分維持するのだ。エレベーターの中でも、職場のデスクでも、あるいは舞台のそででも

図3.3■TEDグローバル2012で講演するエイミー・カディ
James Duncan Davidson/TED（http://duncandavidson.com）

いい（だれにも見られないほうがいいだろう）。

カディが学生に対してこの実験を行ったところ、元気のない学生の脳内で積極性、自信、落ち着きを持たせるホルモンが15％増加した。カディはこう解説する。

「どうやら非言語的サインは、自分自身についての考え方、感じ方に大きな影響を与えるようだ。肉体が精神を変えるのである」

人前で緊張するのは自然なことで、まったく問題はない。人間は社会的生物であり、いつの時代も社会に受け入れられることは重要だった。洞くつで暮らしていた我々の祖先にとって、そこから追い出されるのは大問題だった。我々が緊張するのは、周囲に受け入れられなければ生きていけないという生物的欲求の結果である。

とはいえ、大方の人間にとって緊張感というのはとても苦しいものだ。うまく息ができない、手のひらに汗をかく、心臓の鼓動が速まるといった経験をしたことのない人はいないだろう。これはみんなが通る道だ。私のクライアントの中にも、人前でプレゼンをする前にひどく緊張するビジネスリーダーはたくさんいる。いずれも何億ドルも稼ぐような、その道のトップレベルの人材だ。大切なのは緊張感を消すことではなく、うまくコントロールすることだ。

エイミー・カディは緊張しやすいスピーカーにこんなアドバイスをする。「できるまで、できるフリをしなさい」。カディは幼少期の知能検査で「優秀」と判断され、それが人格形成期にはアイデンティティとなってきた。だが19歳のときに交通事故で頭部を負傷したところ、大学を退学となり、戻ることもできない、と告げられた。

「あのときは本当に苦しかった。アイデンティティ、それも『自分は他人より優秀なんだ』という一番大切なアイデンティティを奪われて、私はひどい無力感を味わったの」

カディは懸命に努力し、再び大学に戻り、同級生から4年遅れで卒業した。その後はカディの才能を高く買っていたメンターの後押しを受け、プリンストン大学院に進学した。だがカディは自分に自信が持てなかった。周囲をだまして名門大学院に潜り込んだ、ペテン師のような気がしたのだ。そこで新入生代表としてスピーチをする前日、メンターに電話をかけて大学院を辞めると伝えた。

「辞めるなんて許さない。私はあなたに賭けたんだから。四の五の言わずに、そこにとどまりなさい。デキる人間のフリをしなさい。スピーチを頼まれたら、必ず引き受けなさい。たとえ恐怖で身体が動かなくたって、とにかくやって、やって、やり続けるの。そうしたら『あれ？　ちゃんとできてる。これが本当の私なんだ！』と気づく日が必ず来るわ」

カディは恩師の言葉に従った。これが本当の自分なのだ、と思えるまで〝できる自分〟を演じ続けたのである。

「だから、みなさんにもおススメするわ。『できるまで』じゃなく、『これが本当の自分なんだ』という確信が持てるまで、できるフリを続けましょう」

アンソニー・ロビンズが〝最高のプレゼン・ゾーン〟に入る方法

コーチング業界のカリスマ、アンソニー・ロビンズは４日間にわたる50時間のセミナーで、４０００人の聴衆をくぎづけにできるエネルギッシュな人物だ。オプラ・ウィンフリーの特別番組で、ロビンズは講演をする前の〝儀式〟を披露した。何かまじないのようなものを唱えたり、自分はできると言い聞かせたり、たくさん身体を動かしたりしている。それも当然だろう。ロビンズの教えの重要な柱のひとつは「エネルギッシュな身体の動きは、精神状態を変える」というものだからだ。

ロビンズはステージに上がる前、10分ほどかけて〝ゾーン〟に入る。その場でジャンプしたり、回転したり、ガッツポーズをしたり、立ち上がって腕を大きく伸ばしたり、トランポリンで跳んだりもする。

セリフのリハーサルだけでは不十分だ。ステージに立つ前に身体を準備しておくと、エネルギーのレベルが高まって聴衆に与える印象ががらりと変わる。もちろん、ロビンズほど極端なことをする必要はない。セールスピッチの前にトランポリンなど持ち出したら、おかしなヤツだと思われるのがオチだ。それでもプレゼンテーション前に、身体的準備の儀式をしておくのは大切だ。身体の動きとエネルギー・レベルはとても密接に結びついているのだから。

スピーカーとしての強さは内面から

クロスカントリー・スキーの選手だったジャニーン・シェパードは、事故で選手生命を絶たれた。トレーニング中に小型トラックと衝突したのである。首から背骨にかけて6カ所、肋骨も5本骨折したほか、頭部にも損傷を負った。だがＴＥＤ２０１２に登場したシェパードは、身体が壊れても、人間として壊れるわけではない、と語った。

シェパードは聴衆と心のこもった会話をするため、後遺症の残る身体の制約を逆手にとった。プレゼンの途中で座れるように、ステージ上にイスを5つ並べ、それぞれを事故後の人生のステージを表す小道具に使ったのである。

ひとつめのイス（パート1―事故）

2つめのイス（パート2―病院に担ぎ込まれてからの10日間）

3つめのイス（パート3―集中治療室から急性脊髄損傷病棟へ）

4つめのイス（パート4―半年後の退院[12]）入院中、脊髄損傷病棟で同室だった友人の話をするときには、隣のイスにその友人がいるかのように話しかけた。

5つめのイス（パート5―パイロットの訓練。「教官たちが私を抱えて、コックピットに座らせてくれました」と言いながら、イスに腰掛けた）

プレゼンの最後の数分間は立ち上がり、アクロバティック飛行のインストラクターとなった事故後の新たな人生について語った。

「私の本当の強さは、身体の強さではありませんでした。私という人間は、事故の前も後も、まったく変わっていなかったのです。私の中で、パイロットになるという夢は燃え続けていました」

法則3

会話のように話す

シェパードはここで大切なことを言っている。シェパードは身体を効果的に使ってストーリーを伝えたが、本当の〝強さ〟は内面から生まれていた。話し方やジェスチャーを何時間も練習すれば、メッセージ全体の魅力を高めることはできる。ただ、練習はもちろん大切だが、情熱がなければ、発揮できる存在感などたかが知れている。スピーカーとしての強さは、内面からわいてくるのだ。

第２部

目新しさを出す

「目新しいものに反応する能力は、人間に備わったサバイバルツールだ。我々の脳は斬新なもの、傑出したもの、魅力的なものに吸い寄せられるようにできている」

――『マーケターの知らない「95%」』（阪急コミュニケーションズ刊）著者、A・K・プラディープ

第4章

みんなが知らないことを教える

「今日みなさんにお話しすることは、僕の学生時代の教科書にはひとつも載っていませんでした」

――タイタニック号を調査したロバート・バラード、TED2008にて

深海探検家のロバート・バラードは、TEDの聴衆を17分間の海の旅にいざなった。地球表面の72%を占める海を探検の舞台に選んだのは「神様が贈りものをすべて陸地に置くわけがないから」だという[1]。バラードは探検のワクワク感が好きだ。人類の限界を押し広げるような、地球の神秘を追求するのはこたえられない喜びだという。困難に挑戦するのが根っから好きで、ストーリーテリングの猛者が集まるTEDへの挑戦も大いに楽しんだ。

バラードは当代きっての勇敢な探検家だ。1985年、当時アメリカ海軍情報部に勤務していたバラードは、ボストンの東約1600キロの大西洋の沖合で、約4000メートルの深さ

に沈むタイタニック号の残骸を発見した。タイタニック号の発見はバラードの一番有名な探検だが、それ以外にも120回以上の海底探査を実施してきた。

TEDであろうと学校の教室であろうと、プレゼンをするときはいつも聞き手に情報、教育、刺激の3つを提供するよう心がけているとバラードは言った。「学校で話をする人間には2つの役目がある。ひとつは教育、もうひとつは全員を真実の探求に駆りたてることだ[2]」

バラードはTEDのプレゼンで、聴衆にこう問いかけた。

なぜ僕らは海を軽視しているのだろう?

米国航空宇宙局（NASA）の年間予算は、米国海洋大気庁（NOAA）の実に1600年分に相当する。これはバラードが語った興味深い事実や洞察のほんの一例にすぎない。ほかにもいくつか例を挙げよう。

- これから僕が語ることとは、地球全体を100とすると、その1%の、そのまた10分の1にすぎない。なぜなら、僕らはまだそのくらいしか見ていないからだ。
- アメリカ合衆国の50%は海の底にある。
- 地球最大の山脈は海底にある。
- 地球の大部分は永遠の暗闇に沈んでいる。
- 生命が存在するはずもない世界が、豊かな生命であふれていることが明らかになった。

■深海には、地上の博物館すべてを足し合わせた以上の歴史が眠っている。

プレゼンが終わろうとするとき、バラードは小さな女の子の写真を見せた。驚きで目を大きく見開き、口をあんぐり開けている。

「僕が見たいのはこれです。この子はフットボールやバスケットボールの試合を見ているんじゃありません。何千キロという深い海の底から送られてくる、海底探査のライブ映像を見ているのです。自分が何を目にしているのか、わかった瞬間の表情がこれです。こんなふうに口をあんぐり開けているのは、学ぶ準備ができた証拠です。情報を受け入れるモードになっているので、たくさんの情報を吸収できるのです」

バラードはスタンディング・オベーションを受けた。このTED2008のプレゼンが聴衆を魅了したのは、世界を「上から」ではなく「下から」見るという、まったく新しい視点を提供したからだ。

法則4 みんなが知らないことを教える

聴衆が初めて聞く情報を提供しよう。これまでとは違う切り口、あるいは以前からある問題への目新しい解決法を提案しよう。

なぜ効果的なのか——人間の脳は目新しいものが好きだ。なじみのない、あるいは予想外の要素をプレゼンに盛り込めば、聴衆を引き込み、その固定観念を打ち砕いて世界の見方を変えることができるだろう。

ジェームズ・キャメロンの飽くなき好奇心

バラードがタイタニックを発見していなかったら、映画史上最大のヒット作のひとつである『タイタニック』も誕生していなかったかもしれない。

「好奇心はあなたが持っている一番大切なものだ。そして想像力は新たな現実を生みだす力となる」[3]。ジェームズ・キャメロン監督は2010年2月、TEDの聴衆にこう語りかけた。

キャメロンのプレゼンの内容は、『ターミネーター』『タイタニック』『アバター』といった大ヒット作を生みだした映画監督らしからぬものだった。映画制作についてはほとんど語らず、クリエイティビティ、探検、イノベーション、リーダーシップについてとうとうと語ったのだ。

キャメロンは15歳でダイビングのライセンスを取ってからというもの、海の探検に情熱を傾けてきた。『タイタニック』を制作したとき、映画会社には「船上のロミオとジュリエットをつくろう」と売り込んだが、キャメロン自身にはもっと深い思惑があったという。


僕が本当にやりたかったのは、海に沈んでいる本物のタイタニック号の残骸のところまで潜ることでした。この映画をつくったのはそのためです。映画会社には言わなかったけれど、これが本音。僕は映画会社をこう説得しました。

「僕らは残骸のところまで潜って、本物のタイタニック号をフィルムに納めます。それを映画のオープニングに使うんですよ。ここが大切です。マーケティングにすごい威力を発揮すること請け合いですよ！」

こうして僕は映画会社に探査費用を出させたんです。とんでもない話でしょう？　でも、さきほど言ったことを思い出してください。「想像力は新たな現実を生みだす力となる」。それから半年後、僕はロシアの潜水艇に乗って北大西洋で約４０００メートルの深海にもぐり、本物のタイタニック号を窓から見ていました。映画でも、ビデオでもない。実物を。[4]

私はキャメロンの映画のファンで、特に『タイタニック』は大好きだ。ヒロインのローズがダイヤモンドのネックレスを海に捨て、テーマ曲が流れるあのシーンを見ると、今でも涙が出る。とはいえ、この手の映画に目がなく、タイタニックの内容は熟知している私にとっても、キャメロンの話は新鮮だった。おもしろいエピソードを通して、自分の可能性を最大限引きだしたいと思っている人たちにとてもためになる教訓を語ってくれた。こうしてキャメロンは聴衆の心を揺さぶり、最後まで耳を傾けようという気持ちにさせた。かつて映画会社の人々の心をとらえたように、聴衆もすっかり虜《とりこ》にしてしまったわけだ。

我々はみな、生まれながらの探検家だ。キャメロンと同じように、ほとんどの人が何かを追い求め、学び、発見したいという飽くなき欲求を抱いている。つまるところ、それは人間が生まれ持った本能なのだ。

調査を見ると、人前で話すぐらいなら死んだほうがマシだ、と思っている人は少なくないらしい。私はロバート・バラードに、狭苦しいちっぽけな潜水艇に乗って深さ約４０００メートルの海底にもぐるのと、18分のプレゼンをするのとでは、どちらが不安になるかたずねてみた。バラードは深海で何度か死の恐怖に直面したことを思えば、プレゼンなど何でもないと言った。次に人前で話すときに緊張してしまったら、このバラードの言葉を思い出すといい。コメディアンで俳優のジェリー・サインフェルドもこう言っている。「弔辞を読むほうが、棺桶に入っているよりよほどマシだ」と。

学習は快感だ！

2006年のTEDカンファレンスに参加していたミュージシャンのピーター・ガブリエルは、そこで出会った映画監督にこう言った。

「僕にとって、新しいアイデアやおもしろいアイデアに触れること以上の快感はないね」

まさにそのとおりだ。学習はやみつきになる。楽しいからだ。人類の進化にとって不可欠なものでもある。

古くからある問題に新しい解決法を試みる。人類は何百万年もそうした適応を繰り返し、進化を続けてきた。原始人に好奇心がなかったら、人類ははるか昔に滅んでいたはずだ。ワシントン大学医学部の分子生物学者、ジョン・メディナは、これまでに存在した種の99・99％は絶滅したと指摘する。我々の脳が厳しい環境に適応したため、生き残ることができたわけだ。

「厳しい環境に打ち勝つ方法は2つしかない。強くなるか、賢くなるかだ。人類は後者を選んだ」

とメディナは語る[5]。メディナによると、人間は生まれながらの探検家で、知りたい、学びたいという抑えがたい欲求を持っている。

「赤ん坊は身の回りの世界を理解したいという強い欲求を持って生まれてくる。そして尽きない好奇心で、猛烈に探検しようとする。この探検したいという欲求は、赤ん坊に強く刻みつけられる。それを空腹やのどの渇き、セックスと同じ本能的欲求と見る科学者もいる」[6]

「我々の『知識への渇望』は、大人になっても失われることはない」とメディナは話す。バラードやキャメロンは、海の底からくみだしたコップ一杯の知識によって、我々の渇きを癒した。聴衆があなたのプレゼンのテーマにはそれほど強い関心を持っていなくても、知識を渇望していることに変わりはない。彼らが知らないこと、それでいて日々の生活に役立つ新しい知識を提示すれば、あなたのテーマに関心を持たせることができる。バラードやキャメロンと同じように、あなたも聴衆を虜にできるのだ。

私は世界最大のマイクロプロセッサ・メーカー、インテルの広報に携わっている。インテルのスタッフには、インテルの技術を普通の生活と結びつけてほしい、と常に訴えている。たとえばインテルの「ターボ・ブースト・テクノロジー」の例を考えてみよう。技術的定義を見ると「CPUのクロック周波数を動的制御することで、プロセッサを定格の動作周波数より高速で動作させる機能」と書かれている。意味がわかるだろうか？　おそらく、さっぱり理解できないだろうし、これを聞いてインテルチップを搭載したノートパソコンやパソコンを買いに行こうという気にはまずならないだろう。

それでは次の説明はどうだろう。「インテル独自のターボ・ブースト・テクノロジーは、あなたがコンピュータで何をしているか（ゲームで遊ぶ、動画を視聴する）を認識し、必要なときは処理速度を高め、不要なときは処理速度を遅くしてパフォーマンスを調整する。その結果、ノートパソコンのバッテリー寿命が長くなる」。２つめの定義は、新製品があなたの生活を具体的にどのように改善するかという新たな情報を教えてくれる。だから意味があるのだ。

インテルの広報担当が後者のような新製品と一般の人々の生活を結びつけるような説明をすると、必ずメディアに取り上げられた。一方、前者の技術的定義を引用した記者やブロガーはほとんどいなかった。

脳には「保存」ボタンが備わっている

ノースウエスタン大学非常勤教授のマーサ・バーンズは、神経科学が教師のパフォーマンス向上に役立つと考えている。バーンズの研究を見ると、我々が学習に快感を覚える理由もよくわかる。何か新しいことを学ぶと、ドラッグやギャンブルをしたときとまったく同じ脳の報酬領域が活性化するのだ。

「教えたことをきちんと覚えられる生徒と覚えられない生徒がいる理由は、情報を記憶するのに必要な脳内物質ドーパミンにある」[7]

ドーパミンはとても強力な物質だ。新しい恋人ができると、ドーパミンが分泌される（しばらくすると分泌量は減る。カウンセラーが結婚後、何年か経ったら夫婦関係に刺激を持たせるよう努力せよとアドバイスするのはこのためだ）。ビデオゲームでひとつ上のレベルに上がった、スロットマシーンでコインがジャラジャラ出てくる音を聞いた、あるいはコカインを吸ったときもドーパミンが出る。

ドラッグやギャンブルは人工的にドーパミンを増やすトリガーだが、深刻な弊害をともなう。ハイな状態をつくりだす、もっと健康的な方法はないのだろうか？　もちろん、ある。バーンズによると、ドーパミンは我々が何か新しい、ワクワクするようなことを学んだときにも分泌されるという。快感を得る方法としては、こっちのほうがずっと健康的だ！

「学生にとって、また私たち大人にとっても、新しいことを学ぶのは胸の躍るような冒険だ。新しい情報を記憶しようすることで、脳内のドーパミンの分泌量が増える。ドーパミンは脳内の保存ボタンと考えるとわかりやすい。何かを経験したときにドーパミンが分泌されていると、我々はそれを記憶する。逆にドーパミンが出ていないと、何も頭に残らない」とバーンズは書いている[8]。

そうだとすれば、当然、次の疑問がわいてくるだろう。「どうすればドーパミンの分泌量を増やせるのか」。バーンズによると、答えは単純明快だ。情報を伝える側が、それを新鮮でワクワクしたものにすればいい。バーンズは語る。

「優れた教師は、常に情報を伝えるための新しい方法を工夫している。学校が新しい教科書を採用すると、教師が喜ぶのはこのためだ。教科書が変われば、これまでと違った形で教えられる。教師はワクワクし、それが生徒にも伝わる。（中略）教室で目新しい経験を増やせば、生徒のドーパミンは増える。ドーパミンは中毒化する。教師の目的は、教え子を〝学習中毒〟にすることにほかならない」[9]

ドーパミンは中毒化するのだ。刺激的な言葉、勇気を与えてくれる言葉を聞くと、気持ちが高ぶるのはこのためだったのだ。私はここ数年、兄弟や友達と連れ立って毎年カリフォルニア州ベイカーズフィールドに足を運んできた。年1回開催される「ベイカーズフィールド・ビジネス・カンファレンス」に参加するためだ。チケットは高いし、往復には大変な時間がかかるが、スピーカーの顔ぶれを見ればその価値があるのは一目瞭然だ。

ベイカーズフィールド・カンファレンスもTEDと同じスタイルで開催され、スピーカーの持ち時間は20分だ。政治、ビジネス、芸術の各分野から集まるスピーカーには、有名人（ロナルド・レーガン、ミハイル・ゴルバチョフ、ルドルフ・ジュリアーニ、スティーブ・ウィン、ウェイン・グレツキーなど）もいれば、それほど知られていない人もいる。だがいずれも聴衆に新しい何か、あるいは以前からある問題への新たなアプローチを教える能力を買われた人たちだ。

カンファレンスが終わり、車で5時間の帰途につくころには、世界征服だって可能だ！という気になっている。新しい何かを学ぶことに、やみつきになっている自分がいる。自分が学習中毒であることを認めるのは、ちっとも恥ずかしくない。むしろ誇りたいぐらいだ。

世界観を変える統計学者

ハンス・ロスリングはTED屋の間で、ロックスターのような存在だ。TED2006でのロスリングのプレゼンは大きな話題を呼び、ネットでも猛烈に拡散した。18分間の動画は500万回以上も視聴された。ミュージシャンのピーター・ガブリエルは「とにかく驚くべきプレゼン」として、お気に入りのひとつに挙げている。俳優のベン・アフレックも同様で「ハンスはクリエイティブでおもしろい、人類最強の統計学者だ！」と語っている。AOLタイムワーナー元CEOのスティーブ・ケースは「忘れがたいTEDトークのトップスリー」にロスリングのプレゼンを挙げている。TEDにお気に入りのトークを選んでほしいと依頼されたビル・ゲイツは、たくさんありすぎて選べないが、ロスリングのはまちがいなく入ると語っている。

ロスリングが成功したのは、プレゼンのタイトルからもわかるように、統計学を使って「聴衆の世界観を変えた」からだ。だれも見たことのないような形で、情報を伝えたのだ。

ロスリングはスウェーデンのストックホルムで保健学の教授として、世界の健康と貧困問題を研究している。大方の研究者の手にかかると、こうしたデータははっきり言って退屈な代物になる。だがロスリングは自ら開発に携わったソフトウェア「ギャップマインダー」を使い、退屈な統計に命を吹き込んだ。ギャップマインダーのウェブサイトを見ると「このソフトウェアは退屈な数字を、世界を理解するための楽しいアニメーションに変え、統計学のすばらしさ

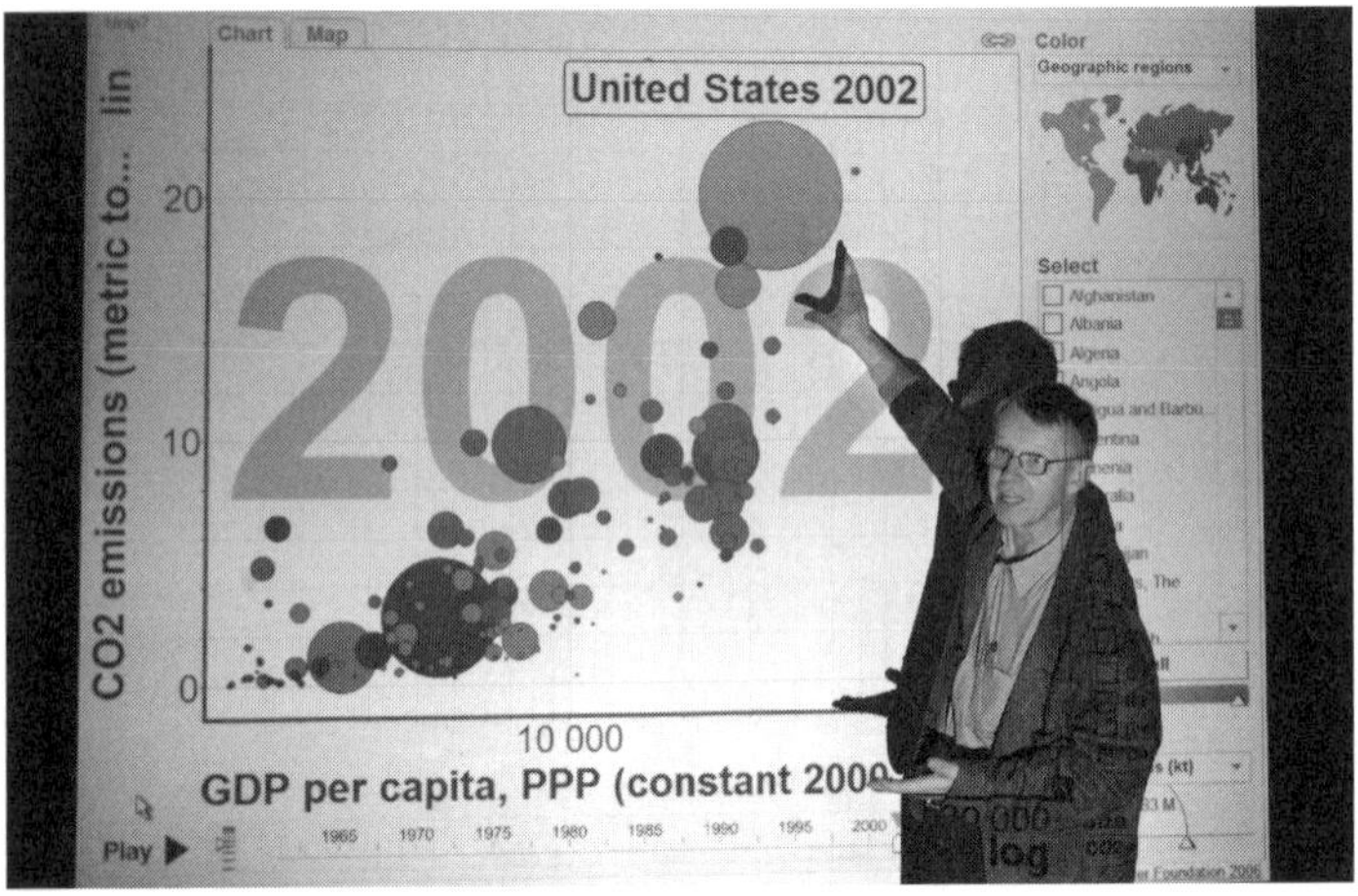

図 4.1 ■ ギャップマインダー財団の共同創設者兼会長を務めるハンス・ロスリングのプレゼン
Stefan Nilsson

を伝える」と書かれている。

プレゼンが始まって3分後、ロスリングはあるスライドを見せる。大小さまざまな円が、あちこちに散らばっている図表だ（**図4・1**）。ロスリングは学生に「西側世界」と「第三世界」を定義してごらん、と言ったときのエピソードを披露する。「西側世界は平均寿命が長く、家族の規模は小さい。第三世界は平均寿命が短く、大家族が多い」と学生たちは答えた[10]。ロスリングはドラマチックに、その誤解を打ち砕いていった。

図表のX軸は「出生率」（1962年以降の年別・国別の女性ひとりあたりの子供の数）、Y軸は出生時平均寿命だ（Y軸の一番下が30歳、一番上は70歳）。

1962年には、左上に大きな円が固まっているのがはっきりわかる。経済規模の大きな工業国で、家族の規模は小さく、平均寿命は長い。右下にも大きな円がたくさんある。大家族で平均寿命の短い途上国が固まっているのだ。

だがそのあとには意表をつく、新鮮でワクワクするような展開が待っていた。ロスリングがアニメーションを起動すると、1962年から最も新しいデータである2003年までの世界のダイナミックな変化が画面上に現れた。たくさんの円がスクリーン上を激しく移動するのを見ながら、ロスリングはホッケーゲームの解説者よろしく、その変化を説明していった。

さあ、行きますよ。ほら、ここを見てください。この円は中国です。健康状態が改善し、寿命が伸びていますね。緑の円はすべて南米の国々で、家族は小さくなっています。黄色い円はアラブの国々で、家族は大きくなっている……おっとまちがい、寿命は延びていますが、家族は小さくなっています。アフリカ諸国はこのあたりの緑の円です。まだここにいます。これがインド。インドネシアは速い、速い！　かなりの速さで左上に向かっています（聴衆爆笑）。

そして80年代。まだバングラデシュがアフリカ諸国に紛れているでしょう？　でもほら、ここで奇跡が起こります。80年代にバングラデシュのイスラム指導者たちが家族計画を推奨しはじめたのです。あっという間に左上に移動していきます。90年代にはHIVがまん延し、アフリカ諸国の寿命が短くなりますが、それ以外の国々は左上に向かって動いていきます。寿命が長く、家族は小さい。こんな具合に、世界はすっかり様変わりしたのです。[11]

ロスリングは世界とその人口トレンドに対する聴衆の見方を一変させた。聴衆は笑い、歓声を上げ、完全にロスリングに魅了された。

2012年にタイム誌はロスリングを「世界で最も影響力のある人々」のひとりに選んだ。爆発的な人気を集め、ネット上で何百万人という視聴者を集めたTEDトークのおかげと言えるだろう。「ロスリングはきわめて重要な活動、すなわち一般の人々の科学への理解を深めるという活動の最前線に立っている」とタイム誌は書いている。[12]

科学者は統計データを使って、うんざりするほど退屈なプレゼンをすることが多い。複雑な統計を18分どころか、ずっと眺めていたいと思わせる科学者は、ロスリングを置いてほかにいないだろう。どんなにすばらしいアイデアでも、効果的に伝えなければ聴衆に刺激を与えることはできない。パブリックスピーキングを安易に「ソフトスキル」などと呼ぶのは大まちがいだ。ロスリングが自分のテーマを伝えるために斬新な方法を考えていなかったら、準備したハードデータは何の役にも立たなかっただろう。

あなたが提示するデータが聴衆にとっておよそ新鮮とは言えないケースもあるだろう。それでも、その「伝え方」を新鮮なものにするのは十分可能だ。私はサンディスクの投資家説明会の準備を手伝ったことがある（サンディスクは世界有数のフラッシュメモリ・メーカーだ。フラッシュメモリはデジタルカメラ、MP3プレーヤー、iPadやタブレット、最近ではノートパソコンの記憶装置として需要が高まっている)。

投資家というのは手強い聞き手だ。数字(できれば良い数字)、技術情報、成長戦略を聞きたがる。また無味乾燥で意味不明で退屈なプレゼンテーションを山のように見てきている。

サンディスクの幹部は、プレゼンの冒頭でいくつかデータを紹介したいと考えていたが、それは説明会に集まるアナリストにとって必ずしも目新しいものではなかった(「大容量のカード記憶装置の売り上げが拡大している」)。ここで重要なのは、まったく新しいデータを提供することではなく、まったく新しい見せ方を考えることだった。

アナリストたちは無味乾燥なチャートを見せられるものと考えているはずだ。だからこの幹部は個人的な話をして、プレゼンに潤いを添えることにした。自分の趣味はデジタル写真を撮ることで、自宅にある8万枚のコレクションはほぼすべてサンディスクのカードに保存してある、とこの幹部は説明した。また高校生の娘たちがスポーツを楽しんでいる写真を見せ、貴重な思い出を託すのに、サンディスクのカード以外は考えられない、と語った。壮大な風景のパノラマ写真を撮るのも好きだと言い、自ら撮影した写真を何枚か見せた。

「パノラマ写真は通常の写真と比べて、10倍の記憶容量を必要とするので、サンディスクの出番が10倍あるわけです」

財務関係のプレゼンテーションというのは、どうしても図表が多くなりがちだが、だからといって聴衆の予想を裏切るような見せ方ができないわけではない。

この幹部はきわめて個人的なストーリーを使ってデータに命を吹き込み、ストーリーの最後で自然とプレゼンの本題につながるようにした。この日の説明会でプレゼンに立った8人は、みなこんな具合に工夫を凝らした。投資家の知らない情報を提供するか、だれもが知っているデータをまったく新しい方法で見せたのだ。最後に参加者にプレゼンテーションを5段階で評価してもらったところ、ほぼ100％が4か5と答えるなど、その年の投資家説明会の中でもトップレベルの評価を受けた。

自分の殻を打ち破る

「イントロバート（内向的な性格）」を自称するスーザン・ケインは、数百万人のTEDファンに知られざる「孤独の力」を教えるため、自分の殻を破って表舞台に立つことにした。TEDは世界から一流の人材を呼び寄せ、一世一代のプレゼンテーションをさせるが、ケインは「最高の話し手であることと、最高のアイデアを持っていることには何の相関もありません」と言い切った。[13]
このひと言で、ケインはその日会場に集まった聴衆に、外交的で社交的で話し上手な人々だけがアイデアを独占しているわけではない、という新たな認識を植えつけた。

「人類史上、最も革新的なリーダーの中にも、イントロバートがいます」

とケインは語った。ブレーンストーミング、グループ・ダイナミクス、クラウドソーシングなど共同作業が重視される今日の社会において、孤独は人々のクリエイティビティを引きだすうえできわめて重要な要素となる、というケインの主張には説得力があった。

「イントロバートに自分らしくある自由を与えれば、彼らは問題に対してユニークな解決策をさらに提案するようになるでしょう」

ケインの著書『内向型人間の時代』（講談社刊）はベストセラーとなり、そのＴＥＤトークは数百万人が視聴した。

「イントロバートのみなさん、世界はあなたを、あなたのアイデアを必要としています。みなさんにすばらしい人生と、静かにアイデアを語る勇気が舞い降りますように」

ケインがパブリックスピーカーとして成功したのは、世界に対する新しい見方を伝えたからだ。私はジャーナリストとして、その後は経営者向けのコミュニケーション・コーチとして活動する中で、「私の話はつまらない」「私の仕事はおもしろくない」「私のプレゼンのテーマはめずらしくないから、だれも話を聞いてくれない」という人を数えきれないほど見てきた。

たしかにあなたが語る情報の一部は、聴衆にとって聞いたことのある話かもしれない。しかし、あなたが何を語ろうとしているのかまでは、彼らは知らない。また前に同じデータや情報を聞いたときには、まったく心に残らなかったかもしれない。聴衆が知らないことをひとつでも教えられれば、彼らの心をわしづかみにできるはずだ。

ＡＯＬの共同創業者であるスティーブ・ケースは、インターネット時代のパイオニアだ。とても頭が切れる。フォーブスの「アメリカの富豪ランキング」で２５８位につけている大富豪でもある。そんな彼がお気に入りのＴＥＤトークを聞かれたとき、ケインのプレゼンを「忘れがたいプレゼン」としてトップ10に挙げた。現在は投資会社、レボリューションの会長兼ＣＥＯを務めるケースは、優れた投資判断に結びつくような新鮮な発想を常に求めている。「我々は世界を変えるような人々やアイデアに投資する。優れた会社をつくるには、資金だけでなく才能や情熱が不可欠だからだ[14]」。そんなケースに、ケインは新たな世界の見方を教えたのだ。

あなたがプレゼンテーションをする相手は、大金持ちのベンチャーキャピタリスト、あるいは特定の分野であなたよりも知識が豊富な人かもしれない。だが、これだけは覚えておこう。お金持ちや知識が豊富な人ほど、世界を見るための新しいレンズを提供すれば、あなたの話に耳を傾けてくれるはずだ。

私は創業当初のグーグルに出資した有名な投資会社、セコイア・キャピタルの幹部と話したことがある。オフィスにやってきたグーグル創業者のサーゲイ・ブリンとラリー・ペイジは、たったひと言でこの投資家の認識を変えてしまったという。「グーグルはクリックひとつで世界の情報にアクセスできるようにする」というのがそれだ。これは企業史上に残る、名セリフと言えるだろう。

グーグル以前にも検索エンジンは存在した。だが検索語が登場する頻度だけでなく、検索語に対するウェブサイトの「適合性」を判断するというシステムは、他の検索エンジンより明らかに優れていた。この投資家は検索エンジンを開発する起業家は何人も見てきたし、なかにはグーグルと同じような戦略をとっていたケースもあった。だがグーグルの2人はだれよりも効果的に自分の会社をアピールした。その結果、貴重な創業資金を勝ち取ったのだ。

異分野に目を向けよう

専門分野とまったく異なる分野から学び、学んだアイデアを周りの人たちとシェアするよう心がければ、あなたの話は今よりずっとおもしろくなるはずだ。優れたイノベーターは、異なる分野のアイデアを結びつける。

私は『アップル　驚異のエクスペリエンス』（日経BP社刊）を執筆する過程で、アップル幹部がカスタマーサービスを学ぶためにリッツ・カールトンホテルを訪れていたことを知った。反対にハイテク以外の業界の人々はカスタマーサービスを向上させるため、アップルを研究している。優れたイノベーターは異分野のアイデアを取り入れるのだ。

私の知り合いのPR会社幹部は、ハリケーン・カトリーナで被害を受けたニューオリンズの再建に取り組む復興機関から、大きな契約を勝ち取った。復興機関は政府から再建資金を獲得するため、ＰＲ会社の力を借りたいと考えていた。

私はこのＰＲ会社に雇われて、契約獲得のためのプレゼンテーションを検討する戦略会議に出席していた。こうした会議はたいてい、クリエイティビティとは最も縁遠い環境で開かれる。殺風景な会議室で、パワーポイントが見やすいように照明は落とされている。だが、この幹部は部下を２日間会議室に閉じ込めておいても、良いアイデアが浮かんでくるはずがないことをよくわかっていた。そこでチーム全員でカトリーナの被害が最も大きかったロウワー・ナインス・ワードを見て回ったのだ。

メンバーは住民の貧困と苦しみを目の当りにして心を打たれた。そしてパワーポイントを捨て、思いのままを話そうと決めた。メンバー全員がスライドもメモも使わず、自分たちが目にした光景や、復興に携わりたいという熱い思いを語った。まるで被災地を歩いたその足で、プレゼン会場に乗り込んできたかのように。結局、このチームは契約を勝ち取った。後から聞いた話では、このチームがプレゼン会場を出た瞬間に、復興機関側は彼らと組もうと決めたという。

自分の世界を新たな視点で見直すことができてはじめて、世界に対する新たな見方を聴衆にも提示できるのだ。

TED NOTE

脳に新しい経験のシャワーを浴びせよう

プレゼンテーションに目新しい概念を盛り込むには、クリエイティビティと新たな視点が必要だ。クリエイティビティのスイッチを入れるテクニックのひとつが、新しい経験に身を投じることだ。脳はショートカット（近道）を探そうとする。結局のところ、ムダなエネルギーを使わないようにするのが脳の役割だからだ。

神経科学者によると、新しいレンズで世の中を見るには、脳に新しい経験のシャワーを浴びせるしかない。だから、ときどきオフィスを出よう。新たな体験、人との出会い、見知らぬ場所に身を投じよう。何より重要なのは、そうした新たな経験をプレゼンテーションに盛り込むことだ。

みんなが考えたことのないようなアイデアを提示する

ファスト・カンパニー誌が、有名なインタビュアーのチャーリー・ローズに「すばらしい会話の条件とは何か」と聞いたことがある。

「すばらしい会話はまるでドライブのように、我々をどこかへ運んでくれる。身体ごとつかまれて、リズムよく進んでいく感覚だ。最終的には考えたことのないようなアイデア、新しい自分やビジネスを発見できるような場所にたどりつける」[15]。すばらしい会話やプレゼンテーションは、あなたが考えたこともないようなアイデアを示してくれるものなのだ。

ソーシャルメディア時代になり、我々の周りには雑音があふれている。言い古された、陳腐で、新鮮味のかけらもない表現だ。「みんなはひとりのために。ひとりはみんなのために」と語るスポーツ選手や経営者。「優れたリーダーは聞き上手」と言うコンサルタント。「幸せな結婚生活を続けるコツは、コミュニケーション」と説く結婚カウンセラー。もちろん、どのセリフにも多少の真実はあるが、優れた訓戒でも100万回繰り返されればインパクトはゼロになる。聞き手のものの見方を変える力はなくなり、心を動かすことができなくなる。

結婚カウンセラーのジョン・グレーはかつて「男は火星人、女は金星人」と語ったことがある［訳注：ローマ神話でマーズ（火星）は武勇の神、ヴィーナス（金星）は愛と美の女神］。こう言われると、聴衆は「あれ？」と思う。興味をそそられる。だれもが知っている古い情報と新しい情報を工夫して新鮮なものに見せている。こうした「意外感」がなければ、結婚生活に悩む人々の心には届かないだろう。

あなたの言葉に「意外感」はあるか

セス・ゴーディンはマーケティングの専門家で、人気ブロガーでもある。ゴーディンの最大の武器は、優れたアイデアを斬新な方法で伝える能力だ。２００３年２月のＴＥＤでゴーディンは、選択肢が多すぎる半面、時間は限られている今日の社会では、だれもが自然とほとんどの情報を無視するようになると語った。


たとえばあなたが車で走っているとしましょう。道の脇に牛がいる！　でもそのまま素通りします。牛なら前にも見たことがありますからね。牛は目に入る。でも、どうでもいい。わざわざ車を止めて、「ほら、牛だわ！」なんて人がどれだけいるでしょう。まずいません。

でも、それが紫の牛だったらどうでしょう。しばらく眺めるんじゃないでしょうか？　でも世の中の牛が全部紫色だったら、またすぐに飽きてしまいます。人々が話題にすること、自分もやってみよう、変えてみよう、買ってみよう、つくってみようと思うのは、「意外感」のあるものです。

ここでいう意外感とは、単に驚きがあるということではなく、一考の価値があるという意味です。[16]

セス・ゴーディンはＴＥＤでプレゼンした年、『「紫の牛」を売れ！』（ダイヤモンド社刊）を出版した。この本の教えをだれよりも忠実に実践しているのがゴーディン自身だ。使い古された情報を、ほかの人々と同じ退屈な方法で伝えれば、だれにも気づいてもらえない。あなたの牛はどこにでもいる茶色い牛なのだ。伝える内容に少しだけひねりを加えよう（ジャーナリズムの世界では「フック」と呼ばれるものだ）。そうすれば聞き手はあなたのメッセージに耳を傾けてくれるはずだ。

神経科学者のグレゴリー・バーンズは、脳は「怠惰な肉のかたまり」にすぎない、という。脳に新しいものの見方を教えるには、脳が情報をこれまでとは違う方法で認識するように、斬新な方法を考えなければならない。「脳を予定調和の世界から引っ張り出すには、『これまで処理したことのないもの』を与えなければならない」[17]

母国アルバニアで汚職と犯罪の抑制に取り組んだエディ・ラマの講演がTEDxの聴衆の心をつかんだのは、人間の持つ知識への渇望、脳を予定調和の世界から引っ張り出したいという欲求を刺激したからだ。ラマは約10年にわたり、バルカン半島の小国アルバニアの首都ティラナの市長を務めた人物だ。

ティラナはかつて世界で最も汚職にまみれた都市のひとつに数えられていた。泥とゴミと荒れ果てた建物があふれ、見渡すかぎり灰色だった。とにかく気の滅入る場所だったわけだ。

ラマは2000年にさまざまな改革に着手した。そのひとつが、古い建物を解体する一方、残った建物の壁を鮮やかな色で塗るという施策である。前職は画家で、芸術に一過言あったラマは、ティラナの建物の外壁をキャンバスに見立てたのだ。

「2000年に市長に当選してわずか数週間のうちに、ラマは塗装会社を雇い、ティラナの殺風景な街並みを目の覚めるような色に塗り直しはじめた。まるでフランスのマルセイユやメキシコシティのように。現在は65万人が住むティラナの街のあちこちに、モンドリアンの絵画を彷彿させる街並みがある。青、黄色、ピンクといった鮮やかな色彩は、45年にわたって共産党の独裁支配の下に置かれた過去との決別を象徴するようだ[18]」

灰色の街並みが鮮やかに生まれ変わるのにつれて、犯罪は減少し、街のいたるところに公園ができた。市民は安心して住めるようになり、街に誇りを感じるようになった。あるときラマが色鮮やかになった街を歩いていると、商店主が古いシャッターを外し、ガラスのファサードを取りつけていた。

「どうしてシャッターを捨てるんだい？」とラマはたずねた。

「街が安全になったからさ」

「安全になった？　警官の数が増えたのかい？」

「警官？　なに言ってんだよ！　周りを見ろよ。どこも色鮮やかで、街灯があって、道路に穴も開いていないし、街路樹もある。きれいだろう？　安全だからさ」

ラマは芸術に対する情熱と生来の好奇心によって、だれもが解決不可能と思っていた問題を解決できた。グレゴリー・バーンズの言うように、同じ情報をまったく別の角度から見たのだ。

人種や言葉が違っても、人はだれでも既存の問題に対する斬新なアプローチを聞くのが大好きだ。そもそも人間というものが、そんなふうに生まれついているからだ。

最初から負け犬根性のスピーカーもいる。自分には他人に教えられることなど何もない、とハナから思い込んでいるのだ。もちろんそんなことはない。だれにだって教えられることはある。だれもが自分だけのストーリーを持っている。本章に登場したスピーカーたちと同じ経験はなくても、あなたの人生も新たな発見に満ちており、興味深く貴重な物語を持っているはずだ。あなた自身の人生の物語に目を向けよう。それがあなたに新しい貴重な知識を与えてくれたなら、みんなも聞きたいと思うに違いない。

TEDでもSEXの話題は大人気

TED屋はあらゆる分野の知識に貪欲だ。セックスも例外ではない。TEDの舞台でも、何人かのスピーカーが性的な問題について興味をそそるような答え（あるいはヒント）を提示してきた。

2009年2月、科学ジャーナリストのメアリー・ローチが行った「オーガズムについて、あなたの知らない10の事実」と題したプレゼンは、300万回以上視聴された。「私たちが愛する理由、浮気する理由」と題したヘレン・フィッシャーのプレゼンは250万回視聴された。2012年4月のTEDMEDで、ダイアン・ケリーは男性の生殖器官について一般に知られていない事実を明らかにした。ジェニー・マッカーシーは結婚の知られざる真実を、エイミー・ロックウッドはアフリカでエイズの流行を抑えるために行われているコンドーム配布事業の実態を語った。ことセックスについては、聴衆は自分が確実に知っていることより、知らないことのほうにずっと興味があるようだ。

TEDは脳のトレーニング

ニュージーランドのオタゴ大学の教授であるジェームズ・フリン博士は、世界中の人々は賢くなっている、と考えている。それも少しばかりではない。昔よりずっと賢くなっているというのだ。

この理論は学術界で「フリン効果」として広く知られている。「今の18歳は、10年前、20年前、30年前、40年前、50年前の18歳と比べると、IQテストの結果がはるかに高い」とフリンは説明する。[19]

IQのスコアは限られた場所ではなく、IQテストの結果が入手できるすべての国で上昇しているという。フリン効果については、単にIQが向上しているという事実だけでなく、その原因も検討が進んでいる。最も合理的な説明として受け入れられているのが、教育環境が広がったことである。ほとんどの国では国民が正式な教育環境、あるいはTEDドットコムなどオンラインでの学習に費やす時間が増えている。

ニューヨーク・タイムズ紙の記事は「IQが上昇しているのは、工業化社会の人々はたえず脳にトレーニングを課しており、それが〝脳力〟を向上させるためだとフリンは考えている」と伝えた[20]。

TEDが成功している一因は、我々のIQが向上していること、そして人々が脳のトレーニングを望んでいることにあるかもしれない。TEDドットコムの動画は、10億回以上視聴されている。TEDの動画がほぼすべてプレゼンテーションであることを思えば、信じられないような数字だ。ビジネス・プレゼンがだいたいどういうものか、思い出してほしい。刺激的で興味をそそる？　そんなことは少ないだろう。ビジネスパーソンの多くはTED流の話し方を身につけていないからだ。脳が斬新なアイデアや、斬新なアイデアの伝え方に食いつくことを知らないのだ。

TEDが尊重しているのは、想像力という才能である。

――ケン・ロビンソン卿、TED2006にて

ツイッター・フレンドリーなヘッドライン

２００９年7月、ベストセラー『モチベーション3・0』（講談社刊）の著者であるダニエル・ピンクが、ＴＥＤの舞台でモチベーションの謎を解き明かした。このプレゼンテーションは５００万回以上視聴されている。

私がピンクに「プレゼン内容をひと言で説明してほしい」と頼むと、こう答えた。「僕らが頼りにしているモチベーター（やる気を引きだす要因）は、僕らが思うようには働かない」。この一文はとても簡潔だ。ツイッターの１４０文字という文字制限にも楽々収まる。自分のテーマを１４０文字以下で説明できないなら、練り直したほうがいい。このルールを守ることで、プレゼンは明解になり、聴衆はあなたが伝えようとする一番大切なアイデアを記憶にとどめてくれるだろう。

ピンクは執筆と講演活動を始める前、スピーチライターとして働いていた。政治リーダーが語るべき言葉を考え、文字にしていたのだ。ピンクは語る。

「私はプレゼンをする前、『聴衆に胸に刻んでほしい一番重要なことは何だろう』と自問する

んだ。プレゼンの良し悪しは、聴いてくれた人がだれかに『どんな話だったの？』と聞かれたとき、きちんと答えられるかどうかで決まる。聴衆がこの質問にきちんと答えられるようなプレゼンをしたいといつも思っている」[21]

それにはささいなことを寄せ集めるのではなく、重要なメッセージをひとつだけに絞ることが必要だ、とピンクは語る。

「経営者や専門家と呼ばれる人々は、さまざまなことに気を取られ、門外漢の視点、あるいは聴衆の視点から物事を見ることができなくなりがちだ」

わずか140文字なら、重要なメッセージがどれかわからなくなることもない。TED並みのプレゼンをする第一歩は「聴衆に知らせたい一番重要なメッセージは何か」と自問することだ。それをツイッターの文字制限に容易に収まるようにしよう。私はこれを「ツイッター・フレンドリーなヘッドライン」と呼んでいる。

TEDドットコムでだれでも視聴できる、1500以上のTEDプレゼンのタイトルを見直したところ、140文字を超えるものはひとつもなかった。見事にひとつもないのである。一番長かったのは「イランの将来に対する3つの予想と、その数字的根拠」(Three predictions on the future of Iran, and the math to back it up) だが、ここには記憶に残りやすいような修辞的要素が使われている（第7章で詳しく述べる）。

次に、TEDドットコムの中でも特に視聴回数の多いプレゼンテーションのテーマをいくつか挙げよう。どれも聴衆に新しいことを教えようという意図が感じられる。

■「学校が創造性を殺す」（ケン・ロビンソン）
■「優れたリーダーはいかに人々を行動に駆り立てるか」（サイモン・シネック）
■「あなただけのクリエイティブな才能」（エリザベス・ギルバート）
■「幸福の驚くべき科学」（ダン・ギルバート）
■「イントロバートの力」（スーザン・ケイン）
■「成功の8つの法則」（リチャード・セントジョン）
■「死ぬまでにいかに生きるか」（スティーブ・ジョブズ）

ツイッター・フレンドリーなヘッドラインが有効なのは、2つの理由からだ。（1）聴衆に覚えてもらう重要なメッセージをはっきりさせられること、（2）コンテンツが聴衆にとって処理しやすいものになることだ。

認知行動に関する研究では、我々の脳は細部より先に全体像を見ようとすることが明らかになっている。ジョン・メディナはかつて私にこう説明してくれた。「原始人はトラに出くわしたとき『牙《きば》は何本あるのだろう？』とは思わなかった。『コイツはオレを食う気か？』と考えたはずだ[22]」

あなたも聴衆に細部を語る前に、まず全体像を見せよう。あなたの製品あるいはアイデアを140文字で説明できなければ、できるようになるまでじっくり考えたほうがいい。

TEDキュレーター、クリス・アンダーソンはこう語っている。

「すばらしいアイデアは、あらゆる知的領域から生まれる。我々は日々、自分の仕事という溝を掘り進めているが、ときには地上に出て、たくさんの溝がどんなふうに互いにつながっているのか、確認したほうがいい。そこから大きな刺激を受けるのはまちがいない[23]」

あなたには聴衆を感動させるようなすばらしいアイデアがあるかもしれない。だが、まずは全体像、つまり「あなたの溝はどこにつながっているのか」を示す必要がある。

TED NOTE

ツイッター・フレンドリーなヘッドラインを考えよう

次にプレゼンの構想を練るときには、まずこう自問しよう。「私の会社、製品、サービス、アイデアについて、聞き手に一番伝えたいことはなんだろう」。このヘッドラインを具体的で明快なものにしよう。クライアントを見ていると、まずヘッドラインではなくタグライン（オチ）を考えてしまう人が多い。だが、それを見ても伝えようとしている一番大切なメッセージはわからない。しっかり考え抜かれたヘッドラインを見ると、クライアントの製品、サービス、モットーがどんなものであるかはもちろん、どこがユニークなのかもすぐわかる。

あなたのヘッドラインも、必ずツイッターの文字制限である140文字に収まるようにしよう。それはプレゼンのよい訓練になるだけではない。マーケティング活動にも役立つ。ツイッターはマーケターにとって非常に強力なプラットフォームであり、簡単に記憶でき、ソーシャルネットワークで拡散されやすい「ツイート仕様」の製品説明をつくるのは非常に重要だ。

人はみな探検中毒

ベン・サンダースのツイッターのプロフィールには「重いものを引きずって寒い場所を歩くのが仕事」と書かれている。サンダースは史上最年少で北極点への単独スキーに成功した冒険家だ。自らを極地探検家と呼ぶ。10週間にわたり、食料、機材、ブログ用のコンピュータなど200キロ近い荷物を引きずって歩いた。気温が氷点下50度に達することも珍しくなかった。周囲1250万平方キロには自分以外だれもいないという状況が続いた。

なぜそんなことをしたのか。成功したところで、得るものは何もない。新たな地図を描くでもなく、金や石炭を見つけるわけでもなく、食料だってあるはずもない。だが冒険そのものが、サンダースの渇望を満たすのだ。

「極地探検は大麻中毒とあまり変わらないのかもしれない。極限の状態で生《せい》を味わうという経験には、ある種の中毒性がある」。サンダースはロンドンでTEDの聴衆にこう語った[24]。

あなたが話す相手も、生まれながらの探検家ぞろいであることを胸に刻んでおこう。サンダースによると、我々は単に他人の行動を見て、驚いているだけでは満足できないらしい。

「だれもが自分も何かを体験したり、夢中になったり、必死に努力してみたいと思っている。そこに人生の本当の喜びがあるからだ。インスピレーションや成長は、居心地のよい環境から一歩踏みだすところから生まれる。（中略）人生では、だれもが荒波を乗り越え、極地を目指さなければならないことがある。勇気をかき集めて、もっと積極的に家の外に飛び出せば、得るものは大きいだろう」

TEDドットコムの動画を見るのは、家から外に飛びだし、世界一流の人材と冒険の旅に出るのに等しい。心の扉を開けて、外を見よう。そこにはあなたのパブリックスピーキングの技術を高め、職業人として家庭人として、これまで以上の成功を手にするのに役立つすばらしいプレゼンテーションがあふれている。

法則4　みんなが知らないことを教える

聴衆がまったく知らない情報を知らせよう。だれもが知っている情報なら、まったく新しい見せ方をしよう。昔からある問題への斬新な解決策を提示してもいい。

TEDxに登場したデザイナーのオリバー・ウベルティはこう語った。

「どんなスーパーヒーローにも、自分だけの誕生のストーリーがある。あなたも同じだ。他人のまねをしてはいけない。あなただけの傑作をつくろう」

私の見たところ、プレゼンをしようとする人は、たいてい自分が思うよりずっとクリエイティブだ。クリエイティビティを解き放ち、イノベーティブな方法でアイデアを語ればいい。私がそう言って背中を押すと、できない人はまずいない。

第5章 驚きの瞬間を演出する

「汝《なんじ》、お決まりの芸を披露するなかれ」

——TED十戒より

NBCニュースのキャスター、ブライアン・ウィリアムズが取り上げるニュースは戦争、政治、経済など。だれかのプレゼンテーションがニュースになることはまずない。それも当然だろう。パワーポイントを使ったプレゼンなら毎日数えきれないほど行われているのだから。たとえ著名企業のCEOや有名な政治指導者のプレゼンでも、目新しさはない。

そうはいっても、「2009年2月のTEDでのビル・ゲイツのプレゼンは例外だった」とウィリアムズは語る。ゲイツは世界の貧困や乳幼児の死亡といった重大な問題の解決を目指しているが、およそひとりの力ではできない。聴衆を巻き込む必要がある。脳は退屈なことには興味を持たないと知っているゲイツは、聴衆の興味を引きつけるユニークな小道具を持ってきた。それにはウィリアムズも度胆を抜かれたと言い、その晩の出来事をこう伝えている。

マイクロソフト創業者で大富豪のビル・ゲイツ氏は、ハイテク業界の有名人も多く集まる会議に、あるメッセージを届けに来ました。舞台に上がると、手にしたガラス瓶のフタを開けてこう言ったのです。

「マラリアは蚊が媒介します。今日は何匹か連れてきました。ちょっと自由にしてやりましょう。貧しい人だけがマラリアに感染するいわれはありませんからね」

聴衆は衝撃のあまり、固まってしまいました。無理からぬところです。ただ、ゲイツ氏はすぐにタネ明かしをしました。その日持ってきた蚊にはマラリアの病原体はない、と。それでもゲイツ氏のメッセージははっきり伝わりました。ゲイツ氏と妻のメリンダさんは、さまざまな慈善事業に人生と財産をかけており、そのひとつがアフリカやアジアの貧困国でのマラリア撲滅です。こうした国々では、毎年５億人もの人々が新たにマラリアに感染しています。[1]

意外に思われるかもしれないが、テレビのニュースは誤った情報を伝えることがよくある。このウィリアムズの話もそうだ。ゲイツは「貧しい人だけがマラリアに感染するいわれはありません」とは言わなかった。実際にはこう言ったのだ。「ご存じのとおり、マラリアは蚊が媒介します。みなさんにも体験していただこうと思って、今日は何匹か連れてきました。ちょっとばかり自由にしてやりましょう。貧しい人しかこんな体験ができないというのも、おかしな話ですから[2]」。また聴衆が「衝撃のあまり、固まってしまった」というのも事実と違う。大爆笑し、ゲイツに拍手喝采を送った。ゲイツのデモは期待どおりの効果を上げたわけだ。

法則5　驚きの瞬間を演出する

プレゼンの「驚きの瞬間」とは、聴衆の心を動かし、記憶に残るような衝撃的、印象的、あるいはびっくりするような出来事である。それは聴衆の興味をかきたて、プレゼンの記憶を深く心に刻みつける効果がある。

なぜ効果的なのか——神経科学の研究によって、驚きの瞬間を体験すると、人は感情的になることが明らかになっている。聴衆の感情が高ぶると、スピーカーのメッセージが記憶に残り、行動の変化をうながしやすくなる。

図5.1■TED 2009でガラス瓶から蚊を解き放つビル・ゲイツ
James Duncan Davidson/TED（http://duncandavidson.com）

ゲイツのプレゼンは浮ついたものではなかった。蚊を放つ直前には、医療や予防接種を改善することで、どれほど多くの子供の命を救えるか、切々と訴えた。「一つひとつの命が、かけがえのないものです」。毎年数百万人がマラリアで命を落としていることを熱心に語った。それから先述のユーモアあふれる驚きの瞬間を演出し、メッセージの効果をさらに高めたのだ。

ハイテク業界の人気ブロガーは、記事にこんな見出しをつけた。「ゲイツ、聴衆に蚊の大群をぶちまける」。もちろん「大群」というのは大げさだ（小さなガラス瓶の中にはほんの数匹しか入っていなかった）。それでもこのプレゼンはネットで猛烈に拡散した。グーグルで検索すると、このイベントに関するリンクが50万件も表示される。TEDドットコムのプレゼン動画は250万回も視聴された。この数には、ほかのウェブサイト経由で視聴された分は含まれていない。

このプレゼンについて最初にツイートしたのは、起業家のデイブ・モリンだ「ビル・ゲイツはTEDの聴衆に蚊を放ち、『貧しい人しかこんな体験ができないというのも、おかしな話ですから』と言った」。イーベイ創業者のピエール・オミダイアは「こりごりだ。もう最前列には座らない！」と書いた。記憶に残る瞬間によって、スピーカーのメッセージはそれを目の当りにした聴衆だけでなく、世界中に広がるのだ。

ゲイツのプレゼンは18分間。このうち蚊を放つのに要した時間は全体の5％にも満たないが、最も人々の記憶に残っているのはこの場面だ。プレゼンでもテレビでも、記憶に残る場面というのはほんの短いものだ。ゲイツのプレゼンの見せ場は、5年後の今でも話題にのぼる。

この蚊の場面のようなものを、ジャーナリズムの世界では「フック」と呼ぶ。仰天エピソードや気になる表現など、読者の関心をとらえ、続きを読もう、だれかに話そうという気にさせる装置だ（あなたも友人にゲイツのプレゼンのリンクを送る際には「ゲイツの蚊の場面を見てちょうだい！」というフックを書き添えるだろう）。

あなたが次にプレゼンをするときに、蚊を瓶に詰めて持っていくよう勧めているわけではない。プレゼンの内容についてじっくり考え、一番伝えるべきメッセージは何かをはっきりさせるのが大切だと言いたいのだ。それから、メッセージを伝えるための斬新で記憶に残る方法を考えよう。聴衆の関心を引きつけるには、ときにはびっくりさせることも必要だ。

プレゼン用のパワーポイントをつくるとき、最初にすべきことは何だろう？「パワーポイントを立ち上げる」と答えた人はまちがいだ。まずはストーリーをつくるべきだ。映画監督が撮影を始める前に各シーンの絵コンテをつくるように、あなたもパワーポイントを開く前にストーリーをつくろう。見栄えのよいスライドは、ストーリーができてからだ。ストーリーが退屈なら、プレゼンの失敗は目に見えている。

私がストーリーを考えるときには、見る、聞く、感じるといった五感をフル回転させるようにする。立ち上がって室内を歩いたり、ペンとノートを使ったり、タブレットの作図用アプリを立ち上げたり、散歩に出かけたり。脳の複数の領域が同時に活性化することなら、なんでもいい。一番大切なのは、パワーポイント、キーノートなど、どのプレゼン用ソフトウエアを使うにせよ、最初にそれを開かないことだ。それはプレゼンテーションを退屈で、創造性のかけらのないものにしてしまう。

悪役にされることの多いパワーポイントだが、すばらしいプレゼンの武器になることもある。とはいえ最初に優れたストーリーがなければ、どんな見栄えのよいスライドを作っても無駄だ。記憶に残るストーリー、映画、プレゼンテーションには、インパクトの大きい、人々の記憶に残る場面が必ずひとつある。これは心理学の世界ではよく知られたテクニックだ。

感情体験をつくりだす

ビル・ゲイツが蚊の〝大群〟を放つことで聴衆をくぎづけにできたのは、それが衝撃的で、予想外で、目新しい体験だったからだ。脳学者はこれを「感情体験」と呼ぶ。本書で紹介するすべてのテクニックと同じように、感情体験が効果的なのは、我々の脳がそれに反応するようにできているからだ。

分子生物学者のジョン・メディナは「感情体験（情動誘発刺激、ＥＣＳとも呼ばれる）は、脳が最も入念に処理する外部刺激だ。ニュートラルな記憶と比べて長く記憶に残り、より正確に思い出すことができる」と語る。[3] ここで重要な役割を果たすのが、脳の前頭前野にある扁桃体だ。

「扁桃体には神経伝達物質のドーパミンがたっぷり詰まっている。そして秘書がポスト・イットを使うように、ドーパミンを使う。脳が感情体験を認識すると、扁桃体がドーパミンを分泌し、記憶と情報処理を強く促す。その体験に『これは忘れない！』と書いたポスト・イットを貼りつけるようなものだ。脳がドーパミンというポストイットを貼りつけた情報は入念に処理される[4]」

我々は感情を強く揺さぶる体験は、ニュートラルな体験よりも鮮明に記憶する。こうした体験を「フラッシュバルブ（電球）記憶」と呼ぶ科学者もいる。２００１年9月11日に自分がど

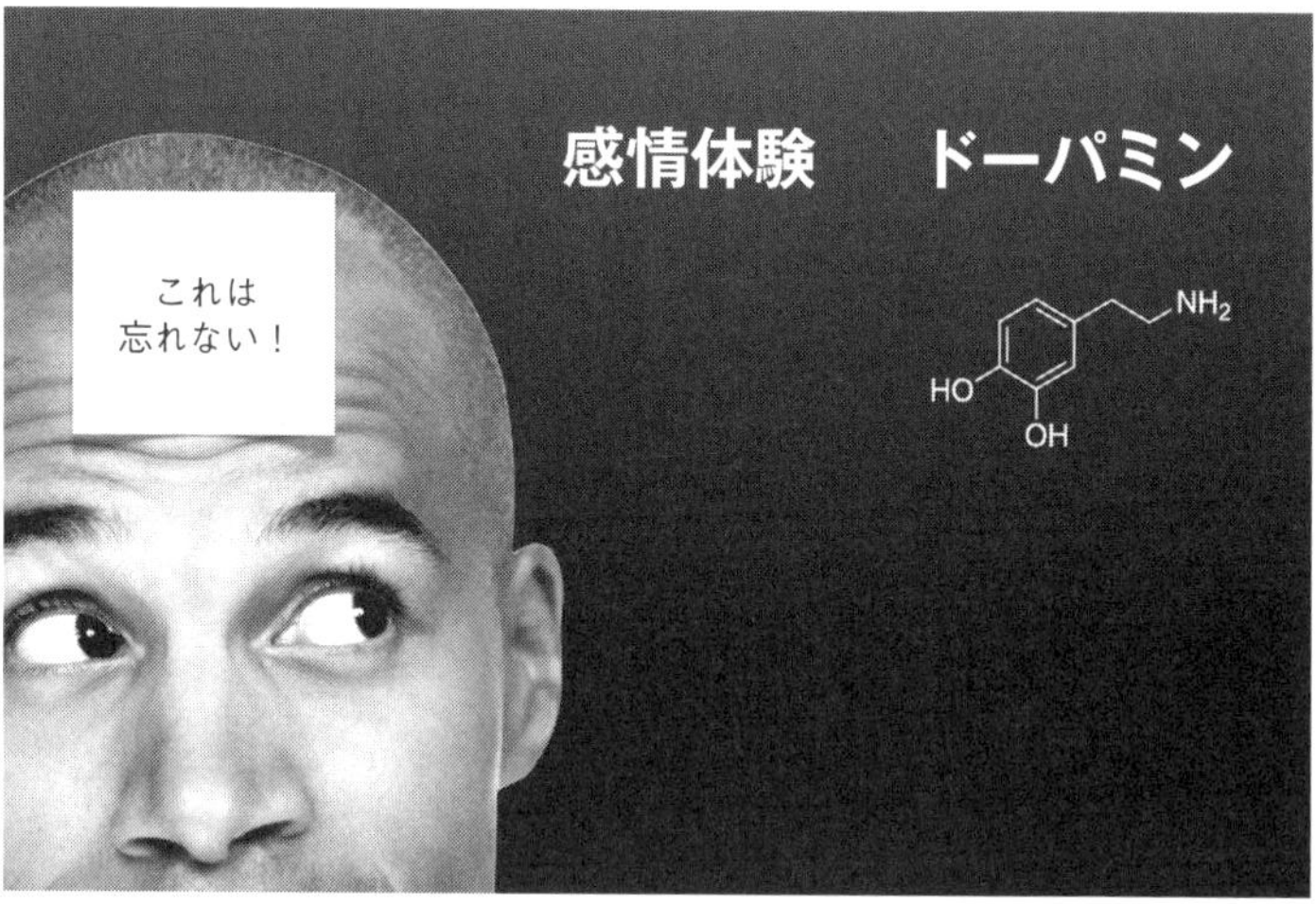

図 5.2 ■ 脳内でドーパミンの果たす役割
Created by Empowered Presentations @empoweredpres.

こにいたかは思い出せるのに、今朝自宅の鍵をどこに置いたか忘れてしまうのには、理由があるわけだ。こうした違いを頭に入れておくと、聞き手の記憶に残る「驚きのプレゼン」ができるようになる。

9・11の記憶

感情体験（ショック、驚き、恐れ、悲しみ、喜び、感嘆）は、我々がどれほど鮮明に記憶するかを大きく左右する。２００１年９月11日にハイジャックされた航空機が世界貿易センタービルに突入したとき、自分がどこにいたかだけでなく、だれと何をしていたのか、相手がどんな表情を浮かべたか、何を言ったかまで覚えている人もいるだろう。普段であれば気づかないような些細なことまで記憶しているかもしれない。我々は強烈な出来事は記憶し、退屈な出来事は忘れてしまう。

トロント大学心理学教授のレベッカ・トッドは、体験の強烈さによって、その出来事や情報の「思い出しやすさ」が決まることを発見し、学術誌、ジャーナル・オブ・ニューロサイエンスに発表した。

「我々は感情を刺激する物事を、ありふれた出来事よりはっきりと見ることがわかった[5]。ファーストキス、子供の誕生、表彰されるといった好ましい出来事、反対にトラウマ体験や別離、子供時代の恥ずかしい経験といった不快な出来事でも効果は同じだ。さらにそうした出来事の発生時にどれだけ鮮明に記憶したかで、後からどれだけ鮮明に思い出せるかが決まる。我々はこれを『感情による明細化効果』と呼んでいる。記憶の中の出来事を電球がピカッと照らすようなものだ」

とトッドは説明する。

トッドらは記憶にタグを付ける脳の領域、すなわち扁桃体が最も活発に動くのは、強烈な出来事を体験するときだと発見した。実験では、被験者に「感情を刺激する否定的画像（サメが牙をむいている写真など）」、「感情を刺激する肯定的画像（ややエロチックな写真）」、「ニュートラルな画像（エスカレーターに人が並んでいる写真）」を見せた。それから被験者が画像の細部をどれだけ記憶しているか、2度にわたって調査した。

最初の調査は写真を見せた45分後、2度目の調査は1週間後に行った。「どちらの調査でも、感情による明細化効果の高い画像のほうが鮮明に記憶されていた」とトッドは言う。

私は本書のためにトッドをインタビューしたとき、聞いてみた。

「なぜ聴衆は、ビル・ゲイツが蚊を解き放った場面を記憶にとどめたのでしょう」

トッドはこう説明した。

「蚊の場面が記憶に残ったのは、好ましいか好ましくないかは別として、それが感情を刺激したからよ。感情的刺激を受けると、脳内でノルエピネフリンとストレスホルモンの分泌量が増える。感情的刺激が記憶を促すことは以前からわかっていたけれど、私たちの研究によって感情的刺激はその出来事が発生した時点で記憶を鮮明にして、後から思い出しやすくする効果もあることが初めて明らかになったの。聴衆はビル・ゲイツが解き放った蚊にマラリアの感染力がないことを知らなかったから、ショックを受けたのでしょう。驚きと恐怖はいずれも感情を強く刺激するから[6]」

トッドの研究によって、我々は重要な出来事を普通の出来事よりはるかに鮮明に記憶することが明らかになった。

「重要な出来事は、意識の中に特に鮮明に焼き付けられるみたい。その一因は、物事の感情的な重要性を判断する扁桃体が、脳内で視覚をつかさどる視覚野に働きかけて活性化し、そうした出来事を積極的に認知しようとするからよ」

私はさらに聞いてみた。

「あなたの研究は、人々の記憶に残るプレゼンをしたい人、あるいは情報を伝えようとしている人にどんなヒントになるのでしょう」

「聴衆の感情的反応を喚起すれば、話に集中し、情報を鮮明に記憶し、後にも思い出してもらえるはずです。抽象的な事柄は、できるだけ具体的で心に残るような例を使って説明すること。美しいもの、驚くようなもの、あるいは不快な画像を効果的に使ってね」

脳は抽象的な情報を処理するようにはできていない。第2章で紹介した、東芝メディカルシステムズの新しい頭部CTスキャンの話を覚えているだろうか。当初、私は東芝のスタッフからこう説明を受けた。「この機械は320スライスの超高解像度スキャンによって1回転で臓器全体を撮影できる、世界初のダイナミック大容量CTである」

抽象的でよくわからない、と私は言った。「もっと具体的に説明してくれないか。この機械を私が気にする理由がどこにあるんだい?」。するとスタッフはこう説明してくれた。

「君が脳卒中や心臓発作を起こして病院に担ぎ込まれたとしよう。このCTスキャンがあれば、医師はこれまでよりはるかに短い時間でより正確な診断を下せるようになり、それが君の命を救うこともある。別の言い方をすれば、この製品によって君が元気に退院できるか、あるいは二度と家族の顔がわからないかといった違いが生じる可能性があるんだ」

メッセージを明確に伝えるには、具体的な説明が必要だ。聴衆があなたの話を理解できなければ、感動させることなど望むべくもない。

とびきり気持ち悪いプレゼンテーション

1000万回以上視聴された神経解剖学者ドクター・ジルのTEDトークは、実に気持ちが悪い。心臓の弱い人は見ないほうがいい。約40センチの脊髄《せきずい》が付いた、本物の人間の脳を見せられるからだ。

プレゼンテーションが始まって2分が過ぎたころ、ドクター・ジルはこう言う。

「人間の脳を見れば、2つの脳半球が完全に分かれていることがはっきりわかります。今日は本物の脳をお持ちしました。ほら、これが本物の人間の脳です[7]」

そう言いながら、脳を載せたトレーを運んでくるアシスタントのほうを向く。手袋をはめて脳を持ち上げると、脳幹と脊髄がだらりと垂れさがる。聴衆の「うえっ」という声が聞こえる。

「これが脳の前部、脊髄が付いているのが後部で、こんな具合で私の頭の中に入っているわけです」

と脳を聴衆に見せながら話を続ける。

それから右脳と左脳がどんな位置関係にあり、どのようにコミュニケーションし、それぞれどんな役割を果たすかを説明した。聴衆の中には気持ち悪そうに身をよじったり、唇をキュッと結んだりする人の姿も目立つ。だが、注目したいのはその表情だ。だれもがイスから身を乗り出すようにもしている。手を口に当てている人もいれば、人差し指を頬に当て、食い入るようにプレゼンに見入っている人もいる。だれもが夢中になっているのだ。気持ち悪いと思いつつ、感情が刺激を受け、全神経を集中している。

高校や大学でもっと多くの教員がこんな気持ちの悪いプレゼンをすれば、生徒は感情を刺激され、多くの情報を記憶にとどめるだろう。

ドクター・ジルは2013年のTEDxユースでのプレゼンにも、本物の脳を持ってきた。「これは本物の人間の脳です。これを見ると、私たちは神経回路そのものなのだというのがよくわかります。（中略）ここ10～20年、つまりみなさんが生まれてからの間に、脳に関する知識は飛躍的に増えました。その結果、脳学者の脳に関する考え方、私たちと脳の関係についての認識は様変わりしました[8]」

脳を片手にプレゼンを始めたドクター・ジルから、聴衆は目が離せない。手にした小道具だけでなく、その言葉に真剣に耳を傾けている。ドクター・ジルが最も伝えたいテーマや教訓を、受け入れる準備ができたのだ。ティーンエイジャーの脳は脆弱な状態にあるが、それでも自分の思考をコントロールし、肯定的あるいは否定的な心理的反応を引き起こすことはできる、と。「これはあなたの脳です。あなたの道具であり、手段であり、力の源泉なのです」。聴衆である10代の若者たちが目にする中で、この16分のプレゼンほど奥深く、記憶に残るものは少ないだろう。

さあ、ここで再び「なぜ９・11のような出来事は詳細に覚えているのに、今朝鍵を置いた場所は忘れてしまうのか」という問いかけに戻ろう。ドクター・ジルやビル・ゲイツのデモンストレーションは覚えているのに、目にしたパワーポイント・プレゼンの99％を忘れてしまうのはなぜか。それは脳が、感情を刺激する出来事を記憶し、ありふれた退屈な出来事を無視するようにできているからだ。月並みなプレゼンテーションの山に埋もれることなく、すばらしい成功を収めたいなら、聴衆の感情を刺激するしかない。

> ひとつの体験にまつわるさまざまな要素の中で、脳が一番しっかりと記憶するのは感情的要素だ。
>
> ――『ブレイン・ルール』（ＮＨＫ出版刊）の著者で分子生物学者のジョン・メディナ

「驚きの瞬間」の達人

スティーブ・ジョブズは感動体験、すなわち「感激の瞬間」の達人だった。どんなプレゼンテーションでも、聴衆に情報を与え、教育し、楽しませた。ジョブズはプレゼンをブロードウェイの舞台のような芸術の域に押し上げた。そのプレゼンにはヒーロー、敵役、小道具、さまざまな脇役、そして記憶に残る見せ場があった。それを聞くだけで、大枚はたいてジョブズの話を聞きにきた甲斐があったと思えるような。

パワーポイントやキーノートといったプレゼン用ソフトが発明されるはるか昔から、そしてTEDなど影もかたちもないころから、スティーブ・ジョブズは聴衆がイスから身を乗りだして聞き入るTED流のプレゼンをしてきた。

1984年、2500人を超えるアップル社員、アナリスト、報道関係者がアップルキャンパスにほど近いデアンザ・カレッジのフリントセンターに集まった。コンピュータのあり方を一変させる新商品「マッキントッシュ」の発表を見守るためだ。そして、この日ジョブズが行った16分のお披露目スピーチも、企業経営者によるプレゼンの傑作として歴史に刻まれることとなった。

ジョブズはまず、写真を使ってマッキントッシュの特色や性能を説明した。

「これほどのものが、大きさも重さもIBM PCの3分の1しかないボックスに収まっているのです[9]」

たいていのスピーカーなら、あとは新商品の発売時期や価格を伝えてプレゼンを締めくくっているところだ。だがジョブズはもうひとつ、サプライズを用意していた。

「マッキントッシュの写真はすでにお見せしたので、マッキントッシュその人をご紹介したいと思います。このあと、そこの大型スクリーンに映し出される映像は、すべて、そこの袋に入っているものが生成します」

そう言うと、ジョブズは舞台中央に置かれた小さなテーブルに歩いていった。テーブルの上には布袋がひとつ、あるだけだ。1分近くひと言も話さずに袋からゆっくりとマッキントッシュを取り出し、テーブルに置くと、ポケットからフロッピーを取り出して慎重にコンピュータに差し込み、歩き去った。照明が暗くなり、映画『炎のランナー』のテーマが流れると、スクリーン上に様々な画像が映し出された。これまでのパソコンにはなかったような美しいフォントやグラフィックである。

聴衆は拍手喝采だ。ここで終わりにしても、このプレゼンは時代を代表するものとして人々の記憶に刻まれたはずだ。だが、これで終わらないのがジョブズのジョブズたるゆえんである。聴衆のためにさらにもうひとつ、感激の瞬間を用意していたのだ。

「今日は初めて、マッキントッシュ自身に話をしてもらおうと思います」

これを合図に、マッキントッシュは合成音声でしゃべりはじめた。

「こんにちは、マッキントッシュです。袋から出してもらってほっとしました。スピーチは慣れていないので、IBMのメインフレームに初めて会ったとき思いついた格言をご紹介します。持ち上げられないコンピュータを信ずることなかれ、です」

このプレゼンの動画は、ユーチューブで300万回以上視聴されてきた。まさに歴史的場面と言えよう。この日講堂に集まった人々、そしてその後録画を観た人々に忘れがたい印象を残す、意外感たっぷりのユニークな感動体験だった。

1984年のマッキントッシュのお披露目は、スティーブ・ジョブズがその生涯に行った数々のドラマチックなプレゼンのほんのひとつにすぎない。世界中のプレゼン学徒にとってありがたいことに、ジョブズのプレゼンスタイルは進化しつづけ、主要な商品を発表するたびに感激の瞬間を演出してきた。そのほとんどはユーチューブで今も見られる。ジョブズがプレゼンに盛り込んだ感激の瞬間の例をいくつか紹介しよう。あなたにもヒントになるはずだ。

「私たちは天才だと思う」

1997年、スティーブ・ジョブズは12年ぶりにアップルに復帰した。復帰後初の公の場でのプレゼンテーションが、残り2分となったところで、ジョブズは話すスピードと声を落とし、こう言った。

「アップルのコンピュータを買う人は例外なく、少し変わった人だと思う。（中略）それは世界中のクリエイティブな心を持った人たちだ。仕事を片付ければおしまい、とは思わない。世界を変えよう、そのためなら手に入る優れたツールは何でも使ってやろうという人たちだ。アップルはそんな人たちのためのツールをつくっている。（中略）彼らはクレイジーだと言われるが、私たちは天才だと思う。私たちのツールは、彼らのためにある」[10]

聴衆の心をくぎづけにするのに必要なのは、心から語りかけるスピーカーだけだ。スライドも、小道具も、動画もいらない。あなたさえいればいい。第1章にも書いたとおり、次の文章を完成させればいいのだ。「私のハートが歌いだすのはどんなときかと言えば……」

1000曲をポケットに

2001年、アップルはMP3音楽プレーヤー、iPodを発売した。ポータブル音楽プレーヤーはiPodが初めてではない（ソニーのウォークマンは覚えているかな?）。iPodはコンピュータからの音楽の転送速度が速かったが、感激の瞬間はそれではなかった。ジョブズがプレゼンの最大の売り物に選んだのは、iPodのサイズだ。

「iPodのどこがそんなに特別なのでしょう?」[11]。ジョブズは聴衆にこう問いかけた。

「iPodはウルトラポータブルなんです。トランプ一組の大きさしかない。ほんとうに小さいのです。しかもみなさんがポケットに入れているほとんどの携帯電話よりも軽い。でも、それだけじゃありませんよ。このすばらしい小さなデバイスには1000曲が入り、しかも僕のポケットに収まる。実は、ここにひとつあるんです」

そう言いながらジーンズのポケットに手を入れると、1000曲が入り、しかもポケットに収まる世界初の音楽プレーヤーを取り出した。

ジョブズは数値データを使って聴衆の興味を引きつける天才でもあった。アップルの幹部はそれを踏襲し、記憶に残るような斬新な方法でデータを見せている。マーケティング担当上級副社長のフィル・シラーは初めてｉＰａｄ ｍｉｎｉを発表するとき、こう言った。

「これは薄さ７・２ミリ。第4世代ｉＰａｄと比べて25％薄くなりました」

ただ数字を言うだけでは記憶に残らないことはよくわかっていたので、それを示すのに斬新な方法をとった。

「わかりやすく言うと、鉛筆ぐらいの薄さです」

そういうと、スライドのｉＰａｄ ｍｉｎｉの脇に鉛筆が現れた。

「重さは０・68ポンド（約３０８グラム）と、従来のｉＰａｄより50％以上軽くなっています。わかりやすく言うと、紙のノート1冊ほどの軽さです。最初は『本1冊』と言おうと思っていたのですが、本では重すぎますからね！」

私はこのイベントを取材した複数のブロガーに話を聞いた。すると、ｉＰａｄ ｍｉｎｉのスペックを正確に覚えていた人はいなかったが、鉛筆とノートのことは全員が覚えていた。数字データに対するシラーの斬新なアプローチが、感動体験を生んだのだ。

3つの製品がひとつになった

スティーブ・ジョブズは２００７年、ｉＰｈｏｎｅを発表した。すでに説明したとおり、感動体験には驚きの要素がある。ジョブズはこの日、まさにそれを証明した。まず聴衆に「アップルは3つの新製品を発売する」と語った。

「ひとつめはタッチコントロール付きの大画面iＰｏｄです。2つめは革命的な携帯電話。そして3つめは画期的なインターネット通信機器です[12]」

ジョブズは3つの製品を、もう一度繰り返した。

「iＰｏｄ、電話、インターネット通信。iＰｏｄに電話……もうおわかりですね？　3つはバラバラじゃありません。ひとつのデバイスです。その名は『iＰｈｏｎｅ』」

聴衆はどっと笑い、大喝采を送った。これは私のお気に入りの感動体験のひとつだ。というのも、記憶に残る瞬間を演出するのに、お金をかけて凝った小道具を準備する必要がないことをはっきり示しているからだ。メッセージに意外感のあるクリエイティブなひねりを加えるだけで十分なこともある。

「うっそー！」の瞬間

私は感動体験や感激の瞬間を、「『うっそー！』の瞬間」と呼んでいる。これはプレゼンテーションであなたが肝となるメッセージを発信し、聴衆が「うっそー！　すごい、なるほど！」と衝撃を受ける瞬間だ。口をあんぐり開けて。聴衆がプレゼンについて最初に思い浮かべること、その場にいなかった友人に説明するときに最初に口にする場面だ。

「うっそー！」の瞬間に、派手なしかけは必要ない。短い、個人的なエピソードのようなシンプルなものでいい。あなたが次のプレゼンで「うっそー！」の瞬間を演出する5つの方法を教えよう（どれもＴＥＤで使われたものだ）。

1　小道具とデモ

マーク・ショーは超疎水性のナノテク・コーティング技術「ウルトラ・エバー・ドライ」の発明者だ。ウルトラ・エバー・ドライの驚くべき特色は、液体をはじき、常に乾いた状態を保つことだ。ＴＥＤ２０１３に登場したショーは、この技術をほとんどの液体に対するシールド《盾》のようなものと説明した。

　それから赤いペンキが入ったバケツを持ち上げると、立てかけたホワイトボードにバシャッとかけた。ペンキがぽたぽた床に落ちるなか、ホワイトボードの上に文字が浮かびあがってきた。この文字の部分だけが、ウルトラ・エバー・ドライでコーティングされていたのだ。最初に「Ｔ」、次に「Ｅ」、最後に「Ｄ」の文字が浮かび上がると、聴衆は立ち上がって大喝采を送った。ＴＥＤというカンファレンスに敬意を表し、聴衆をくぎづけにしたすばらしいデモである。聴衆にとって忘れがたい体験となったことはまちがいない。

　私はエネルギー省が管轄するアメリカ有数の研究所で、核科学者のチームと働いたことがある。そこで核科学について２つのことを学んだ。ひとつは核技術ほど複雑なものはない、ということだ。だから、みなさんの語るべき内容が複雑すぎる、あるいは専門的すぎるので、わかりやすく説明することは無理だ、という言い訳はしないでほしい。２つめは、アメリカの核研究所は、国内の核資源の安全を守ること以外にもさまざまな任務を負っているということだ。世界的な気候変動、核拡散、クリーンエネルギー、テロ防止といった幅広い分野に貴重な研究やデータを提供している。

私が支援したチームは、プロジェクトに予算をつけてもらうため、研究所の科学者が議会で行うプレゼンテーションの資料を作成していた。プロジェクトのひとつに、次世代型兵器の開発というものがあった。たとえば遠隔操作でテロリストが会議をしている部屋に侵入させ、その部屋を完全に破壊しつつ、隣の部屋や近隣には傷ひとつ残さないような爆弾だ。こうした技術には賛否両論あるだろう。だがテロリストのような悪い人々を排除することで、無実な人々の命を救える可能性もある。

科学者たちはプレゼンテーションに感動体験を盛り込むことにした。会場となる部屋の床に２本のテープを張り、プレゼンの途中でそれを指差しながら、こう言ったのだ。

「ここから半径ｘメートル以内に立っている人は、全員死亡します（実際に何メートルかは教えてもらえなかった）。一方、２本目のテープの外にいる人はかすり傷ひとつ負わずに生き残ります」。私はその場にいなかったが、出席した政治家が驚きの瞬間を味わったことは想像に難くない。もちろんこのプロジェクトは予算を獲得した。

TED NOTE

あなたのプレゼンに小道具は必要か

どんな状況で小道具が役立つか、例を挙げよう。私のクライアントには農業関係者が多い。アメリカで流通する農産物のほとんどを供給する人々と長年仕事をしてきたので、持続可能性や食品媒介の疾病《しっぺい》については普通の人よりかなり詳しい。

そうしたクライアントの1社が、農家が作物を詰める木箱を使い、産地を追跡できる製品を開発した。緑色のケースの中に、追跡するのに必要な機材が一式セットになっている。農業関係者が集まる場でこの製品を発表する大事なプレゼンテーションを準備しながら、私は何かが足りないと感じていた。そこで「プレゼンのどこかで緑のケースは使うのかい？」とたずねた。すると、

「いいや。そんなことは考えてもみなかった。パワーポイントのスライドだけを見せるつもりだった」

という答えが返ってきた。

プレゼンを準備していて「そんなことは考えてもみなかった」という人は多いが、

あなたのプレゼンでも重要なメッセージを強調するのに、なんらかの小道具が威力を発揮する可能性は高い。ときには第三者の手を借りることも必要だ。友人あるいは同僚にプレゼンを見せ、インプットをもらおう。「３人寄れば文殊の知恵」と言うように、すばらしいアイデアが浮かぶかもしれない。

2　意外感のある衝撃的なデータ

ＴＥＤの人気プレゼンを見ると、ほぼすべてでテーマを強調するようなデータや統計、数字が使われている。だれかの意思決定に影響を与えるようなプレゼンには、数字は欠かせない。人気スピーカーが提示したデータの中には、かなり衝撃的なものもある。例を挙げよう。

■今のアメリカは、40年前とはまったく別物です。１９７２年に拘置所や刑務所に収監されていた人は30万人。それが今日では２３０万人。アメリカはいまや世界一受刑率の高い国になったのです。

――ブライアン・スティーブンソン

■なぜ我々は海を軽視するのでしょう。宇宙を探検するＮＡＳＡの年間予算1年分は、海を探検するＮＯＡＡの予算１６００年分に匹敵します。

――ロバート・バラード

■一般人の１００人にひとりがサイコパス《精神病質者》です。この会場には１５００人がいますね。ということは、みなさんのうち15人がサイコパスなのです。

——ジョン・ロンソン

私はたくさんの経営者が語るべきストーリーづくりの手伝いをしている。データの切り口を変え、新たな方法で提示することで、驚きの瞬間が生まれることがよくある。記憶に残っているのが、カリフォルニア州のイチゴ生産者団体の幹部とのミーティングだ（第1章でも紹介した人物だ）。

カリフォルニアの住民の中にも、イチゴが州の重要な農産物であることを知らない人が多い。イチゴ栽培が盛んな郡の住人ですらそうだ。アメリカで消費されるイチゴの実に90％がカリフォルニア州で生産されている。重要なのは、イチゴは産地となるコミュニティを豊かにすることだ。私は広報担当者との会話から、イチゴがカリフォルニア州の農地に占める割合は0・5％にすぎないにもかかわらず、農業雇用者数では10％を占めていることを知った。ある郡では、イチゴ生産者の支払う賃金税だけで、郡内小学校の教師の人件費がすべてまかなえるほどだ。またイチゴ農場で働く労働者の平均収入は、小売店で働く労働者の平均収入を上回る。

いずれもカリフォルニア州経済におけるイチゴ産業の重要性を示すデータだが、数字だけを見せてもパンチに欠ける。どれもイチゴ生産者団体の経営者には当たり前のデータだったが、消費者、報道関係者、小売業者、事業パートナーなど、経営者の講演を聞く人々には新鮮な情報だった。

TED NOTE

データは威力満点

相手を説得するにはアタマとハート、つまり論理と感情に訴えなければならない。あなたの主張を裏づけるエビデンス、データ、統計が必要だ。聴衆が興味を持てるようなかたちで提示することで、データに意味を持たせ、印象的で驚くようなものに変えてしまおう。

数字データは退屈だと決めつけるのはやめよう。ひとつアドバイスがある。データをただ見せるだけではダメだ。重要なのは見せ方だ。

プレゼンテーションで驚くような、あるいは重要な数字を見せるなら、伝え方をよく考え、聴衆の興味を引きつけるものに仕立てよう。仲間の協力を求めよう。どうすれば数字データを最も記憶に残る形で示せるか、ブレーンストーミングをするのもいいだろう。

3　写真、画像、動画

画家のラガヴァKKはTEDでのプレゼンの中で、脳波を使ってリアルタイムに作品を修正してみせた。舞台に登場するときには、自分の脳の活動を記録するバイオフィードバック・ヘッドセットを装着していた。ヘッドセットは、ラガヴァが作品を表示するために持ち込んだコンピュータとつながっていた。

コンピュータにはラガヴァが愛情を込めて「モナリザ2・0」と呼ぶ、老女の顔が映し出された。スクリーンの端にはラガヴァの脳波の変化が表示されている。このデモ装置によって、自分の精神状態（警戒している、瞑想している、集中しているなど）を見せるだけでなく、それを老女の顔に投影することができる、とラガヴァは語った。

「僕が落ち着いていると、絵の女性も落ち着いています。僕がストレスを感じると、彼女もストレスを感じるのです[13]」

その言葉どおり、ラガヴァの脳波あるいは精神状態が変化すると、老女の表情にも変化が生じた。一段と険しい顔になったあと、にっこりと笑ったのだ。

ビジュアル資料にはパンチがある。感情に訴えるスライド、おもしろい、あるいは示唆に富む動画、ドキドキするようなデモ。どれも聴衆の心を動かす力を持つ魅力的な素材だ。

4　記憶に残るヘッドライン

未来学者スチュワート・ブランドはロングビーチで開かれたTED2013に登場し、大胆な予測を提示した。バイオテクノロジーはデジタルテクノロジーの4倍の速さで進化している。それは絶滅した生き物を復活させられることを意味する、とブランドは主張した。

「人類はマンモスを復活させるだろう」

人類はマンモスを復活させるだろう――。ジャーナリズム・スクールでは、こうした表現は「サウンドバイト」と呼ばれる。短く刺激的で、繰り返しやすく、ツイッターやフェイスブックで話題にしたり、ニュースメディアが取り上げたりするのにうってつけだ。

私は長年メディアの世界に身を置いてきたので、サウンドバイトは聞けばすぐそうとわかる。ブランドの予測も当然のようにソーシャルメディアで拡散した。ナショナル・ジオグラフィック・チャンネルがリツイートしたこともあり、ツイッターでは特に話題になった。

私が企業経営者のメディアトレーニングの仕事を始めた頃には、すでにサウンドバイトは新聞やテレビニュースで取り上げてもらうのに不可欠な材料になっていた。ソーシャルメディアが台頭した今日、サウンドバイトの重要性はさらに高まっている。広報担当者が成功するにも、重要なテーマを簡潔に伝えるメッセージを考える能力は欠かせない。経営者などの発言がツイッター、フェイスブック、リンクトインなどのソーシャルネットワークで引用され、共有される時代には、人の心をとらえる繰り返しやすいメッセージを発信することが一段と重要になる。

TEDもサウンドバイトの重要性に注目し、スピーカーの名セリフを共有するための専用サイトやツイッター・アカウントを設けているほどだ（@TEDQuote）。人気があるものをいくつか紹介しよう。

■「失敗する覚悟がなければ、オリジナリティのあるものなど絶対に生みだせない」
——ケン・ロビンソン

■「最高の話し手であることと、最高のアイデアを持っていることには何の相関もない」
——スーザン・ケイン

■「できるまではなく、できる自分になりきるまで、できるフリをしよう」
——エイミー・カディ

■「アフガニスタンで成功をつかむ少女には、たいてい娘の成功を自分の成功と感じる父親がいる」
——シャバナ・バシジ・ラシク

■「宇宙という交響曲は、数字という音符で書かれている」
——アダム・スペンサー

TED.com/quotesでは、TEDスピーカーの2000以上の名セリフを読める。すべての発言、最も人気のある発言、あるいはカテゴリー別に検索することも可能だ。スピーカーのメッセージを拡散させるのに、繰り返しやすいフレーズはとても重要だ。だからTEDはプレゼンの中から視聴者をくぎづけにするような記憶に残るセリフを意識的に発掘しようとしているのだ。

聴衆をくぎづけにしよう。繰り返しやすいセリフを考え、発信しよう。あなたのアイデアには、記憶してもらう価値があるのだ。

5　個人的なストーリー

ストーリーテリングについては、すでに第2章でたっぷり述べたが、ここでもストーリーに触れないわけにはいかない。というのも個人的なストーリーがプレゼンで驚きの瞬間を生みだす材料となることがめずらしくないからだ。

フリーマン・ラバウスキは自らの活動に世間の関心を集めるため、ストーリーを使う。ボルチモアのメリーランド大学総長を務めるラバウスキは、マイノリティや貧困家庭の子供たちに科学技術系大学院への進学を促す活動に取り組んでおり、人気テレビ番組「60ミニッツ」で特集されたほか、タイム誌が選ぶ「世界で最も影響力のある人々」にも選出された。

2013年2月、TEDに登場したラバウスキは、教え子のサクセスストーリーや自分の人生を決定づけた出来事など、すばらしいストーリーで聴衆を魅了した。最初に語ったのは、ラバウスキが12歳のときの人生を変えた出来事だ。

あるとき嫌々行った教会で、男の人がこう言うのを聞きました。

「ここバーミンガムの子供たちが平和的デモ行進に参加してくれたら、子供だって何が良くて、何が悪いかはわかるということや、子供たちが最高の教育を心から望んでいることをアメリカ中に示せる」

私は顔を上げて、「あの人はだれ?」と聞きました。周囲の大人がマーチン・ルーサー・キング牧師だと教えてくれました。そこで両親に言いました。

「僕は行きたいよ」。すると「絶対にダメだ」という返事。この件をめぐって親子で真剣に話し合いました。その中で私はこう言いました。「父さんたちは偽善者みたいだ。教会に行かせて話を聞かせておいて、あの男の人が僕に来てほしいと言うと、今度は行かせないと言うんだから」

両親は考え込みました。そして泣きながら、祈りながら、こんなふうに思ったそうです。「12歳のこの子をデモに行かせるべきなのかしら。刑務所に送られるかもしれないのに」。それでも結局、行かせることにしたのです。(中略)僕が拘置所にいると、キング牧師がやってきてこう言いました。

「今日、君のような子供たちがしていることが、まだ生まれていない子供たちの人生を変えるんだ」[14]

優れたコミュニケーターは、優れたストーリーテラーでもある。ストーリーはインパクトのある瞬間を生みだす。第2章で見たとおり、優れたストーリーは感情的なインパクトが大きいだけでなく、聴衆をあなたの世界に引き込む効果がある。

私はクライアントである経営者たちに必ずこう言う。ガードを下ろし、聴衆との壁を取り払ってみましょう。そしてあなたを見る聴衆の目が変わるような、あなた自身のストーリーを語ってください、と。それを聞いた経営者たちが語るストーリーの多くは、とても感動的だ。

あるときインテルで重要なポストに就いていた女性と仕事をしたことがある。この女性は貧しいアフリカ系アメリカ人の家庭で育ち、兄弟は５人もいた。小さい頃から科学と数学に夢中になり、技術者になった。だがストーリーはここで終わらない。ほかの５人の兄弟も、みな技術者として成功をつかんでいく。この女性がスピーチを終える頃には、集まった同僚たちは目に涙を浮かべ、この「新しい情報」に強く心を動かされていた。スピーカー自身にとっては古い話だが、それ以外の人にとっては新鮮なストーリーだった。

ラストを盛り上げる

本書の執筆中、息抜きに妻と一緒にポップミュージシャン、ピンクのコンサートに出かけた。ピンクの曲にはいいものもあるので、それなりに楽しめるだろうくらいに思っていた。要するに、ごく普通のコンサートを期待していたわけだ。だがＴＥＤのすばらしいスピーカーと同じように、ピンクにも月並みなコンサートをする気は毛頭なかったようだ。

コンサートの終盤、金色のボディスーツに身を包んだピンクは、ハーネスにつかまると、ティンカー・ベルのように空中高く舞い上がり、1万7000人の観衆で埋め尽くされたアリーナ全体を飛び回った。アリーナのところどころに〝止まり木〟が用意されていたので、そこに着地してしばし周囲のファンに笑顔を見せると、再び飛び立ち、歌いながら会場を縦横無尽に飛んだ。

『ハリウッド・レポーター』誌のレポーターは、それがこの日最大の見せ場だったと書いた。「歌があって踊りがあって、というごく普通のポップコンサートになりかけていた。だがアンコール曲でピンクは思い切ったパフォーマンスを見せた。あまりにショッキングな演出に、観衆はスマートフォンを取り出して撮影を始めたり、その姿を食い入るように見つめたりしていた」

ピンクの「ショッキングな瞬間」は、ピンク自身と聴衆を盛り上げるためにデザインされた。ミュージシャン、俳優、そしてプレゼンターやパブリックスピーカーなど人前でパフォーマンスをするならだれでも、見せ場をつくるべきだ。見せ場をつくることで交渉がまとまったり、重要なメッセージが聞き手の心に刻まれたりする。

すでに述べたとおり、見せ場は短い個人的ストーリーのようなシンプルなものでいい。私が世界有数の石油・エネルギー会社の事業開発担当役員と仕事をしたときのことだ。この役員の部下とともに、毎年恒例の全社ミーティングのためのプレゼン資料を作成していた。前年の事業実績についてのデータも整っていたし、将来に対する前向きなメッセージも準備できた。簡潔で明快で記憶に残るストーリーもできあがった。しかし「驚きの瞬間」が欠けていた。

私は役員を見て、こう言った。

「あなたがこの会社に情熱を感じる本当の理由は何ですか？　台本やパワーポイントは忘れて、本音を話してください」

その結果起きたことは、感動体験をつくるためのモデルケースと言えるだろう。役員はしばらく考え込み、それからポケットの財布から自分の名刺を取り出した。

「カーマイン、この名刺のおかげで、私は各国の首相や大統領に話を聞いてもらえるんだ。この名刺のおかげで扉が開かれる。だが扉が開かれるのは、我々が各国の非常に大切な資源を守ることに全力を尽くしているからにほかならない」。話しながら、役員は目に涙を浮かべ、声を震わせた。そしてこう続けた。

「我々がロシアから北海での探査許可をもらったとき（320億ドル規模の契約だった）、ロシアの大統領は私にこう言ったんだ。『我々があなた方にロシアの最も大切な資産を預けるのは、あなた方がそれを守ってくれると信じているからだ』。パートナーが信頼してくれるのは、我々の社員が誠実に事業に取り組んでいるからだ。これまでの人生で、これほど誇りを感じる組織で働いたことはないよ」

テーブルを囲んでいた人々は、少しきまりが悪そうに顔を見合わせた。役員本人を含めて、だれもが胸がいっぱいだったからだ。しばしの沈黙の後、私は静かにこう言った。

「その気持ちをプレゼンテーションで語ったことがありますか？」

「いや、ないね」

「では、今がそのときです」

役員は数千人の社員の前でこのプレゼンテーションを行い、最後に財布から名刺を取り出すと、会議室での話を繰り返した。本番で再びあんなふうに感情的になることはないだろうと思っていたが、役員はまた胸がいっぱいになったようだった。これまで知らなかったリーダーの一面を目にした社員は、スタンディング・オベーションを送った。涙ぐむ社員もおり、この役員に近づき「この組織の一員として、これほど誇りを感じたことはありません」と言った社員もいた。

数週間後、私たちが社員のアンケートに目を通したところ、この役員は会社始まって以来の高い評価を受けていた。その後、役員はプレゼンテーションには必ず見せ場をつくるようになった。ストーリーのこともあれば、動画、デモ、サプライズゲスト、あるいは単に個人的なエピソードのこともある。どれを使っても、必ず好結果が出ている。

法則5

驚きの瞬間を演出する

プロのパフォーマーはだれでも、少なくともひとつは「驚きの瞬間」をつくる。観客が次の日、周囲の人々に話して聞かせるような感動体験だ。プレゼンテーションにもそれが必要だ。あなたもひとつ仕込んで、やってみよう。プレゼンの内容を聞き手の心に刻みつけられれば、大きな影響を与えられるはずだ。

第6章　ユーモアで軽快に

「ここ100年でユーモアのセンスという資質が非常に重視されるようになってきた」
——心理学者ロッド・マーチン

TED史上一番人気のあるプレゼンテーションが、ケン・ロビンソンの「学校が創造性を殺す」だというのは、やや意外な気もする。教育改革に関するこの18分のプレゼンが1500万回以上視聴された理由は何だろう。ユーチューブには人気司会者のコナン・オブライエン、コメディアンのスティーブン・コルベア、『ハリー・ポッター』シリーズの著者であるJ・K・ローリング、そしてオプラ・ウィンフリーなど、ロビンソンよりはるかに有名なスピーカーのスピーチも公開されている。だが、彼らの動画の視聴回数はロビンソンの足元にも及ばない。

ロビンソンの動画が人気を集めるのは、我々の脳は目新しいものを無視できないようにできているからだ。しかも脳はユーモアが大好きだ。目新しさとユーモアを組み合わせれば、最強のプレゼンができる。ロビンソンは古い問題を議論するのに、新しいアプローチを使った。古い問題とは教育改革、新しいアプローチとはユーモアのことだ。

ロビンソンはスピーチをこんな具合に切り出した。

「あなたがディナーパーティに招かれて、教育畑で働いている、と言ったとしましょう。正直なところ、教育畑の人間がディナーパーティに呼ばれることはめったにありませんがね[1]」

すぐに会場に笑いが広がった。その笑いが消えるのも待たず、ロビンソンは教育畑の人間にまつわるおもしろい話をもうひとつ披露した。

「とにかくパーティに招かれ、『お仕事は？』と聞かれて、教育畑です、と答えたとしましょう。するとたちまち相手は色を失います。『もう最悪！　なんで私がこんな目に遭うの？　せっかく楽しみにしていたパーティなのに！』と思っているわけですね」

法則6　ユーモアで軽快に

肩の力を抜こう。あなた自身について、そしてプレゼンのテーマについても。

我々の脳はユーモアが大好きだ。聴衆を笑顔にしよう。

なぜ効果的なのか——ユーモアは警戒心を解く効果があり、聴衆があなたのメッセージに心を開いてくれる。あなたへの親近感も高まる。だれでも親しみを感じる相手と仕事をしたい、あるいは力になりたいと思うものだ。

ケン・ロビンソンは話の中に逸話、ストーリー、ユーモアを巧みに織りまぜながら、プレゼンの主要テーマを伝えていく。そのテーマとは、アメリカの教育システムはテストが得意な学生ばかりを評価し、クリエイティビティ、リスクテイク、イノベーションを抑圧するということだ。聴衆を笑わせると同時に考えさせるために、ロビンソンがほかにどんな手を使ったのか、いくつか紹介しよう。

■最近、すごくいい話を聞いたんです——もう、この話をするのが大好きでね。6歳になる女の子がいて、いつも教室の一番後ろに座って絵を描いていて、授業は上の空だったそうです。でもお絵かきの時間が来ると、熱心に取り組みはじめました。先生は喜んで、女の子のところに歩いていき、こう言ったそうです。「何を描いてるの?」。すると女の子が答えました。「神様の絵を描いているの」。「でも神様の姿がどんなものか、だれにもわからないじゃない」と先生が言うと、女の子は答えました。「すぐにわかるわ」

■私は5年前まで、イギリスのストラトフォード・アポン・エイボンに住んでいました。そこからロスに越してきたわけです。どちらも大した違いはありませんがね、ご存じのとおり（聴衆爆笑）。正確に言うと、私たちが住んでいたのはストラトフォードの郊外にあたるスニッターフィールドという町です。シェークスピアの父親が生まれた場所です。今、突然新しい考えがひらめいたんじゃないですか？　私はそうでしたよ。シェークスピアに父親がいたなんて、考えてみたこともなかったでしょう？　どうです？　だってシェークスピアの子供時代なんて、想像もしませんよね？　シェークスピアが7歳、とか。私は考えたこともありませんでした。もちろん、彼にだって7歳のときはあったでしょう。だれかの英語の授業を聞いていたんでしょうね。どれほどうんざりしたでしょう？　もちろんシェークスピアが、です。父親に早く寝ろ、なんて言われるわけです。「今すぐ鉛筆を置いて、ベッドに行くんだ。それに、そういうしゃべり方はやめなさい。みんなさっぱりわからないから」

■とにかく、私たちはストラトフォードからロサンゼルスに越してきたわけですが、この引っ越しについてひとつお話ししたいことがあります。息子はアメリカには行きたくない、と言いました。私には子供が2人いて、息子は今21歳、娘は16歳です。息子はロスには来たくありませんでした。魅力的な街だけれど、イギリスにガールフレンドがいたからです。サラという女の子で、もう夢中でした。知り合って1カ月でしたが。それなのに4回も記念日とやらをやっているんですよ。16歳にとって1カ月というのは長いですからね。とにかく息子は飛行機の中でえらく不機嫌でした。「サラみたいな女の子にはもう絶対に巡り合えない」と。正直言って、私たち夫婦は喜びましたよ。というのも、私たちがイギリスを離れた大きな理由がサラだったのですから。

■私は大学教授という人種が好きですが、彼らを人類の叡智の最高峰であるかのように持ち上げるのはやめたほうがいいと思うんです。大学教授というのは、ひとつの生き方にすぎませんから。とはいえ、いい意味で興味深い存在であることは確かです。個人的な経験から全員とは言いませんが、ほとんどの大学教授には興味深い特徴があります。頭の中で生きているんです。頭の中の、それも片方にやや偏って。ある意味、体外離脱しているようなものです。自分の身体を、頭脳を運ぶための輸送手段と見ていると思いませんか？（聴衆から笑いが起きる）。身体は頭脳をミーティングに運ぶための手段にすぎないのです。

聴衆は長いスタンディング・オベーションを送った。ロビンソンは大富豪や慈善家、科学者、思想家、インフルエンサー（社会的に大きな影響力がある人）を含めた１２００人の聴衆の心を動かしたのだ。そしてネットを通じてさらに数百万人の心を動かした。

私は心を動かすコミュニケーターを研究している。彼らがどんな人で、どんなふうに聞き手にインスピレーションを与えるのか、またどうすれば彼らのように人の心を動かせるのか。ロビンソンがプレゼンの趣旨を伝えることだけにこだわっていたら、興味を持つ人はほとんどいなかっただろう。事実や事実に即した話自体は、感情を揺さぶらないからだ。第5章で見たとおり、数字データは感情に訴えるように仕立てなければ退屈だ。優れたコミュニケーターが数字に命を吹き込むことで、データは我々を感動させ、刺激を与え、行動を促す力を帯びる。

ユーモアは世界一流のパブリックスピーカーの戦術の中で、重要な位置を占める。ロビンソンにとって、ユーモアは大いに役立った。あなたにもまちがいなく役立つ。とはいえ、まずはユーモアをクリエイティブに、そして自然にプレゼンに盛り込む方法を身につけなければならない。使い古されたジョークは逆効果だ。下品でみだらなジョークはなお悪い。聴衆にそっぽを向かれるリスクさえある。

ＴＥＤの人気スピーカーのほとんどは、ジョークを言わない。プロのコメディアンでなければ、ジョークは不真面目な印象を与える。少し考えればわかることだ。あなたは初対面の顧客と話すとき、いきなりインターネットで仕入れた最近のジョークを言ったりするだろうか？　そんなことをするわけがない？　ならばビジネス・プレゼンの冒頭でジョークを言う必要があるだろうか。

一方、ユーモアのある自分なりの見解を語るのはまったく問題なく、むしろとても効果的だ。

本章では、ジョークに代わるユーモアの表現方法を5つ紹介する。

ジョークの言い方がまずいと、あるいは（それ以上にダメージの大きいものとして）言い方はうまいが無神経なジョークを口にすると、聴衆のあなたへの評価はたちまち地に落ちる。私はあるときグローバルな旅行会社の営業担当を集めてワークショップをしたことがある。そこではひとりずつ前に出てプレゼンテーションをした。ある営業マンはよく練ったすばらしいプレゼンをしたが、締めくくりに女性絡みの無神経なジョークを言った。

性差別的なジョークはビジネス・プレゼンでは絶対に許されない。特にそのワークショップの参加者の大部分が有能な営業ウーマンだったので、最悪の結果をもたらした。プレゼン終了後、参加者が順番に意見を言ったが、ほぼ全員がジョークへの厳しい批判を口にした。この営業マンは商品について、とても説得力のあるストーリーを語ったのに、聴衆の関心はそこに向かなかった。クリス・ロックのようなプロのコメディアンならセックス絡みのジョークを言っても許される。それでお金をもらっているわけだし、聴衆も彼にそれを期待する。だが、聴衆はあなたにクリス・ロックのような芸は期待していない。下手にまねをするのはやめておこう。

脳はユーモアが大好き

Ａ・Ｋ・プラディープ博士はニューロフォーカス社の創業者だ。カリフォルニア州バークレーに本拠を置く同社は、神経学にもとづく調査を通じて、消費者がどんなふうに観るもの、買うものを選んでいるかを解き明かす。

プラディープは著書『マーケターの知らない「95%」』(阪急コミュニケーションズ刊)に「現代人の脳は、感情の中枢部分において驚くほど似通っている」と書いている。[2] ユーモアは脳が自然と反応してしまうマーケティングツールのひとつで、メッセージに新鮮さ、斬新さを持たせるのに重要な役割を果たす。

私は研究所でプラディープと会い、これまでの神経科学の研究成果の正しさが彼の実験で裏づけられたことを知った。つまり簡潔で、明快で、興味深い会話は、聞き手の共感を得やすい。だから内容を記憶し、行動してもらえる可能性が高くなるというのだ。ではメッセージを興味深いものにするには、どうすればいいのだろう？　プラディープはユーモアを使って新鮮さを持たせればいい、とアドバイスする。「脳はユーモアが大好きだからね」

ウエスタン・オンタリオ大学の心理学教授であるロッド・Ａ・マーチンはこう指摘する。「我々は集団のヒエラルキーの中での自分の地位を強固にするためユーモアを使う。たとえば集団の中でリーダーあるいは支配的な地位にある人は、地位が低く相対的に権力がない人と比べて、ジョークを飛ばして周囲を楽しませる傾向がある」[3]

マーチンは著書『ユーモア心理学ハンドブック』（北大路書房刊）で、ユーモアは集団に受け入れてもらうための「迎合戦術」の手段である、と主張する。有名なコメディアンには、困難な幼少期を送った人、あるいは一時的に社会からドロップアウトした人が多いのは、このためかもしれない。彼らは集団に迎合するためにユーモアを使った。それを繰り返す中でセンスが磨かれ、ついにはプロとしてお金を稼げるまでになったのだ。マーチンはこう説明する。

我々は初対面ですぐに相手の印象を決める。そして親しみやすいか、信頼できるか、どんな動機を持っているのかなど人となりを判断するのだ。人間の進化の歴史において、他人について比較的正確な印象をうまくつかむ能力は、生き残りを左右する重要な要素だったのだろう。第一印象を決める情報源のひとつが、ユーモアの表現方法だ。ユーモアは対人コミュニケーションの一形態であり、我々は優れたユーモアのセンスを重要なソーシャルスキルとして高く評価する傾向がある。[4]

マーチンによると、笑いも集団の結束を強めるのに重要な役割を果たすという。マーチンはユーモアや笑いを「感情誘発剤」と呼ぶ。「感情誘発剤は、人々の注意を引き、重要な感情的情報を伝え、相手にも同じような感情を持ってもらうためのコミュニケーション手段だ。（中略）笑いは認知情報を伝えるだけでなく、好意的感情を呼び起こし、強める効果がある。その目的は周囲の行動に影響を及ぼすこと、あるいは笑っている自分に対して好意を持ってもらうことだ」[5]

これまでの研究によって、優れたユーモアのセンスを持っている人は、好ましい性質をほかにも持つと思われるとわかっている。たとえばユーモアのある人は、親しみやすい、社交的、思いやりがある、愉快だ、おもしろみや想像力がある、知的だ、察しがいい、情緒が安定していると思われる傾向がある。

アメリカで人気の婚活サイトが会員に、「パートナーに何を期待するか」というアンケートを取ると、80％以上が「ユーモアのセンス」と答える。どの調査を見ても、結婚相手を探すうえでは、教育水準、キャリア、身体的魅力よりもユーモアが重視されるという結果が出ている。

お見合いパーティのようなシチュエーションを除けば、あなたが結婚相手を探すためにプレゼンすることはないだろう。だがどんなプレゼンでも、聴衆の関心や敬意は勝ち取りたい。彼らはユーモアに反応する。だから刺激を与えてあげよう。聴衆が夢中になってくれれば、大きな成功をつかめるはずだ。

ユーモアはカネになる

ユーモアのセンスはTEDのステージでも、プライベートな人間関係でも、そしてビジネスのあらゆる場面でも、ものをいう。ファビオ・サラがハーバード・ビジネス・レビュー誌に発表した研究は、40年にわたるユーモアの研究をまとめたものだ。そこにはこう書いている。「ユーモアはうまく使うと経営の潤滑油になる。対立を減らし、批判をそらし、緊張を和らげ、士気を改善し、厳しいメッセージを伝えられる」[6]

サラはこんな調査を実施した。被験者はある飲料・食品会社の幹部20人で、このうち半数は同僚から能力が「並み」と評価された人、残る半数は「とび抜けて優秀」と評価された人だ。全員がリーダーシップをいかに発揮するかというテーマで2時間のインタビューを受けた。2人のオブザーバーがインタビューの内容を分析し、ユーモアのある発言を記録した。他人をけなす要素を含むユーモアは「ネガティブ」、おもしろい事柄やばかばかしい事柄に関するものは「ポジティブ」に分類した。

サラによると「とび抜けて優秀と評価されていた幹部は、並みと評価された幹部の2倍以上、ユーモアのある発言をしていた。1時間あたりにすると、並みの幹部の7・5回に対し、優秀な幹部は17・8回になった。（中略）その年の全員の年俸を比較すると、ボーナスとインタビュー中のユーモアの使用回数に正の相関が確認された。要するに、おもしろい幹部ほど、ボーナスが高かったわけだ」

ただし、単なる「おもしろさ」が重要なのではない、とサラは指摘する。これはEQ（心の知能指数）が成功の重要な決め手だと示しているというのだ。

「私の研究では、とび抜けて優秀な幹部は、平均的な幹部と比べてユーモアの種類が豊富で、特にポジティブあるいはニュートラルなユーモアを好む傾向があった。とはいえ、ここで重要なのは、たくさんユーモアを言ったほうがいいとか、常にポジティブなユーモアのほうがネガティブなユーモアより好ましい、といったことではない。ビジネスにおいて、そして人生においても、ユーモアの効果を決めるのはその使い方だ。おもしろいことを言おうとしてはダメだ。そうではなく、自分がどんなふうにユーモアを使っているか、周囲の人々があなたのユーモアやメッセージにどう反応しているかをよく観察したほうがいい。要は、使い方なのだ」

使い方が大事だというなら、プレゼンでおもしろいことを言うにはどんなことに気をつけたらいいのか。まず、直感に反することを言うようだが、一番大事なのは「おもしろいことを言おうとしないこと」だ。ジョークは言わなくていい。ブロンド美女や聖職者に関するお決まりのジョークを口にした途端、すべてがぶち壊しになる。ジョークを使いこなせるのは、一流のコメディアンだけだ。

著名コメディアンのジェリー・サインフェルドを気取るのはやめよう。サインフェルドによると、新しいジョークを生みだす過程では、ネタの3分の2は使い物にならず、観客に酷評されるという。1本のジョークを完成させるまでには、何年もかかる。

ニューヨーク・タイムズ紙のウェブサイトに掲載された動画で、サインフェルドはジョークのつくり方をこと細かに説明した。ポップターツ［訳注：タルト生地にジャムなどを挟んだ朝食用の菓子］をネタにしたジョークには2年かけている。「まったく意味のないことにかける時間としては、かなり長い。でもそれが僕の仕事だし、みんなが僕に期待することだからね」[7]。そう言うと、サインフェルドはこのジョークを分解しはじめた。

「最初のセリフからおもしろくなくちゃいけない。『僕が子供だったときにポップターツが発明されてね。もう頭のうしろ半分がぶっ飛んだよ』。これがジョークの始まり。頭全体ではなく、うしろ半分ってところがミソだ」

それからの5分で、サインフェルドはジョークを1行ずつ分解していった。文章が長すぎると、ちょうどいい長さになるまで文字を削ったり、文節の数を数えたりしていた。

ジェリー・サインフェルドの動画は、一流のコメディアンの発想法に迫るもので、とても興味深い。私がここから学んだことが2つある。（1）コメディをつくるのは大変な作業であるということ、そして（2）我々はプレゼンテーションで使うユーモアやその言い方を、入念に考え、つくり込まなければならないということだ。

ジョークを言わずに、おもしろいと思わせるにはどうすればいいのだろう。クライアントが「私はおもしろくない人間だから」と言うたびに罰金を取っていたら、今頃私は大金持ちだ。

ユーモアを語るのに、おもしろい人間である必要はない。しっかり準備することさえいとわなければ、楽しいプレゼンテーションはできる。ジョークの完成に2年もかけなくても、あなたのスピーチやプレゼンテーションに適度なユーモアを加える方法が5つある。

1　逸話、独自の見方、個人的ストーリー

聴衆から笑いをとるTEDスピーカーの多くは、自分や知人のとっておきの逸話、世界に対する自分なりの見方、あるいは個人的ストーリーを語る傾向がある。あなたが自分の身に起きたことにユーモアの要素を感じたら、みんなも同じように感じる可能性が高い。ケン・ロビンソンのユーモアのほとんどは、自分自身や息子、妻などに関する逸話やストーリーの形をとっていた。

ビジネス・プレゼンで一番効果があるのも、この種のユーモアだ。逸話や独自の見方とは、聴衆を大笑いというよりにっこりさせ、スピーカーに親しみを感じてもらうための短いストーリーや具体例を指す。たとえばTED2013で、慈善イベント「エイズ・ライド」を立ち上げたダン・パロッタは、自分の役割についてこんな見方を披露した。「僕はゲイでもあるんだ。ゲイでありながら3つ子の父親になるというのは、僕がこれまでの人生で手がけた社会活動の中でも、ダントツにイノベーティブで起業家的な試みだと思うね[8]」

ドクター・ジル・ボルト・テイラーは、脳卒中を起こしたときの自分の様子をコミカルに語

り、聴衆を大笑いさせた。すでに書いたとおり、こう言ったのだ。「そこで私はピンときて、『大変、脳卒中になっちゃった、脳卒中だ！』と思ったのです。次の瞬間、脳が私にこう言いました。『すごい！　最高だわ！　自分の脳を徹底的に調べられる脳科学者なんてそうそういるもんじゃない』[9]」。そしてコメディアンのような完璧な間をとって、こう続けた。「次にこんな思いが頭をよぎりました。『でも、私はめちゃくちゃ忙しい人間なのよ。脳卒中なんか起こしているヒマはないわ！』」

プレゼンテーションの冒頭に、ユーモアのある独自の見解を語るのはおススメだ。冒頭から聴衆を大笑いさせようとは思わないほうがいい。中盤で大きな笑いをとるのは構わないが、ステージに上がり、プレゼンを始めた途端になんとか聴衆を笑わせようとすると、大失敗するリスクがある。プレゼンには大失敗に適したタイミングというのはひとつもないが、冒頭でやってしまうと取り返しがつかない。

TED NOTE

ウケた話を覚えておこう

あなたや周囲の人たちが思わずにっこりした逸話、ストーリー、見解、洞察などを思い起こしてみよう。そのウケた話がプレゼンテーションにふさわしいものなら、話の中に盛り込み、上手に言えるように練習しよう。

2　アナロジーとメタファー

アナロジーとは、異なる2つを比較することによって類似性を際立たせる手法だ。複雑な事柄を説明するのに役立つ、すばらしい修辞的テクニックだ。私はインテルと仕事をしているが、そこでは「半導体（コンピュータチップ）はコンピュータの頭脳だ」という古典的なアナロジーを使う。インテルがデュアルコア・プロセッサを発売したときには「ひとつのコンピュータに2つ頭脳があるようなもの」とシンプルに説明した。

あるとき、インテルのストレージ・コンピューティング責任者がこう言ったのが忘れられない。

「2020年には世界のデータ量は40ゼタバイトになっているはずよ。これは世界中の砂の粒をすべて合わせた数の57倍。カーマイン、それだけのデータをいったいどこに保存すればいいと思う？」

このストレージの専門家はデータと砂を比較することで、とほうもない数字をわかりやすく、しかもおもしろく伝えていた。プレゼンテーションもそんなふうにスタートするといいよ、と私はアドバイスした。責任者はそのとおりにしたので、彼女のプレゼンは社内外で大好評だった。

これでおわかりいただけただろうか。「おもしろいことを言おう」「ジョークを飛ばせ」といったアドバイスはまったく意味がない。ステージ上で普段の会話では絶対に言わないようなことを言えば、失敗は確実だ。シンプルなアナロジーを言うだけで、聴衆はたいてい笑ってくれる。TEDの人気スピーカーには、アナロジーを使って笑いを取る人が多い。例を挙げよう。

■「クリス・アンダーソンに、過去25年の貧困撲滅運動をTEDのために10分にまとめてくれと頼まれたんだ。イギリス人がアイルランド人に手短に話せというようなものだね」

——ボノ

■「インターネットの専門家が『インターネットではこれができます、あんなことができます』と言うのを聞いたら、経済学者が経済についてコメントしたときや、天気予報士が天気についてコメントしたときと同じように、疑ってかかったほうがいい」

——発明家のダニー・ヒルズ、TED2013にて

■「人間関係を築かずに議会を運営しようとするのは、潤滑油なしに車を走らせようとするのに等しい。エンストするのも当然だろう」

——社会心理学者のジョナサン・ハイト、TED2012にて

■「アメリカ人がアメリカンドリームを実現したければ、デンマークに行ったほうがいい」

——ノッティンガム大学教授のリチャード・ウィルキンソン、
TEDグローバル2011にて

3　引用

コメディアンのふりをしたり、ジョークを言ったりせずに簡単に笑いをとるひとつの方法が、だれかのおもしろい発言を引用することだ。引用は有名人の発言でも、無名の人のものでも、あるいは家族や友人のものでもいい。TEDスピーカーはよく引用する。たとえばカルメン・アグラは「羞恥心はパンストみたいなものね。どちらも身体の自由を奪うのよ」という母親のコメントを引用した。

だれかの発言を引用し、そのユーモアを強調するような的確なコメントを加えるスピーカーもいる。ローリー・ブレムナーはこう話した。

「2006年にアメリカ抵当銀行協会のトップがこう言いました。『どう見ても、近い将来アメリカ経済に激震が走ることなど考えられません』。実に有能な方ですね」(その2年後、サブプライムローン危機が発生し、主要金融機関がいくつも破綻。アメリカは大恐慌以来最悪の不況に陥った)。

TED2013に登場したコロンビア大学の言語学者、ジョン・マクウォーターは、日々発信される2200万件のテキストメッセージについてまったく新しい見方を提示した。ティーンエイジャーのテキストメールの略語を嘆かわしいものととらえるのではなく、話し言葉の進化における「言語学上の奇跡」と見るべきだというのだ。

マクウォーターが見せた5枚のスライドには、若者の話し言葉を批判した5人の人物の発言が書かれていた。引用自体はおもしろみのないセリフだったが、マクウォーターの「使い方」に聴衆は大笑いした。

最初のスライドで紹介したのは、1956年のイギリス人の教授の発言だ。

「アルファベットも九九も知らず、文法的に正しい文章を書けない者が多い」[10]

ここでは聴衆は笑わなかったし、マクウォーターも笑いを期待していなかった。2枚目のスライドには1917年のコネチカット州の教員の発言が引用されていた。

「高校はどこも絶望的な状況にある。学生は書くことの基本すら知らないのだから」

ここでも笑いは起きない。

「さらに時代を遡ってみましょう」とマクウォーターは言った。3枚目のスライドでは、ハーバード大学総長だったチャールズ・エリオットの1871年の発言を見せた。

「スペルミス、文法の誤りや洗練のかけらもない表現。これらはほかの面では大学教育を受けるにふさわしい18歳の若者たちの間で、かなり頻繁に見られる問題である」

聴衆もようやくマクウォーターの意図に気づきはじめ、次のスライドを見せるころにはニヤニヤ笑いだした。引用の時代はますます過去にさかのぼり、最後は紀元63年に、若者のラテン語の話し方はなっていないと嘆いた男性の言葉が紹介された。言うまでもなく、ラテン語はのちにフランス語に発展した言葉だ。

これらの引用を見ることで、聴衆はマクウォーターが言わんとしていたことを理解した。マクウォーターの視点を理解することで引用そのもの、そして言語の進化というものをまったく理解していなかった発言者たちの滑稽さに気づいたのだ。いつの時代も若者言葉というのは批判されるが「それでも世界は回っていくのです」とマクウォーターは語った。

プレゼンでクリエイティブに引用を使うと、スライドとスライドの間によい間《ま》が生まれ、聴衆のアタマの息抜きになる。だれもが知っている使い古された引用は避けよう。インターネットの名言を集めたサイトで、適当なカテゴリーからそれっぽい引用を選んでくるのも禁物だ。自分が使うユーモアや引用についてはとことん考え抜く必要がある。それはテーマにふさわしいものだろうか？　私は業界団体や企業のカンファレンスで講演をするときには、その団体や企業のメンバーや創設者、ＣＥＯの発言を引用することが多い。そうした引用は笑いを誘い、聴衆と私の距離を縮めてくれる。プレゼンに効果的な引用を使うには、きちんとした準備が必要だ。だれかの有名な発言を引っ張ってくるのは簡単だが、それでは独自性に欠け、効果も低い。やるべき準備を怠ってはダメだ。

TED NOTE

引用の準備はきっちりと

プレゼンのムードを明るくするような、あるいは難しいテーマをわかりやすく説明するような、第三者の発言を探そう。有名な発言を探す必要はない。踏みならされた道をはずれよう。身近な人の発言にも相当おもしろく、聴衆の興味を引きつけるものが転がっているはずだ。

4 動画

2001年のTEDxユースで、ユーチューブのトレンド・マネージャー、ケビン・アロッカが見せた3本の短いユーチューブ動画は、聴衆を笑いの渦に引き込んだ。虹を見て恍惚としている男性、「フライデイ」という、覚えやすいがくだらない歌を歌っているティーンエイジャーの少女、そして「ニャンキャット」と呼ばれるとことんくだらないアニメだ。

とはいえ、アロッカのテーマはおよそくだらないものではなかった。「3本の動画がネット上で急速に拡散した（どれも何億回も視聴された）のは、流行の発信源、コミュニティ、意外感という3つの要素がそろっていたからである」と解き明かすプレゼンテーションは、新たな発見に満ちていた。それぞれの動画の後にはグラフや統計を見せた。数字だけを見せていたら無味乾燥なプレゼンになったはずだが、アロッカはくだらない動画を挟むことで聴衆から笑いを引きだした。

TEDでさえ、プレゼンテーションにビデオクリップを使う人はかなり少ない。でも動画はプレゼンにユーモアを添えるのにとても有効な手段だ。「おもしろいことを言わなくちゃ」というプレッシャーから解放してくれる。

私はアップルストアとカスタマーサービスに関する講演を頼まれたときには、2本の動画を使うことにしている。1本はコメディアンがアップルストアでどこまでムチャができるか試してみるものだ。店にヤギを連れ込み、宅配ピザをオーダーし、妻とダンスをするのに生バンドを呼んだりする。2本目は、アップルストアで従業員が淡々と仕事をする中、若い女性が踊っている映像だ。どちらの動画も、アップルストアの従業員の仕事はお客に「モノを売ること」ではなく、「人生を豊かにすること」であり、店に来た人を幸せな気持ちにすることだ、というメッセージを伝えている。2本の動画はいつも笑いを取れるし、なによりありがたいのは私自身がコメディアンになる必要がない。ほかの人が代わりにやってくれるわけだ。

5　写真

大学時代に好きだった授業を思い出してみよう。その担当教授のプレゼンテーションはかなりユーモアがあったのではないか。おもしろかった授業を聞かれて、経済学と答える人はまずいないだろう。担当教授がファン・エンリケスでなかったなら、それも無理はない。エンリケスの授業なら毎回楽しくて仕方ないはずだ。

エンリケスはこれまでに4回TEDでプレゼンしたが、毎回ユーモアを使って経済学の難しいイメージを払拭している。ユーモアを添える小道具に主に使うのが写真だ。プレゼンのテーマは難しいが、ユーモアがそれを伝わりやすくする。写真によってテーマがだれにでもわかるような具体性を帯びるからだ。TED2009では、プレゼンの冒頭でこう語った。

「『経済』という部屋に、ものすごく大きな象がいます。それについてお話ししましょう。まず今の経済の姿をお見せしますね」[11]。その「姿」とは、黒一色に塗りつぶされた「経済」というタイトルのスライドだった。2009年のアメリカは不況の真っただ中にあったので、それ以上の説明は必要なかった。すべてを物語る黒一色のスライドに、のっけから聴衆は大爆笑だ。エンリケスはさらに話を続けた。

「アメリカ経済には依然としていくつか、本当に重大な問題が残っています。ひとつはレバレッジです。レバレッジの何が問題かといえば、アメリカの金融システムをこんなふうにしてしまうことです」

そう言って見せたスライドには、プールの中で笑っている人たちの姿が映っていた。プールの中央には、小さなテーブルがあり、ラジオが載っている。ラジオの電源コードは水中を通って、プールサイドにぶら下がった電源プラグに差し込まれている。このスライドも説明の必要はなかった。写真は資産を担保に借金をすることのリスクを比喩的に示していた。お金が回っているうちは楽しいが、致命的な結果をもたらすこともある。

経済的レバレッジを専門的に定義すると、「自己資本のボラティリティを、同じ資産に対する借金以外の投資額のボラティリティで割った数字」となる。だがエンリケスはそんな定義はひと言も口にしなかった。聴衆の理解を超えており、眠気を誘うことがわかっていたからだ。だからレバレッジの引き起こす問題のメタファーとなるような写真を選んだ。こうして聴衆を笑わせ、しかも考えさせたのである。

さらに何枚か写真を見せながら、エンリケスはプレゼンを続けた。

「一方、政府はサンタクロースのような振る舞いをしてきました。サンタはみんな大好きでしょう?」。そういってショッピングモールにいるような典型的なサンタの写真を見せた。「でもこのサンタという連中が、どんなおカネの使い方をしてきたか、また人々にどんな約束を大盤振る舞いしてきたかを知ると、それほどいいヤツには思えなくなります」

次のスライドは太った男がゴルフカートのうえでふんぞり返っている写真だ。しかも素っ裸で、大事なところだけボカしが入っている。聴衆は大爆笑だ。メッセージもちゃんと伝わっている。国民は政府のおカネが自分に回ってくるうちは満足しているが、その結果が明らかになると愕然とする。

コメディアンはさまざまな聴衆の前で同じジョークを言い、反応を確かめながら磨きをかけていく。私もストーリーや写真について、同じことをする。カスタマーサービスとコミュニケーションについて講演するときには、リッツ・カールトンの写真を何枚か見せることにしている。こんな話だ。

お客様のために正しいことをする権限を与えられた従業員は、奇跡を起こします。リッツ・カールトン・アメリア・アイランドを訪れた、ある家族のエピソードをご紹介しましょう。旅を終え、家に着いたとき、小さな息子さんが大切にしていたぬいぐるみ「ジョシー」を部屋に忘れてきたことに気づきました。父親がホテルに電話をかけたところ、スタッフが部屋を調べてジョシーを見つけ、郵送します、と答えました。「ちょっとお願いしたいことがあるのですが」とこの父親は言いました。

「ジョシーが元気だと息子に教えてやりたいので、写真を送ってもらえませんか」

スタッフはその一歩上を行きました。ジョシーがリゾートを満喫している写真を何枚も送ったのです。これがプールサイドのジョシー。これはビーチにいるジョシー。ゴルフカートに乗ったジョシー。エステを受けているジョシー。

私のストーリーを文字で読んだだけでも、すばらしいカスタマーサービスだと思うかもしれないが、思わずにっこりすることはないだろう。お見せできないのは残念だが、ジョシーの写真は傑作だ。ぬいぐるみが目の上にキューリを載せてベッドに横たわり、肩をもんでもらっている姿を想像してみてほしい。

ユーモアたっぷりの写真は、聴衆の記憶に残る。それ以上に重要なのは、この写真によって私の一番大切なメッセージ、すなわち大きな権限を与えられたスタッフはお客様の記憶に残る瞬間を生みだすことが、はっきりと伝わるのだ。

もう一度言っておこう。リッツ・カールトンの講演で、笑いを取るのは「写真」だ。私が写真について気の利いたコメントを言って笑いを取るのではない。これは自然で、うそ偽りのないユーモアだ。私は違う自分を演じたりはしない。あなたもコメディアンとして成功をつかむことはできなくても、有益で、なおかつ楽しいプレゼンを届けることはできるはずだ。

TED NOTE

動画や写真を使ってプレゼンを楽しくしよう

パワーポイントを使ったプレゼンテーションがたいていつまらないのは、感情に訴える要素がほとんどないからだ。ユーモラスな写真やビデオクリップを使って、楽しい雰囲気をつくりだそう。

私はプレゼンテーションをするとき、この5つのテクニックをすべて使う。私はジョークを言うタイプではない。コメディは好きだし、プロの芸人のショーを見るのは大好きだが、自分でジョークを覚えて口にすることはめったにない。でもよく笑うし、どんな状況にもユーモアを見出すことができる。妻も同じで、夫婦でよく笑っている。

パブリックスピーカーとしてキャリアを積む中で、あえて聴衆を笑わせようとする必要はないのだと気づいた。特定の状況について、こんなふうに見るとユーモラスだね、と指摘してあげればいいだけだ。あなたも常に笑いをとろうとする必要はないが、せめて聴衆ににっこりしてもらえるよう心がけたほうがいい。

笑いという身体的反応の後には精神的喜びがわいてきて、その結果、脳内にエンドルフィンが分泌される。エンドルフィンによって警戒心が解かれ、物事をこれまでとは違う目で見るようになる。怒り、恐れ、パニックといった否定的感情の場合、まったく逆の反応が起こる。否定的感情はアドレナリンの分泌を促し、警戒心を高める。コメディは人種、宗教、政治、性など我々の警戒心が特に高まるテーマを、ユーモアをもって扱う。その結果、アドレナリンではなくエンドルフィンが分泌され、心の壁は窓に代わり、これまで考えてもみなかったような新鮮な視点が得られる。[12]

おしもの話

――クリス・ブリス、TEDxにて

聴衆に難しいテーマを伝えるとき、特に彼らが初めて耳にするような話やあまりよく知らない話の場合、多少のユーモアを交えて話すようにしたい。ユーモアは不要な軋轢《あつれき》を避けたり、心のつらさを和らげたりするのに有効なツールだ。9・11の同時多発テロの後、『サタデーナイトライブ』の視聴率は跳ね上がった。何百万という人々が、テレビや新聞、インターネットにあふれる恐ろしい映像や情報から逃れたいと思ったからだ。コメディアンのウィル・フェレルが星条旗模様の超ビキニを着て、おしり丸出しで登場したとき、多くの人がまた笑ってもいいのだ、と感じた。事件を忘れるのではなく、脳をトラウマから少し解放してやるために。

イギリスのジャーナリスト、ローズ・ジョージはうんちをユーモアで包む。あるときトイレに入り「コレはどこに行くのかしら?」とふと思ったのだという。ジャーナリスト魂がうずき、その答えを見出すことにした。それからの10年、ジョージは〝衛生問題〟を徹底的に掘り下げ、第三世界で衛生環境を整えることでどれだけ多くの命を救えるかを本にまとめた。

このテーマにとことんまじめに取り組むジョージだが、スピーカーとしてまじめすぎるのはよくないこと、また聴衆に大型スクリーンで痛ましい画像を見せる際には精神的な息抜きを用意すべきことをよくわきまえていた。まじめさとユーモアを織り交ぜたジョージのプレゼンは、TED2013の聴衆のアタマとハートをつかんだ。

もちろんジョージは、野外での排泄という話題が気持ちのよいものではないことをわかっている。だからユーモアとショックを慎重に、そしてクリエイティブに組み合わせることにした。最初のスライドには、世界トイレ会議（「もうひとつの〝WTO〟ね」）で展示されたハイテクトイレの脇に立つ、美しい女性モデルが映っていた。

「私はずっと、こういうトイレを使えるのは当然の権利だと思っていました。でも、まちがいだったのです。それは特権なのです。世界では満足なトイレもない人が25億人もいます[13]」

次のスライドでは、小さな男の子がたくさんの人が歩いている道路脇で用を足していた。途上国ではごく普通の光景だ。ジョージは語った。

「問題は、糞便にはたくさんの病原微生物がおり、下痢をはじめとする多くの問題を引き起こすリスクがあることです」。さらに、ユーモラスなスライドを見せた。

「下痢って、ちょっと笑っちゃうのよ。写真エージェンシーのフォトライブラリで下痢に関連する資料を探すと、だいたいこういうものが出てきます」

そこにはビキニをきた女性がトイレの前に立ち、ぎゅっと目を閉じてこぶしを握っている写真が映し出されていた。いかにも必死に我慢している、といった様子だ。おもしろい写真なので、聴衆は笑う。そんな聴衆に、ジョージは次の球を投げる。

「これはもうひとつの下痢のイメージです。これは生後9カ月の赤ん坊、マリア・サリーです（だがスライドには野原に立って泣いている男性の姿が映っている）。マリア・サリーの姿が見えないのは、リベリアの小さな村の芝生の下に眠っているからです。下痢を起こし、3日後に亡くなりました。この日、下痢で死んだのはマリア・サリーだけではありません。ほかにも4000人の子供が下痢で命を落としました。下痢はとても強力な〝大量破壊兵器〟なのです」

ここまで読むと、ジョージの手法がどのようなものか、よくわかるだろう。ユーモア、ショック、そして数字データ、である。数字データだけを見せても、聴衆は眠ってしまう。あまりにもショッキングなプレゼンテーションには、拒否反応を示す。ユーモアがありすぎると、テーマの深刻さが損なわれる。ジョージはこの3つを組み合わせ、説得力を高める魔法の方程式を編み出した。ローズ・ジョージのテーマでさえユーモアを交えて語ることができるのだから、あなたもきっとできるはずだ。自分のプレゼンのテーマ、そして自分自身について、少し肩の力を抜こう。

有名な理論物理学者のスティーブン・ホーキングは2歳のときにALS（筋萎縮性側索硬化症）の診断を受けた。今70代のホーキングは、人生の大半を車いすで過ごしてきた。しかも1985年以降はコンピュータを通じてしかコミュニケーションをすることができない。

そんな境遇にもかかわらず、ホーキングはすばらしい、人の心を和ませるようなユーモアの持ち主だ。ウィットの利いた語り口は、聴衆をくつろいだ気分にさせる。2003年にジム・キャリーが映画『Mrダマー』の宣伝をしていたときのこと。コナン・オブライエンのショーでのインタビュー中、キャリーあてにホーキングから電話がかかってきて、漫才さながらのやりとりが繰り広げられた。2人はお互いを「天才」と呼び合い、ホーキングはキャリーに「君が最新のエキピロティック宇宙論に夢中だと聞いて、本当に喜んでいるんだ」と言った。[14]後でこのときのことを聞かれて、ホーキングはおもしろそうだったから引き受けたと語っている。肩の力が抜けているのだ。

プレゼンテーションでも、ユーモアを忘れない。自分の理論を理解させようとすれば、聴衆のアタマがこんがらかってしまうとわかっているからだ。持ち前のウィットで、難しいテーマの途中に一服の清涼剤となるような笑いを挟んでいる。2008年2月にTEDに登場したホーキングは、根源的な問題を取り上げた。「人間はどこから来たのか。宇宙はどのように生まれたのか。宇宙には人類以外の知的生命体はいないのか。宇宙人はいるのか。人類の未来はどのようなものか」だ。かなり重いテーマである。理論の話の途中、ホーキングは「エイリアンと会った」と称する人々のうそを暴いた。こんな具合に。

人類はエイリアンの訪問を受けたことはなさそうです。UFOを見たという報告を、私は信じません。だっておかしいでしょう? エイリアンが変人の前ばかりに姿を見せるというのは。エイリアンの目撃証言を隠し、彼らのもたらす科学的知識を独り占めしようという政府の陰謀があるとすれば、これまでのところは明らかに失敗しているようです。

そのうえSETIプロジェクト（地球外文明探索計画）の徹底した調査にもかかわらず、エイリアンのテレビ局が流しているクイズ番組の電波はキャッチされていないようです。おそらくこれは、半径数百光年以内には我々に匹敵するほど文明の進歩したエイリアンはいないことを示唆するのでしょう。エイリアンによる誘拐の被害を保障する保険を売り出したら、丸儲けですね。[15]

法則6

ユーモアで軽快に

ユーモアを使うのは多少リスクがあるので、なかなかやってみようとする人はいない。ビジネス・プレゼンのほとんどがひどく無味乾燥で退屈なのはこのためだ。他人から批判されそうなこと、あるいは自分やプレゼンのテーマについて冗談を言うのは勇気がいる。大切なのは、自分に正直であることだ。別人のようなふりをするのはやめよう。とはいえ、あなたが思わず笑ってしまうことは、みんなもおもしろいと感じる可能性が高い。

ユーモアが聴衆の支持を勝ち取るのに役立つというのがまだ信じられない人は、

こんなふうに考えたらどうか。研究によってユーモアは健康によいことがわかっている。笑いは血圧を下げ、免疫システムを強め、呼吸を改善し、元気が出てくる。なにより、笑うと晴れ晴れとした気分になる。晴れ晴れとした気分なら、いつもよりすばらしいプレゼンテーションができるのは請け合いだ。そう聞いて、あなたも思わずにっこりしたのではないか。

第３部

記憶に残す

「自分の直感やアイデアは勇気を持って信じなければならない。さもないと弱気に流され、記憶に残るはずのものが失われてしまう」

——フランシス・フォード・コッポラ

第7章

18分ルールを守る

「僕は今、ハラハラすると同時にワクワクしている。ワクワクしているのは、これが社会に何かをお返しするチャンスだから。ハラハラしているのは、僕のいつものセミナーは一番短いものでも50時間あるからだ」

——アンソニー・ロビンズ、TED2006にて

ウォータールー大学経済学教授のラリー・スミスの講義は、通常3時間ある。そんな彼が2011年11月、TEDxで15分のプレゼンをした。それが150万回近く視聴されることになるとは夢にも思わなかったが。私と会ったとき、スミスはこう言った。
「言いたいことを18分に凝縮するというのは、私にとって大変な挑戦だったんだ。学生たちは私に死ぬほど大変な思いをさせたくて、プレゼンを頼んできたんだろう」[1]
「なぜ18分ルールは効果的なのでしょう」と私は聞いた。
「ものを考えるというのは大変な作業だからね。18分というのは説得力のある主張をしつつ、

最後まで聴衆の関心を引きつけておくのにちょうどいい長さだ」

まさにそのとおり。考えることは、たしかに大変な作業だ。アイデアを伝えるのに、18分ルールが大切なのはこのためだ。TEDのプレゼンテーションは18分を超えてはならない。このルールはスピーカーに例外なく適用される。ラリー・スミスだろうと、ビル・ゲイツだろうと、アンソニー・ロビンズだろうと関係ない。誰も18分以上はもらえないのだ。

法則7

18分ルールを守る

18分というのは、プレゼンテーションに理想的な長さだ。それ以上に長いプレゼンをしなければいけないときには、10分ごとに（ストーリーや動画やデモなど）軽い息抜きを入れよう。

なぜ効果的なのか——認知学者の研究によって「認知的バックログ」の存在が明らかになった。情報があまりにも多いと処理が遅れ、アイデアがうまく伝わらなくなるのだ。TEDのキュレーター、クリス・アンダーソンはそれを的確に説明している。18分という時間は真剣なテーマを議論するのに十分な長さであると同時に、最後まで聴衆の注意を引きつけておける短さでもある。また18分というのは、ネットとの相性もすばらしくよいことが明らかになった。ちょうどコーヒーブレイクぐらいの時間だからだ。すばらしいスピーチを聞いて、リンクを2～3人の友人におススメできる。だから簡単に拡散するのだ。

また18分ルールには、ツイッターの文字制限がユーザーに何を書くか考えさせるのと同じ効果がある。普段は45分話すのに慣れているスピーカーに、話を18分に凝縮するよう強いることで、何を語るべきか真剣に考えてもらえる。自分が伝えたい最も重要なポイントは何か。スピーカーに制約を課すことで、メッセージを明確にする効果があるのだ[2]。

話を聞くのはくたびれる

テキサス・クリスチャン大学のポール・キング博士は、30年にわたってコミュニケーション研究をリードしてきた。私はキングに「話を聞くときの不安」の研究についてたずねてみた。不安や緊張というのは、スピーチやプレゼンをする人だけが感じるものと思われがちだ。だがキングは、聴衆も不安を感じることを発見した。

「大学生を被験者にして、『後で内容について質問する』と伝えたうえでスピーチを聞かせるという実験をしたんだ。時間が経つにつれて彼らの不安レベルは高まっていき、スピーチ後のテストが終わるまで高まり続けた。そして、テストが終わった瞬間、不安レベルは一気に低下した[3]」

キングによると、情報が蓄積すると「認知的バックログ」が生じる。これは筋トレのウエイトを増やしていくように、頭への負荷を高めていく。

「覚えるべきことが積み重なると負荷はどんどん高まり、まもなくこらえきれずに全部放り出すことになる」

考える、話す、聞くといった認知処理は、身体的に疲れる活動だとキングは言う。

「僕は高校時代、ディベート部とバスケットボール部に所属していた。1日中、コートの中を走り回るだけの体力があったんだ。でも初めてディベート大会の決勝に進んだとき、3回のディベートを立て続けにこなしたら、動くこともできないほど疲れてしまったんだ。スクールバスに乗り込むと、家に着くまでぐっすり眠ったよ。バスケットボールの後でもそんなことはなかったのに。集中し、批判的に他人の話を聞くと言うのは、身体的に疲労する経験だ。聴衆としてスピーチを聞くのは、一般に思われている以上にくたびれることなんだ」

話を聞くと疲れるのは、記憶すべき材料がどんどん増えていくからだ。これを「認知的バックログ」とキングは呼ぶ。簡単に言えば、聞く作業が長く続くほど、あるいは提供される情報が増えるほど、認知的負荷は高まる。5分間のプレゼンの場合には、認知的バックログは比較的少ない。18分だと少し増える。それが60分になると大量のバックログが生じるので、ところどころにストーリー、動画、デモといった〝休憩〟を入れて内容をかなり魅力的にしないと、聴衆をうんざりさせるリスクがある。

プレゼンが長くなるほど、聴衆が頭の中で整理し、理解し、記憶しなければならない量は増える。負荷が増えるとともに、聴衆の不安は高まる。イライラし、場合によっては怒りさえ感じるようになる。キングによると、記憶処理に関する最新の研究は、同じ内容について学ぶのにも、一晩かけて詰め込むより、2〜3回の短いセッションに分けたほうが効果的であることを示唆しているという。

「つまり、重要なメッセージを伝えた後にくどくど繰り返しても、聞き手の長期記憶に保存されないんだ」

キングはこうした研究結果を、大学院での講義に生かしている。学生に3時間の講義に1回だけ参加するか、あるいは50分の講義を3回受けるか選ばせると、ほとんどの学生が前者を選ぶという。ただ講義を週1回3時間にしたところ、翌週戻ってくる頃には学生たちは学んだ内容をほとんど忘れていた。結果的に、同じ内容を月曜、水曜、金曜といった具合に3回に分けて教えるほうが有意義であることがわかった。学生たちは不満たらたらだったが、3回出席することを義務づけた結果、試験の成績は上がり、複雑な講義内容がしっかり頭に残っていた。

脳はエネルギー消費量が高い

スミスもキングも、話を聞き、学習するという経験は、膨大なエネルギーを消費すると指摘する。脳は疲れやすい。新しい職場に初出勤した日、あるいは複雑なマニュアルを初めて読んだときなど、ぐったり疲れを感じたのではないか。大学進学適性試験（ＳＡＴ）を受けた後の疲労感を、高校生は「ＳＡＴハングオーバー《二日酔い》」と呼ぶそうだ。新しい情報を処理するには、エネルギーが要るのだ。

学習はくたびれるものだ。成人の平均的な脳は１・４キロほどの重さしかないが、大量のブドウ糖、酸素、血流を必要とし、とほうもなくエネルギーを消費する。脳が新しい情報を取り込むと、何百万という神経細胞（ニューロン）が同時に信号を送りはじめ、エネルギーを消費する。だから疲労を感じるのだ。

ロイ・バウマイスターは著書『ＷＩＬＬＰＯＷＥＲ　意志力の科学』（インターシフト刊）の中で、我々が１日に使える意志力は限られており、脳がエネルギーを消費するにつれて意志力も目減りすると説明する。バウマイスターはまったく無関係の活動（チョコレートの誘惑に抗う、数学パズルを解く、プレゼンを聴くなど）が、同じエネルギー源を使っていることを発見した。そう聞くと、さまざまな意思決定を迫られたり、必死に誘惑に耐えたり（ランチでおいしそうなパイを我慢するとか）した後には、ひどく疲れを感じるのも納得がいく。

疲労の〝犯人〟はグルコース（不足）だ。グルコースはさまざまな食べ物を摂取すると体内でつくられる単糖だ。血液の中に入り、心臓、肝臓、脳を含む身体中の筋肉の燃料となる。神経伝達物質という、脳細胞がシグナルを伝えるために使う化学物質に転換され、脳に入る。

バウマイスターは簡単な作業の前後で体内のグルコース量がどのように変化するか測るため、いくつか実験を行った。たとえば画面下に字幕が点滅する動画を見せるという実験だ。

「被験者の一部には、点滅する字幕を無視するよう指示する。ほかの被験者にはリラックスして、好きなように動画を見るよう指示する。動画が終了した後に再度グルコース量を測定すると、両グループの間に大きな差が生じる。リラックスして観た人たちのグルコース量に変化はないが、意識的に字幕を無視した人々のグルコース量は大幅に低下した。字幕を無視するといった、一見些細なセルフコントロールでも、グルコースという脳の燃料を大幅に消費するのだ[4]」

長々とした難解でまとまりのないプレゼンテーションを聞くと、聴衆の脳は理解しようとがんばるので、大量のエネルギーを消費する。脳細胞はほかの細胞と比べて2倍のエネルギーを使う。頭を働かせると、グルコースが急速に減っていくのだ。

18分のプレゼンが効果的な理由はここにある。18分なら、聴衆がプレゼンを聴いた後にも内容について考えたり、だれかに伝えたり、行動を起こしたりするためのブレーンパワーやグルコースが残るのだ。プレゼンが長すぎると、聴衆の集中は途切れてしまう。3時間の講義を聴いた大学生が、感動のあまり寮に走っていって勉強を続けるといった話を聞いたことがあるだろうか。そんなことはあり得ない。近くのピザハウスやビアホールに繰り出して、疲れたとグチを言い合い、話題を変えるに決まっている。18分のプレゼンは聴衆の思考を刺激し、3時間のプレゼンは思考停止を招く。

これまで「18分ルール」の科学的根拠を説明してきた。この重要性を痛切に感じているからだ。これまでたくさんのCEOやビジネスパーソンのプレゼンを見てきたが、簡潔にするほど聴衆の反応は良い。「そんなことを言っても、伝えるべき情報が多いのだから無理だ」とよく言われる。だが18分ルールを支える科学や論理、そして頭の休憩という概念を説明すると、だれもがプレゼンを短くしようという気になる。そしてクリエイティブな発想が刺激される。制約があるほど、人はクリエイティブになれるのだ。

制約はクリエイティビティを刺激する

独創的なプレゼンテーションを生みだすうえで、制約は欠かせない要素だ。「プレゼンはどれくらいの長さにしたらよいか」という質問をよく受けるが、私はTEDに近い18～20分が最適だと考えている。長すぎもせず、短すぎもしない。聴衆を説得するのにちょうどよい長さだ。それより短いと、聴衆（特に投資家や顧客）は十分な情報を得られなかったような気がする。しかしそれより長くなると、聴衆の興味を引きつけておくのは難しい。

私がプレゼンの長さについてよく引き合いに出すのは、ジョン・F・ケネディの大統領就任演説だ。ケネディが15分で国民を熱狂させることができたのなら、あなたも同じだけの時間があれば製品やアイデアを十分伝えられるはずだ。ケネディはスピーチライターのテッド・ソレンセンに就任演説を短くまとめるよう指示した。「国民にムダ口をたたく奴だと思われたくないからね」と。その結果、ケネディの就任演説は1355ワードと、史上最も短い演説のひとつになった。聴衆の想像力を刺激するには、力強いしゃべり方、慎重に練り上げた文章、そして演説を短めにまとめることが重要だとよくわかっていたのだ（歴代大統領の就任演説は平均2300ワード）。

ケネディの就任演説は、短くても心を動かすメッセージのすばらしい実例だ。また、就任演説ほど有名ではないが、1962年9月12日にライス大学で行った重要なスピーチは、さらに参考になる。ここでケネディは月探査のビジョンを語った。1960年代が終わるまでに「月に行こう」というケネディの呼びかけは、数百万人の国民の想像力をかきたて、数千人のトップ科学者をその目標に向かって全精力を傾けようという気持ちにさせた。アメリカ史上、最も重要なスピーチのひとつである。17分40秒という長さからして、理想的なTEDトークになっただろう。

「私には言うべきことがありすぎる。すべての情報を20分以内に伝えることなど無理だ」という反論もあるかもしれない。それでも、なんとか時間内にまとめるよう努力してほしい。その努力をするだけで、プレゼンはずっとインパクトの大きい、クリエイティブなものになるはずだ。

マシュー・メイは「クリエイティビティは理にかなった制約の下でこそ発揮される」と言う。[5] 著書『The Laws of Subtraction（引き算の法則）』の中で、それを科学の立場から説明した。プレゼンに境界や制約を設けると、焦点や枠組みが定まり、クリエイティビティが生まれやすくなる、というのだ。「通説には反するが、最近の研究によって想像力やクリエイティビティを最大限引きだすのは無制限の自由ではなく、制限や障害であることがわかってきた」

メイは「引き算の法則」はプレゼンやパブリックスピーキングを考えるときだけでなく、日常生活のあらゆる面に役立つと考えている。往々にして「何を削るか」のほうが、「何を残すか」よりも重要だったりする。

「正しいものを正しく削ることで、たいていすばらしいものが生まれる」とメイは語る。

クリエイティビティというのは誤解されやすい。芸術活動のように思われがちだ。束縛のない自由な取り組みの結果、すばらしい成果が生まれるというように。でも、よく考えてみると、俳句、ソナタ、宗教画など芸術の世界は制約だらけだ。

――ヤフーCEOのマリッサ・メイヤー

TEDトークをすべて合わせた視聴回数は10億回を超える。これは長くとりとめのない、退屈で小難しいプレゼンより、制約のあるプレゼンのほうがずっと刺激的で、クリエイティブで、聴衆を虜にすることの証明と言えるだろう。

世界の歴史を18分で

複雑なテーマを簡単に説明できるスピーカーに対し、聴衆はその道のプロとして信頼感を抱く。アルバート・アインシュタインも「何かをシンプルに説明できないのは、それをよくわかっていないということだ」と語っている。

アインシュタインも歴史家のデビッド・クリスチャンには称賛を送ったはずだ。２０１１年３月にＴＥＤに登場したクリスチャンは、宇宙の歴史を18分にまとめてしまったのだから（正確には17分40秒）。クリスチャンは私に、１３０億年前のビッグバンから今日までの宇宙の全史を扱う、世界史のコースをつくるのが自分の仕事だと語った。「ビッグヒストリー」と呼ばれるこのコースはティーチング・カンパニーが制作し、30分の講義48回で構成されている。このテーマに精通しているクリスチャンは、聴衆の関心を引きつけ、地球というもろい星を守ろうという気持ちにさせるために、ビッグヒストリーの内容を絶妙な長さにまとめた。

「ビッグヒストリーを教えてもう20年になるからね。かなりよくわかっているつもりだし、様々なバージョンで語れるんだ[6]」

『スモール・イズ・ビューティフル』（講談社刊）の著者で経済学者のE・F・シューマッハーはこう語っている。

「知性のある愚か者ならだれでも話を大きく、難しくできる。その逆は少しの才能と多くの勇気がいる」

キーワードは「勇気」だ。物事をシンプルにするには勇気がいる。パワーポイントのスライドに、聴衆がだれも読めないような細かい文字をぎっちり詰め込むかわりに、写真を1枚だけ載せるというのも勇気がいる。プレゼンで使うスライドの枚数を減らすのも勇気がいる。長時間だらだらと話すのではなく、18分だけ話そうと決めるのにも勇気がいる。レオナルド・ダ・ヴィンチは「シンプルさは究極の洗練である」と語った。洗練を目指そう。プレゼンテーションやセールスピッチを短くシンプルにするのだ。

> 我々は些末なことにこだわり、人生を無駄にしている。シンプルに、シンプルに。
>
> ――作家・思想家のヘンリー・デビッド・ソロー

3点ルール

簡潔さの重要性を裏づける科学的根拠はどれも興味深いが、それをあなたがセールスピッチやプレゼンのインパクトを高めるために応用できなければ何の意味もない。どうすればあなたの知識を18分のプレゼンテーションに凝縮できるだろう？　それには「3点ルール」を覚えておくと役に立つ。

「3点ルール」とは単純に、我々がしっかり記憶できる情報は3つということだ。3つより増やすと大幅に記憶しにくくなる。これは執筆やコミュニケーションにおける最も重要な概念のひとつだ。私はたいていの業界の人々に指導しているが、3点ルールはとても効果的だ。私自身も毎回3点ルールでうまくいっているし、TEDの人気スピーチでもよく使われている。

ニール・パスリチャのブログは幅広い話題を取り上げる。「1000のすてきなこと」をテーマに、クリスマスに雪が降った、誕生日が週末だった、知り合いが子供に自分の名前をつけてくれた、といったことに喜びを見いだす。こんなシンプルなアイデアから出発したブログによって、パスリチャは本を出版し、ツイッターでは2万5000人のフォロワーを抱えるまでになり、トロントのTEDxの講演は100万回以上視聴された。

このプレゼンで、パスリチャは人生を価値あるものにする1000のささやかな出来事を網羅しようとはしなかった。生きがいのある人生を送るための3つの秘訣に集中したのだ。3つの秘訣の頭文字はいずれも「A」なので、プレゼンのタイトルは「Awesome《最高》を生みだす3つのA」となった。

Awesome《最高》を生みだす3つのA

パスリチャが語ったのはとても個人的なストーリーで、2008年の自分がどんな状況にあったかという話から始まった。人生はまったくうまくいっていなかった。ある日、妻から話があると言われ、「もう愛していないの」と告げられた。[7] それまでの人生で一番つらいニュースだったが、1カ月後にはさらに悪い知らせが待っていた。
「しばらく前から精神的な病と闘っていた友人のクリスが、自ら命を絶ったのです」

灰色の雲に閉ざされたような状況の中、パスリチャはパソコンを立ち上げ、何か前向きなことを考えるために小さなウェブサイトをつくった。その結果、少し気持ちが晴れたが、すごいことをしているという意識はなかった。日々、5万もの新たなブログが立ち上がっているのだから。ところが、「1000awesomethings.com」と名づけたブログは瞬く間に人気を集め、あるとき見知らぬ相手から「世界最高のブログ賞に決まりましたよ」という電話がかかってきた。「完全に詐欺だと思ったね」というパスリチャの発言に、聴衆から笑いがこぼれた。だがもちろん詐欺ではなく、パスリチャは最高のブログに贈られる「ウェビー賞」を受賞した。トロントに戻ると、10社もの出版エージェントがアプローチしてきた。こうして誕生した『心に雨が降った日に開く本』（扶桑社刊）はベストセラーリストに20週連続でランクインした。

パスリチャがＴＥＤｘの聴衆に語った「Ａｗｅｓｏｍｅを生みだす3つのＡ」とは「態度（attitude）」「意識（awareness）」「誠実さ（authenticity）」である。それぞれについて、手短かに説明した。「態度」については、だれの人生にも困難な時期はあるが、それに立ち向かう方法は2通りある、とパスリチャは語った。

「ひとつはいつまでも不幸の渦にとらわれ、悲嘆に暮れていること。もうひとつは不幸を嘆きつつ、落ち着いて未来と向き合うことだ。優れた態度は、2つめの選択肢を選ぶことだ。どれほど困難な状況でも、どれほどつらい状況でも、少しずつ未来に向かって前進しつづけるんだ」

次に「意識」。パスリチャは聴衆に、心の中の「3歳の自分」を大切にしようと訴えた。

「その〝3歳児〟は、今もあなたの心の中にいる。意識を研ぎ澄ますというのは、すべてを初めて見るような気持ちで見る、ということだ」

そして「誠実さ」について。「誠実であるというのは、ごく自然に、ありのままの自分でいることだ。誠実であると、自分の心の声に素直になり、本当に好きで楽しめるような場所や状況、会話を選ぶようになるんだ。話したいと思う相手と会い、夢に見ていた場所に行く。自分の心の声に素直になれば、とても満ち足りた気持ちになるはずだ」

マジカルナンバー7±2

パスリチャは3点ルールというパワフルなコミュニケーション・テクニックを直感的に理解し、活用していたのだ。要するに、人間の頭が短期記憶で処理できる情報の「かたまり」は、3つぐらいなのだ。それ以上になると、平均的な人が記憶にとどめられる割合はどんどん減っていく。4つは3つより、少し覚えにくい。5つだとさらに難しい。覚えるべきアイテムが8つになると、ほとんどの人がすべては思い出せなくなる。

1956年にベル研究所がハーバード大学教授のジョージ・ミラーの協力を得て完成させたのが、『マジカルナンバー7±2』という有名な論文だ。ミラーは「たいていの人は、新しい情報が7つを超えると覚えきれなくなる」と主張した。だからアメリカの電話番号は7ケタなのだ。だが最近の研究では、我々が短期記憶で覚えられるのは、せいぜい3つか4つの事柄というのが定説になっている。たとえばだれかが留守番電話に連絡先を残したら、あなたはその番号を2つのグループに分けて覚えようとするはずだ。最初の3ケタと、残りの4ケタという具合に。

身の回りにあふれる「3点ルール」

毎年7月4日の独立記念日、アメリカ人は独立宣言に謳われた3つの権利、「生命、自由、幸福の追求」の権利の大切さをかみしめる。生命、自由、幸福というのは、アメリカの歴史で最も重要な3つの言葉と言えるかもしれない。とても力強く心に響く表現なので、ウィキペディアに専用のページまであり、「英語という言語の歴史上、最も完成度の高い、影響力の大きな表現のひとつ」という評価もある。この表現はほかの国々にも刺激を与え、圧政を排除し、それぞれ国民の3つの権利をまとめるきっかけとなった。代表例がフランスで、その「自由、平等、博愛」という理念はフランス革命に由来する。

アメリカ独立宣言から影響を受けた国は非常に多いので、この3つを人類史上最も重要な言葉と考えるのも、あながち的外れではないだろう。なぜジェファーソンはたとえば12とかではなく、3つの権利を選んだのか。ジェファーソンは文才があり、ひとつのアイデアを表現するのに3つの言葉を使うという、古代ギリシャの修辞テクニックが巧みに使われている。

3点ルールは社会生活やビジネス世界のいたるところにあふれている。文学では「3匹のこぶた」や「三銃士」があり、アラジンが魔法のランプに叶えてもらえる願いごとは3つと決まっている。絵画の世界では原色は3つ、等和色も3つだ。科学の世界では、ニュートン力学の運動の法則は3つあり、原子の構成要素が3つであることも明らかになっている。ディナーテーブルにはナイフとフォークとスプーンの3点セットが並んでいる。アメリカ、イギリス、フランス、イタリア、アルゼンチン、ロシア、ネパールなど国旗の色が3色という国は多い。オリンピックのメダルの数は3つと決まっている。幼いイエス・キリストに貢物を持ってきた賢人は3人だった。そのキリスト自身も、父と子と聖霊から成る三位一体の一部である。バラク・オバマは「Yes We Can」という3つの単語を武器にアメリカの大統領になった。世界の有名ブランドにはＩＮＧ、ＵＰＳ、ＩＢＭ、ＳＡＰ、ＣＮＮ、ＢＢＣなど3文字が多い。「3」という数字は我々の周りにあふれている。

執筆や講演において、3というのは一番効果的な数字だ。我々の世界に3があふれているのは、決して偶然ではない。ジェファーソンも、世界の一流作家も、ＴＥＤのスピーカーも「3点ルール」でうまくいった。ＴＥＤ史上、2番目に人気のあるドクター・ジルのプレゼン「脳卒中から学んだこと」は、6分ずつの3部構成になっている。そうすることでドクター・ジルは自分が話す内容を覚えやすくなり、聴衆は話の流れを追いやすくなった。3点ルールにのっとったＴＥＤトークの事例をほかにもいくつか挙げよう。

3点ルールを使ったTEDスピーカー

動画を見るのが仕事というユーチューブのトレンド・マネジャー、ケビン・アロッカのプレゼンを思い出してほしい。アロッカは人気を集める動画の特徴を研究している。ユーチューブには毎分48時間分もの動画がアップロードされるが、その中で短期間のうちに何百万回も視聴されるのはほんのひとにぎりだ。

「では、その決め手が何かと言えば、流行の発信源、コミュニティ、意外感の3つだ[8]」。アロッカはこう切り出した。わずか10分のプレゼンにはマーケティング関係者にとって貴重な情報が満載で、しかも3つに区切られていたので覚えやすかった。

内容を3部構成にしたスピーカーはほかにもたくさんいる。認知工学者のドン・ノーマンは、デザインによって人を幸せにする方法を3つ挙げた。オートデスクのデザイナー、トム・ウジェックは脳が「意味」を理解する3通りの方法を語った。神経科医のV・Sラマチャンドランは、人間の脳を理解する3つの手がかりを話した。マーケターのティム・リーバーレヒトは、ブランドが自らのアイデンティティをコントロールできなくなるシナリオを3つ紹介した。リック・エリアスは乗った飛行機が墜落するという経験から学んだことを3つ語った。セキュリティ専門家のミッコ・ヒッポネンは、ネット泥棒がデジタルデータを盗む3つの手口を説明した。ダン・アリエリーはバーニー・マドフの大規模な金融詐欺事件から浮かび上がる、3つの不合理な教訓を語った。

3と言えば、「TEDイン・スリーミニッツ」という3分間のTEDトークの存在も忘れてはならない。ハフィントンポストのアリアナ・ハフィントンやニューヨーク・タイムズのハイテク担当コラムニストのデビッド・ポーグが、それぞれ刺激あふれる3分間のミニスピーチをしている。TED史上、初めて3分のプレゼンをしたのは、靴紐の正しい結び方を語った思想家のテリー・ムーアで、その動画は150万回以上視聴されている。人はみな新しいことを学びたいと思っている。しかも、時間はあまりかけないで。

プレゼンを3つのストーリーで構成する

3点ルールを知っている優秀なTEDスピーカーや一流のプレゼンターは、3つのストーリーを使ってプレゼンテーションのアウトラインをつくる。アウトラインのつくり方を詳しく説明する前に、まず具体例をひとつ挙げよう。

3人のエコ起業家のストーリー

マジョラ・カーターは、あらゆる夢を実現できるような環境をつくりたいと言う。カーターは環境に配慮したインフラ整備と、ニューヨークのサウスブロンクス、サウスシカゴ、ニューオリンズのナインスワードといった荒廃した都市再生のエキスパートだ。「ゲットーを緑に」と題した2006年のTEDでのスピーチは、最初にネットにアップロードされたプレゼンのひとつだ。その4年後にはTEDxミッドウエストに招かれ、エコ・アントレプレナーシップについて講演した。持ち時間は18分しかないので、3つのストーリーを語ることにした。それぞれの主人公は見知らぬ他人同士だが、「とても多くの共通点を持った3人の起業家」[9]である。

最初に語ったのは、ハチミツからスキンケア商品をつくる会社を起業したブレンダ・パームス・ファーバーのストーリーだ。ファーバーは、ほかでは雇ってもらえなさそうな人たち（ほとんどに服役歴があった）を、ハチの世話やハチミツ収穫のスタッフとして採用した。商品は自然食品スーパー、ホールフーズ・マーケットで販売されている。特筆すべきは、ファーバーの雇った人のうち、刑務所に逆戻りする割合は4％以下であることだ。

2つめは、ロサンゼルスで活動するアンディ・リプキスのストーリーだ。リプキスはロサンゼルス市当局と交渉し、都市部の学校から数億ドル相当のアスファルトを撤去し、代わりに芝生や木を植えるよう説得した。「住みやすい都市をつくるために、樹木と人とテクノロジーを結びつけた」とカーターは説明した。

3つめのストーリーの主人公は、炭鉱労働者の娘、ジュディ・ボンズだ。ボンズはウエストバージニア州の故郷の町に、風力発電設備をつくった。カーターはボンズの取り組みを説明したあと、ひと呼吸おいてつらい事実を語った。

「ジュディは数カ月前、第3ステージの肺がんと診断されたのです。がんはすでに骨や脳にも転移しています。ジュディは多くの人を肺がんから救おうとしていたのに、自分がそうなってしまうなんて、本当に理不尽だと思います。でもジュディは『コールリバー・マウンテンウインド』プロジェクトという夢を後世に残していきます。彼女自身が山の頂に立つことはできないかもしれません。でもジュディは何の役にも立たないスローガンではなく、夢の実現のための事業計画を残していくのです」

カーターは3つのストーリーを、最後にプレゼンの中心テーマと結びつけた。

「3人は地域経済に有意義なお金の流れを生みだし、既存の市場ニーズを満たし、社会問題の解決の道筋を探り、将来新たな問題が生まれるのを防ぐ方法を見い出したのです」

3つのストーリー、3つの具体例、3つの教訓がテーマの強い裏づけとなっている。

3ステップで簡単にメッセージのロードマップをつくる

私がフォーブスに書いたコラム「何でも15秒で売り込む方法」は好評だった。[10] そこで読者に紹介したのが「メッセージマップ」という、セールスピッチやプレゼンテーションに最適なツールだ。このテクニックは、あなたのプレゼンを簡潔で明快にできるが、まずは3点ルールを頭に入れておくことが大切だ。

メッセージマップは、あなたのアイデアを紙1枚を使って視覚的に表現したものだ。これはとても有効なツールなので、あなたのコミュニケーション・テクニックのひとつとしてぜひ身につけてほしい。メッセージマップをつくれば、（製品、サービス、企業、アイデアなど）何でもわずか15秒で売り込めるし、それより長い18分のプレゼンの構成を考えるのにも有効だ。メッセージマップで最強のプレゼンをつくる、3ステップを説明しよう。ノートやホワイトボードを用意するか、ワードやパワーポイントで新しいページ（スライド）を開いてほしい。

ステップ1――ツイッターのようなヘッドラインをつくる

第4章にも書いたとおり、ヘッドラインはプレゼンが終わるまでに顧客の記憶に刻みつけたい、最も重要なメッセージだ。

「私の製品／サービス／ブランド／アイデアについて、聞き手に一番伝えたいことは何だろう」

メッセージマップの一番上に丸を書き、この問いの答えを書き込もう。それがあなたのヘッドラインだ。必ずツイッターの投稿（140文字以内）の文字制限に収まるようにしよう。自分の製品やアイデアを140文字以内で説明できないなら、もう一度コンセプトを練り直したほうがいい。

ステップ2――ヘッドラインを支える3つのキーメッセージ

本章で見てきたとおり、人間の頭が短期記憶で処理できる情報は3つぐらいだ。プレゼンのアウトラインをつくるときには、全体のテーマを支える3つのキーメッセージを考えよう。ドクター・ジルは「脳卒中から学んだこと」を6分ずつの3セクションに分けた。脳の回路の説明、脳卒中を起こした日の様子、その経験から学んだ命、世界、その中における自分の位置づけである。

ステップ3――キーメッセージをストーリー、データ、具体例で補強する

3つのキーメッセージの下に、それぞれ箇条書きで語るべき内容を書いていこう。全文を書く必要はない。ストーリーを語るのに役立つキーワードを2～3書いておけばいい。重ねて言

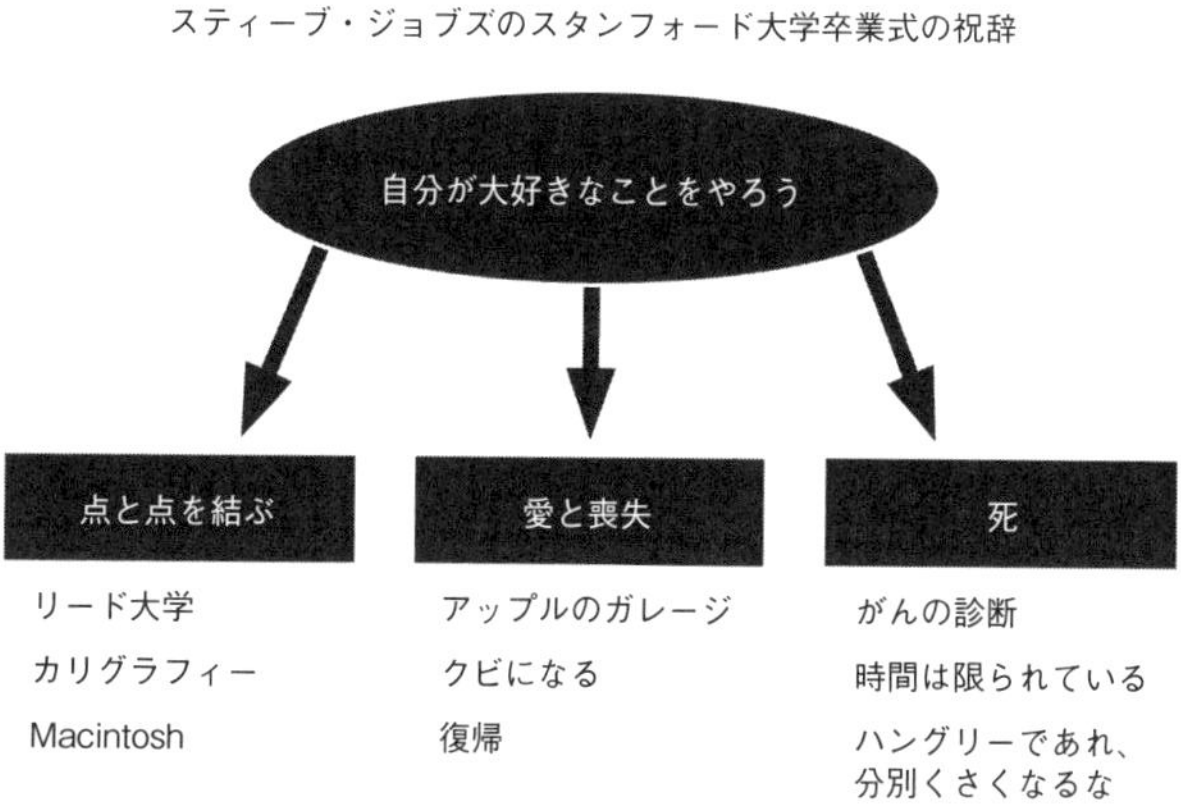

図7.1 ■ スティーブ・ジョブズのスタンフォード大学卒業式祝辞のメッセージマップ
Gallo Communications Group, www.carminegallo.com

うが、メッセージマップは紙1枚に収まるものだ。

3つのステップを具体的に示したのが、**図7・1**だ。スティーブ・ジョブズが2005年のスタンフォード大学卒業式で行った有名なスピーチを、メッセージマップで表現した。スピーチの長さはTEDにぴったりの15分。ツイッター仕様のヘッドラインは「自分が大好きなことをやろう」。それが3つのパート（「点と点を結ぶ」「愛と喪失」「死」）に分かれ、それぞれに3つの項目がある。

これで聴衆に語るべき内容がひと目でわかる。メッセージマップをつくるのは、まとまりのあるプレゼンをつくる手軽で効果的な方法だ。

TED NOTE

メッセージマップをつくろう

メッセージマップのテンプレート（**図7・2**）を使って、メッセージマップをつくってみよう。まず一番上の楕円に、ヘッドラインを入れる。ここで「3点ルール」を思い出そう。ヘッドラインを考えるときに念頭にあった製品、サービス、ブランド、あるいはアイデアについて、ヘッドラインを裏づけるような3つのポイント（キーメッセージ）を書き出すのだ。キーメッセージが3つ以上あるなら、それを3つのカテゴリーに分ければいい。キーメッセージが決まったら、ヘッドラインの下の四角に書き込もう。最後に、各カテゴリーに3つのサブポイントを挙げていこう。ここまで述べてきたとおり、サブポイントはストーリー、具体例、逸話、示唆に富むデータなど何でもいい。メッセージマップはアイデア、製品、サービス、会社を売り込むときにはいつでも使える。これほど効果的で価値のあるコミュニケーションツールはそうそうない。

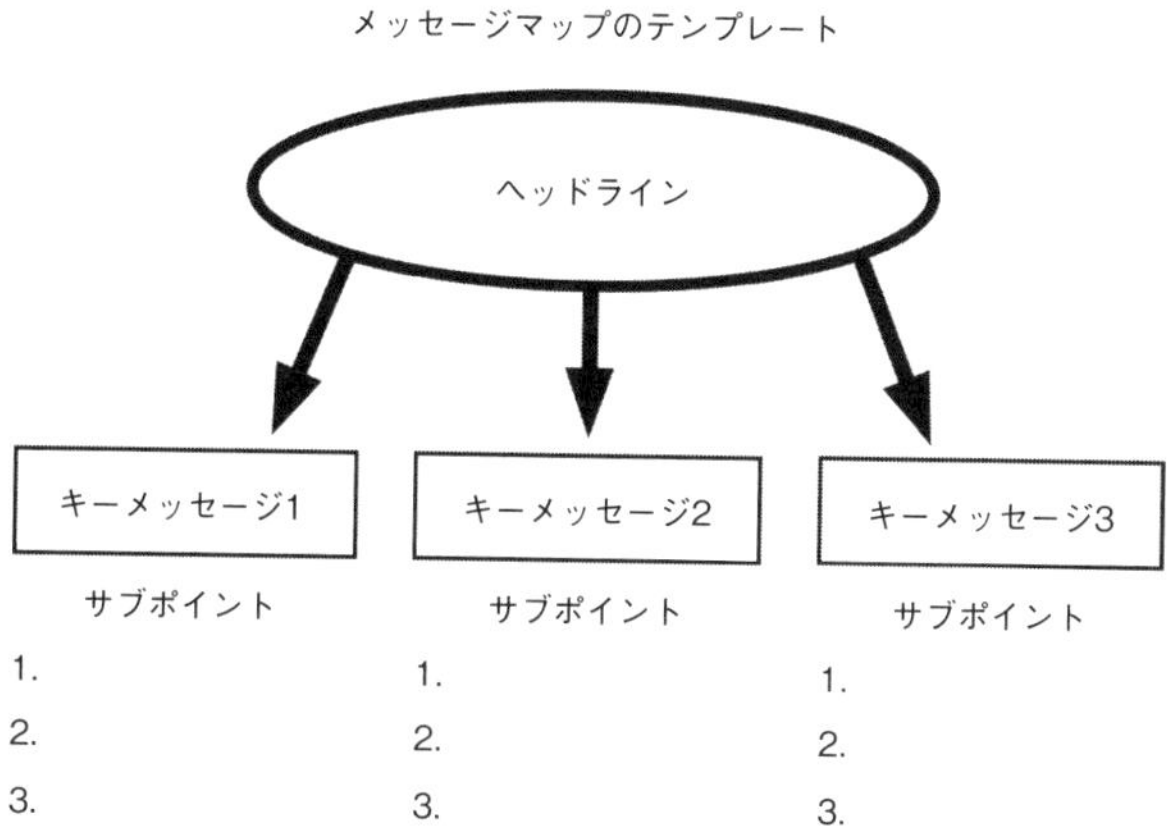

図7.2 ■ メッセージマップのテンプレート
Gallo Communications Group, www.carminegallo.com

法則7

18分ルールを守る

長く複雑で、とりとめのないプレゼンテーションを聞くのは苦痛だ。聴衆はまちがいなくそっぽを向く。18分ルールは優れたスピーチをする訓練として有効なだけではない。聴衆に過剰な負荷をかけないためにも、とても重要だ。プレゼンに制約があるほど、クリエイティビティは刺激される。つまり「削るもの」が多いほど、「残ったもの」のインパクトは強くなるのだ。

第８章

五感を刺激して記憶に残す

「説明には言葉だけでなく、画像も使ったほうが効果的だ」
――カリフォルニア大学サンタバーバラ校の心理学者、リチャード・メイヤー博士

「水」を意識することはめったにない。それが身の回りから消えるまでは。手に入らなくなると、もうほかのことは考えられなくなる。マイケル・プリチャードが携帯型の浄水装置の開発を思い立ったのは、２００４年のインド洋大津波と２００５年のハリケーン・カトリーナの被害を目のあたりにしたことがきっかけだった。どちらの災害でも安全な飲み水の不足から、多くの被災者が亡くなったり、ひどい体調不良に陥ったりした。プリチャードが発明した携帯型のろ過装置「ＬＩＦＥＳＡＶＥＲ《ライフセーバー》フィルター」は、汚水を飲用水に変える。プリチャードは２００９年にＴＥＤに登場し、自らの発明品について語った。そのプレゼンは３００万回以上視

聴されるなど、世界中の起業家がうらやむ成功を収めた。

プレゼンの冒頭、プリチャードはひとりの少年の写真を見せた。ぼろ布を身にまとい、泥にぬかるんだ野原で悪臭のするような汚い水をすくっている。

「みなさんはこの2日間、会場で提供されるおいしい水を飲んできましたね。安全な水源で採取された水だと思っていらっしゃるでしょう。でも、そうじゃなかったらどうでしょう？　こんな水源だったら？　その場合、統計的にはみなさんの半数が今ごろ下痢を起こしているはずです[1]」

プリチャードは感情を揺さぶる写真とぞっとするようなデータで、のっけから聴衆の心をつかんだ（「驚きの瞬間」）。でも、これはほんの始まりにすぎなかった。

プレゼンが始まって3分後、プリチャードは舞台中央に置かれた水槽に近づいた。近くのテムズ川から汲んできたという水が、4分の3ほど入っている。少しだけにごっているが、ほぼ透明だ。

「でも考えてみたら、バングラデシュの洪水地帯のど真ん中に、こんなきれいな水があるはずないですよね？　そこでちょっと追加するものを持ってきました」

そう言うと、プリチャードは水槽にいろいろな水を加え始めた。自宅の池の水、下水、そして会場の緊張感を一気に高めたのが「友人の飼っているウサギからの贈り物」だ。

プリチャードは自ら発明した装置で水槽の水をすくうと、何度かポンプを押した。そして出来上がった清潔で安全な飲用水をコップに注いだ。まず自分で飲み、それから最前列に座っていたTEDキュレーターのクリス・アンダーソンにも飲ませた。デモ全体は3分ほどの長さだ。プリチャードは写真とデータとデモを使った。プレゼンを記憶に残るものにしたのは、そのどれかではなく、3つすべてである。

法則8　五感を刺激して記憶に残す

プレゼンには視覚、聴覚、触覚、味覚、嗅覚のうち、複数に働きかける要素を盛り込もう。

なぜ効果的なのか――重ねて言うが、脳は退屈なものには興味を示さない。うっとりするような画像、惹き込まれる動画、おもしろい小道具、美しい言葉など、ストーリーに命を吹き込むチャネルが複数あると、聴衆は退屈してなどいられない。プレゼンに五感を刺激する要素を入れてほしい、というリクエストを受けることはまずないが、そうすれば聴衆が夢中になるのは確実だ。脳は多感覚を併用する経験が大好きだ。あなたのプレゼンのどこが良かったのか、後から聞かれても聴衆は答えられないかもしれない。あなただけの秘密にしておこう。

多感覚に働きかけると学習効果が高まる

数年前、カリフォルニア大学サンタバーバラ校の心理学教授で、マルチメディア学習の提唱者であるリチャード・メイヤー博士と会う機会があった。メイヤーは「マルチメディア学習の認知理論」という論文で、ある概念を説明するのに、聴覚、視覚、運動感覚など複数の感覚入力を使ったほうがはるかに効果的であると述べている。認知心理学で最も重要な研究テーマのひとつは、マルチメディアが学生の学習をどのように促すかを明らかにすることだという。

メイヤーの実験では、多感覚（文字、写真、アニメーション、動画など）を併用しながら学習した学生は、同じ情報を聞いただけ、あるいは読んだだけの学生と比べて、常に情報をより正確に覚えていた。それも当然だろうとメイヤーは言う。ひとつの事柄について2つの心的イメージ（言語的イメージと視覚的イメージ）があれば、ひとつしかない場合と比べて記憶は強くなる。それも少しどころではなく、はるかに強くなる。さらに触覚への刺激まで付け加えれば、もう無敵である。

2つの学習方法の違いは〝聴衆〟、すなわち情報を学ぶ人たちの予備知識が少ないと、さらに大きくなる。学習内容について予備知識の多い学生は、話を聞いただけ、あるいは資料を読んだだけでも、自分でイメージをつくれる[2]。

だが、次のような重要なプレゼンテーションの場合、聞き手の予備知識はたいてい少ないだろう。

■新しいアイデア・製品、会社、キャンペーンを売り込む
■新しい規則、プロセス、ガイドラインを説明する
■授業の初日
■従業員や営業スタッフに新しいツールやカスタマーサービスを教える
■製品を聞いたことも使ったこともない顧客に販売する
■ユニークで革命的な製品やサービスを発売する
■投資家に成長資金の出資を求める

このような場面では、多感覚に働きかけるような経験が最高の結果につながることが多い。聞き手の中には、あなたのテーマに懐疑的で、説得しにくい相手もいるかもしれない。でも彼らとて人間の行動をつかさどる心理メカニズムと無縁ではない。視覚、聴覚、触覚を刺激されると、だれだって反応せざるを得ない。

優れたパブリックスピーカーはこれをよくわきまえており、プレゼンではひとつの感覚を軸にしつつ、それ以外にも1〜2の感覚に働きかけようとする。プレゼンテーションで臭いや味を感じさせるのは難しいが、プリチャードは間接的に聴衆の嗅覚や味覚を刺激できることを示した（聞き手が水の臭いや味を想像すると、実際に水を飲んだときと同じ脳の領域が活性化する）。とはいえ嗅覚と味覚は難しいので、本章では視覚、聴覚、触覚に集中する。

見る

プレゼンテーションで使うスライドには、できるだけ文字でなく画像を使おう。文字だけでなく、文字と画像を組み合わせたほうが、聴衆に情報を覚えてもらえる。五感の中でも視覚は最も強力なので、本章では特にあなたのプレゼンを視覚に訴えるものにする方法を見ていく。

画像や映像によって聴衆を心の旅にいざなうには、アートと科学の両方の要素が必要だ。あなたのアイデアを視覚に訴えるイメージに変えるにはどうすればいいか、自由な発想で考えてみよう。

この30年、世界のトップクラスのスピーカーは力強く感動的で、人の心をとらえ、記憶に残るイメージでＴＥＤの聴衆を虜にしてきた。だから彼らのアイデアは拡散するのだ。

マルチメディアで気候変動の脅威を訴えたアル・ゴア

元アメリカ副大統領のアル・ゴアは2007年、地球温暖化への取り組みでノーベル平和賞を受賞した。ゴアのプレゼンはその前年にモントレーで開かれたTEDカンファレンスの最大の目玉で、そこで使われたのはアカデミー賞を受賞したドキュメンタリー映画『不都合な真実』で使われたのと同じスライドだ。

ゴアがノーベル平和賞を受賞したとき、TEDオンライン・コミュニティはカンファレンスでゴアのプレゼンを見た人たちに、それが自分の人生にどのような影響を与えたかとたずねた。寄せられたコメントをいくつか紹介しよう。

「アル・ゴアのTEDトークを見て、自分が孫の世代のために何をすべきか、初めてわかった。今では支援する事業すべてについて、地球環境への影響を考えるようになった」

——ベンチャー・キャピタリスト、ハワード・モーガン

「気候変動という危機についてのゴアのプレゼンテーションには心を奪われた。ゴアの情熱がストレートに伝わってきた。だからすぐにその内容を子供たちに伝えた。今年11歳になる長男のチャーリーは地球温暖化防止の熱心な活動家になり、自分でパワーポイントをつくって機会があるたびに人に見せている」

——企業経営者、ジェフ・レビー

「アル・ゴアのTED2006でのプレゼンは私の人生の転換点だった」

――エンジェル投資家、デビッド・S・ローズ[3]

これは地球温暖化の脅威やその原因、我々に何ができるかを語ったゴアのプレゼンテーションに、心を動かされた人々のごく一部だ。

ゴアが使ったスライドショーは、プレゼン用ソフト「キーノート」でつくられたものだ。情報を視覚的に見せることで、どれほど人々の心を動かせるかを示すすばらしい実例と言えるだろう。2006年2月にモントレーに集まったTEDの聴衆は、その数カ月後に公開されたドキュメンタリーに使われたスライドを、ひと足早く目にしたことになる。

映画『不都合な真実』誕生のきっかけは、その2年前にさかのぼる。2004年5月27日の映画『デイ・アフター・トゥモロー』の公開初日、ゴアはニューヨークで開かれた対話集会で気候変動に関する10分の短いプレゼンテーションをした。その会場にいたのがプロデューサーのローリー・デビッドだ。

「あんなものは見たことがなくて、夢中になったわ。対話集会が終わるとすぐにゴアのところに飛んで行って、ニューヨークとロサンゼルスの政治家や著名人を集めてプレゼンの完全版を披露しないか、と打診したの。日程さえ決めてくれれば、あとはすべて私がセッティングしますから、と。あの日のゴアのプレゼンは、それまで私が見た中で地球温暖化の問題を一番強烈かつ明快に伝えていたわ。だからみんなに見せなければ、と思ったの[4]」

ローリー・デビッドの発言に注目してほしい。「それまで私が見た中で」と言っている。ゴアが地球温暖化というテーマを視覚的に伝えるスライドを使わなかったら、デビッドがそれをもとに『不都合な真実』を制作することもなかっただろう。デビッドが心を動かされたのは、ゴアのプレゼンがありきたりのプレゼンではなく、むしろ映画に近いマルチメディア体験だったからだ。

フォーブス誌のリーダーシップとコミュニケーションに関するコラムの取材で私は、ヴァージン・グループ創業者のリチャード・ブランソンにインタビューする機会に恵まれた。そこでだれかのプレゼンに圧倒されたことはあるか、と聞いてみた。ブランソンが挙げたのが、ゴアの地球温暖化に関するプレゼンだ。

「アル・ゴアはこれまでのような事業活動を続けることが、地球というもろい惑星に取り返しのつかない影響を及ぼすことを示したんだ。(航空会社や鉄道会社といった)化石燃料を大量に使う業界の経営者が、クリーンテクノロジーの市場を活性化し、新しい事業活動のあり方に道を開くにはどうしたらいいか、僕らは建設的な議論をした。その結果、僕はヴァージン・グループの輸送事業の利益の100%をクリーンエネルギーに投資するだけでなく、より多くの企業に人間と地球と利益を等しく大切にするよう働きかけることを決めたんだ」[5]
　　――ヴァージン・グループ創業者、リチャード・ブランソン

　ゴアがビジュアルな資料の助けを借りず、ただ文章を読み上げていたら、感動し、問題に興味を持つ人はほとんどいなかっただろう。そのアイデアは忘れ去られるか、せいぜい温暖化に強い関心のある少数の人の共感を呼んだぐらいだろう。難しい情報を視覚的に示したことで、テーマが明確になり、わかりやすくなった。**表8・1**は、ゴアが地球温暖化の基本的メカニズムをどのように説明したかを示している。左の列はゴアが語った言葉、右の列はそのとき表示されていたスライドや、強いインパクトを与えたアニメーションだ。

　ゴアは複雑なテーマはシンプルに説明する必要があり、また聴衆に難しい概念を理解してもらうには画像を多く使ったほうが良いことをわかっていた。第4章で紹介した、深海のタイタニックを探り当てたロバート・バラードを覚えているだろうか。バラードは2008年のTEDでのプレゼンで、57枚のスライドを使ったが、そのうち文字が書かれたスライドは1枚もない。写真や、深海世界を描いた芸術家の作品はたくさん見せたが、文字は一切なかった。なぜか？

「僕は講義ではなく、ストーリーテリングをしに行ったからさ」

とバラードは私に説明してくれた。

アル・ゴアが地球温暖化のプレゼンテーションに使ったスライドを制作したのは、プレゼンテーション・デザインのエキスパートで、『ザ・プレゼンテーション』（ダイヤモンド社刊）の著者であるナンシー・デュアルテだ。

私はナンシーと親しく、スライドデザインのあるべき姿やプレゼンテーションの世界を変える力について意見が合う。デュアルテはTEDxでこう語った。

「たったひとつのアイデアには、世論を動かしたり、大きなムーブメントの出発点になるなど我々の未来を書き換えたりする力があります。でもあなたの中にとどまっているかぎり、アイデアは無力です。共感を呼ぶような方法でアイデアを伝えたとき、初めて変化が起こるのです[7]」

従来型パワーポイントの終焉

TEDは、従来型パワーポイントの終焉をはっきりと示している。お粗末なパワーポイントのせいでプレゼンで惨敗するのはもうたくさんだ。だからパワーポイントには未来永劫別れを

表8.1 ▎アル・ゴアがプレゼン「気候変動の危機を回避する」で語った言葉と表示されたスライド

ゴアの言葉	スライド
地球環境システムで一番弱い部分は、大気です。理由は、とても薄いから。人間の活動がその構成を変えてしまうほど、薄いのです。地球温暖化の科学的メカニズムは、まず太陽の放射が光波の形で入ってきて、地球を暖めます[6]	地球と太陽、太陽から降り注ぐ明るい黄色い光線のイメージ
地球に吸収され、地球を暖めた太陽熱の一部は、反射されて赤外線放射として宇宙に戻ります	赤外線を示す赤い光線が、地球の大気圏を離れていくアニメーション
宇宙に出ていく赤外線の一部がこの大気圏につかまり、大気圏の中にとどまります	赤い線の一部が、宇宙へ出ずに、薄い大気圏の中にとどまる
この現象は地球の温度を一定に保ち、比較的安定した住みやすい環境にしてくれるので、ありがたいことです。問題は、この薄い大気圏が排出された温暖化ガスによって厚みを増していることです。大気圏が厚みを増すと、大気圏でつかまる赤外線の量が多くなり、世界的に大気の温度が上昇するのです	煤煙を排出する工場の写真

告げよう。

とはいっても、ツールとしてパワーポイントをもう使わないということではない。文字や箇条書きばかりの従来型パワーポイントと決別する、という意味だ。平均的なパワーポイントの文字数は、スライド1枚あたり40ワードとされる。だがTEDのプレゼンテーションに出てくるスライドに、それほど文字が並んでいるものはまずない。それが世界トップクラスのプレゼンという評価を得ているのだ。

ブレネー・ブラウンはヒューストン大学ソーシャルワーク大学院の研究教授だ。そのプレゼン「傷つきやすい心の強さ」は700万回以上視聴されている。平均的なパワーポイントには40ワード書かれているという世間の常識はまったく意に介さないようで、それがプレゼンの成功につながっている。

ごちゃごちゃしたスライドは、スピーカーのメッセージから聴衆の関心をそらしてしまう。ブラウンのスライドは、話の流れを補完するものだ。できるかぎり言葉の代わりに画像を使おうとしている。結局、25枚目のスライドでワード数はようやく40に達した。たいていのプレゼンでは、たった1枚のスライドに書かれる分量だ。

ブラウンのプレゼンテーションは博士課程の学生時代の個人的エピソードから始まる。最初の担当教授にこう言われた。「測定できないものは、存在しない」。それからの2分間、ブラウンが話す間表示されていたスライドには、この担当教授のコメントだけが書かれていた。

次にブラウンが人と人とのつながりについて語る間、表示されていたのは母親の手にそっと握られた赤ちゃんの手の写真だった。ブラウンのプレゼンが支持された一因は、言葉で語るストーリーに代わるものではなく、それを補強するものとしてスライドを活用したからだ。TEDドットコムのブラウンのプレゼンには、次のようなコメントが寄せられている。

「本当にすばらしい、パワーあふれるプレゼン。一つひとつの言葉に聞き入ってしまったわ」（メラニー）

図8.1 ■ TED2012で講演するブレネー・ブラウン
James Duncan Davidson/TED (http://duncandavidson.com/)

「力強いメッセージだ」(ビル)
「気取ったところがひとつもない、心のこもった内容」(ジュリエット)

視聴者はブラウンのメッセージ、話の内容、ストーリーの構成に魅了された。ブラウンが話の途中に文字ばかりのスライドを見せていたら、メッセージはこれほど強く伝わらなかったはずだ。なぜか? それは脳は我々が思うほどマルチタスクが得意ではないからだ。

マルチタスクという幻

「マルチタスクが複数の事柄に注意を払うということなら、それは幻だ」[8]。ワシントン大学医学部の分子生物学者、ジョン・メディナは言い切る。たしかに脳はある程度のマルチタスクはできる。たとえば歩きながら話すといったように。しかし講義、会話、プレゼンテーションなど注意を払う事柄については、同時に複数を処理することはできない。

「研究によって人間はマルチタスクができないことははっきりしている。生物学的に、注意を要するインプットを同時に処理するようにはできていないのだ」

ちょっと考えてみよう。自分の語る言葉に意識を集中するよう求めながら、同時にぎっしり文章の詰まったパワーポイントのスライドを見せるなど、聴衆に過剰な負荷をかけていないだろうか。それは無理なのだ。両方はできない。では聴衆を夢中にさせ、感情的な絆をつくり、さらに気を散らせることなく話の内容に集中してもらうにはどうすればいいのか。ここでも神経科学の研究が役に立つ。「画像優位性効果（ＰＳＥ）」というのがその答えだ。

画像のほうが効果的

科学的研究で、言葉よりも画像によって提示された概念のほうが、記憶に残りやすいことを示すエビデンスが続々と得られている。要するに、視覚がカギを握るということだ。情報を耳で聞いた場合、３日後に覚えているのは全体の約10％だ。しかしそこに画像を加えると、その割合は65％に跳ね上がる。画像を追加することで、言葉だけで聞いたときより情報を6倍記憶しやすくなるのだ。

メディナはこう書いている。「PSEは歴然としている。何年も前の実験だが、ほんの10秒ずつ写真を見せただけで、被験者は数日後でも2500枚の写真のうち90％以上を正確に思い出せた。正答率は1年後でも63％近かった。この実験では文章あるいは口頭など、ほかのコミュニケーション形態と効果を比較したが、画像はその両方を圧倒した。これは今も変わらないはずだ[9]」

我々の脳は、視覚情報（画像）を文章や音とはまったく違う方法で処理するようにできている。科学者はそれを「多モード学習の効果」と説明する。画像は複数のチャネルで処理されるので、脳はより深く、しっかりとコード化する。この「デュアル・コーディング」理論を初めて提唱したのが、ウエスタン・オンタリオ大学の心理学教授、アラン・パイビオだ。この理論によると、視覚情報と言語情報は、記憶の中で別個に保存される。画像、言葉、あるいはその両方として保存されるのだ。

画像によって学習した概念は、視覚と言語の両方でコード化される。一方、言葉で学習した概念は、言語情報としてのみコード化される。要するに、画像のほうが脳に手厚く保存されるので、思い出しやすいのだ。

たとえば、「犬」という単語を覚えてほしいと言われると、あなたの脳はそれを言語情報として登録する。だが、犬の絵を見せられ、犬という言葉を覚えてほしいと言われると、今度は犬という概念が視覚と言語情報の両方で登録されるので、あとで思い出せる確率は大幅に高くなる。「犬」というのはなじみのある概念なので、記憶能力は自然と高まる。しかし、なじみのないテーマ（たとえばTEDのプレゼンの多くがそうであるように、初めて聞く情報）の場合、その概念を画像と言葉の両方で保存したほうがはるかに記憶に残りやすい。

パイビオの理論はfMRIを使った研究で正しいことが確認されている。今日では、画像と言葉の両方で情報を学んだ学生のほうが、文章だけで学んだ学生よりも情報を鮮明に覚えることが確認されている。「マルチメディアの法則」という言葉もある。言葉だけより、言葉と画像を組み合わせたほうが、記憶力が高まるという意味だ。人の心を揺さぶり、行動を促すようなプレゼンをつくりあげるうえで、とても参考になる情報である。

ビジュアル資料の達人、ビル・ゲイツ

マイクロソフトを去り、慈善事業に全精力を傾けるようになってから、ビル・ゲイツは難しいテーマをいかにシンプルに伝えるかに心を砕いてきた。ゲイツが取り組むテーマは、炭素排出量の削減から教育改革、子供を中心とする世界の最貧困層20億人の生活水準を向上させることまでと幅広い。どれも複雑な問題で、解決策も複雑だ。だがゲイツのスライドは違う。わかりやすく、画像優位性に配慮したお手本のようなスライドだ。

TED2011でのゲイツのプレゼン「ゼロへのイノベーション」は大好評を博した。U2のリードボーカル、ボノはこのプレゼンに「希望を感じた」と言い、お気に入りTEDトーク

のひとつに挙げる。平均的なパワーポイントのスライドに含まれるワード数が40であることは、すでに書いたとおりだ。だがゲイツは言葉ではなく、写真やイメージを見せた。最初のスライドは、アフリカの小さな村の貧しい子供たちの写真だった。ゲイツはこう切り出した。「アフリカの貧しい子供たちにとって、エネルギーと気候問題はとても重要です。この地球上のだれよりも、切実と言えるでしょう。気候問題が悪化すれば、作物がよく育たない年が増えるでしょう。雨が多すぎたり、少なすぎたり、ただでさえ心もとない生活は維持できなくなるでしょう。それは飢餓につながり、政治の不安定、暴動につながります。このように気候変動は彼らにおそろしい結果をもたらすのです[10]」

ゲイツは複雑な内容をわかりやすくする達人だ。わずか7秒で地球温暖化を説明してしまった。そこで使ったのは、温暖化のメカニズムを示すシンプルなビジュアル資料だ。「二酸化炭素が排出されると気温が上昇し、気温が上昇するととても重大な問題を引き起こします」

スライドには乾いた大地と空の写真が映し出され、空の部分にこの構図が式で示されている。**図8・2**はゲイツのスライドを再現したものだ。

世界を熱狂させたスクランブルエッグの動画

TEDドットコムに掲載された動画の中で、ビル・ゲイツのお気に入りがデビッド・クリス

図 8.2 ■ 温暖化のメカニズムを説明したビル・ゲイツのスライドの再現
Empowered Presentations @empoweredpres.

チャンの「ビッグヒストリー」であることはすでにふれた。クリスチャンのプレゼンテーションは五感、特に視覚に訴えかける。最初の2分半にクリスチャンが見せる複数のスライドには、一切文字がない。舞台に上がると、開口一番「まずはビデオをお見せしましょう」[11]と話した。聴衆の目に映るのは、スクランブルエッグをつくるために卵をかき混ぜている映像だ。だが何かおかしい。すぐにビデオが逆再生であることがわかる。卵はかき混ぜる前の状態にもどり、黄身と白身が再びひとつになり、最後には殻の中に納まる。

クリスチャンは聴衆に、このビデオに違和感があるのは、不自然だからだと語る。宇宙ではこんなことは起こらない。

スクランブルエッグはグチャグチャ。一方、卵は美しく洗練されており、鶏などもっと洗練されたものに発展する可能性もあります。私たちは心の奥底で、宇宙はグチャグチャな状態から高度な状態へは移行しないことをわかっています。この本能的直感は、物理学の最も基本となる法則や、熱力学第2法則、あるいはエントロピーの法則に反映されています。それは宇宙には秩序や構造から無秩序や構造のない状態、つまりグチャグチャな状態に向かう一般的な傾向があるということを言っているのです。あのビデオが少し奇異に感じられたのはこのためです。

TEDドットコムの視聴者は、クリスチャンのプレゼンテーションに「夢中になる」「すばらしい」「驚異的」と賛辞を送っている。だがクリスチャンがスライドもイメージもアニメーションも使っていなかったら、その内容を追うのはとても難しかっただろう。スライドはストーリーに代わるものではなく、それを補完したのだ。

> 言葉と重複するのではなく、言葉を補うようなビジュアルを使え。
>
> ——TED十戒より

数字で聴衆を魅了したボノ

TEDプレゼンテーションにセクシャルな表現を持ち込むのは、ロックスターに任せたほうがいい。U2のリードボーカル、ボノは、極度の貧困（1日1・25ドルで暮らす人）を減らす取り組みが前進していることを示すデータを見せるとき、それをやった。

「生きるのが苦しく、魂が蝕まれるような極度の貧困状態で生活する人は、1990年に世界人口の43％を占めていた。それが2000年には33％、2010年には21％に減ったんだ」[12]

ボノが話すのに合わせて、背後のスライドに次々と数字が映し出されていく。

「1日1・25ドル以下の生活を送っている人にとって、これは単なるデータじゃない。心のよりどころだ。この急速な変化は、絶望から抜け出し、希望に向かう道なんだ。この傾向が続けば、1日1・25ドルで生活する人は、2030年までにゼロになる。数字屋さんはこのゼロという部分を見るとコーフンするみたいだね」

ボノの言葉に、聴衆は大笑いして拍手を送った。

ボノのスライドはプロがデザインしたものだ。業務遂行に必要で何度も繰り返すようなプレゼンや、新規顧客や出資者を獲得するためのとても重要なプレゼンには、ぜひおススメしたい。

TEDドットコムでボノのパフォーマンスを見てほしい。優れたプレゼン・デザインに共通する、あるテクニックが使われている。「スライド1枚につき1テーマ」というのがそれだ。

たいていの人はプレゼンテーションでデータを使うとき、1枚のスライドにとても聴衆が消

図 8.2 ■ TED2013 で講演するボノ
James Duncan Davidson/TED（http://duncandavidson.com）

化できないような大量の数字や図表を詰め込もうとする。ボノが数字を言うときには、その数字だけがスライドに表示される。ひとつデータを紹介するたびに、新しいスライドに変わる。極度の貧困が２０００年以降半減した、と言ったときには、スライドには「極度の貧困は半減」とだけ書かれていた。

　数字やデータを視覚に訴えるものに変えるこのテクニックは、あなたのテーマを補強する説得力のあるデータへ、聴衆の目を向けさせるのに効果的だ。

　ボノは世界の貧困層の生活が改善していることを示すデータを次々と出していった。

２０００年以降、エイズ患者のうち抗ＨＩ

V薬を服用できる人は800万人増えた。そしてマラリア。サハラ以南のアフリカ8カ国では、マラリアによる死亡率が75％低下した。5歳未満の子供の死亡数は年間285万人減少した。1日あたり7256人の子供の命が救われていることになる。すごいよ。ここ1週間で、これに匹敵するようなニュースがあったかい？

神経科学の研究によると、この引用をただ読んだだけでは、3日後に思い出せる情報は10％ぐらいになる。だがそこに写真を加えると、情報の65％を覚えていられる。だからボノもそうした。言葉で内容を伝えながら、ビジュアル資料を中心とするマルチメディアを使ってデータのインパクトを高めたのだ。

ボノがマルチメディアとして使ったのは、アニメーション付きの図表や写真だ。どれほどわかりやすい図表でも、図表のスライドが続くと聴衆は興味を失う。だからボノは図表の合間にストーリーや写真を挟み、聴衆の目を休ませている。そしてデータの背後にある生身の人間のエピソードを盛り込み、データに命を吹き込んでいる。

「1日7000人の子供の命が救われている。そのうちの2人がこの子たちだ。マイケルとベネディクタ。2人が今、生きているのは、看護師のパトリシア・アサモア博士とグローバルファンドのおかげなんだ」

そう言いながら、ボノは2枚のスライドを見せた。1枚目は、笑顔のマイケルとベネディクタ。２枚目は小さな村と思われる場所にいるアサモア博士だ。これがデータの伝え方のお手本だ。スライド１枚あたりデータ（テーマ）はひとつ、続いて単調なグラフや表の連続から脳を休めるため、写真や画像を見せる。ボノのストーリーは聞いているだけでも楽しいが、このプレゼンがこれほどのインパクトを持ちえたのは巧みなビジュアル使いのおかげである。

３万２０００体のバービー人形

写真家のクリス・ジョーダンはバービー人形の扱いがうまい。２００８年２月、ＴＥＤに登場したジョーダンは、聴衆に50体のバービー人形を足を中心に丸く並べた写真を見せた。２枚目は１枚目より少し後ろに引いて撮った写真で、何千というバービー人形が同じように並んでいる。使われているのがバービー人形だと知らなければ、美しい花がたくさん並んでいる絵だと思うだろう。最後に見せた３枚目の写真はさらに後ろに引いて撮ったもので、女性の胸部のシルエットが浮かび上がる。

「ここまで引くと、ようやく３万２０００体のバービー人形がすべて写ります。これは毎月アメリカで行われている豊胸手術の件数と同じ数です。その大半を占めるのが21歳未満の女性です。豊胸手術は高校の卒業祝いとして、これから大学に旅立とうとする少女たちに贈られる一番人気のアイテムに急速になりつつあるのです」

とジョーダンは語った。[13] ジョーダンもデータを視覚に訴える形で伝える名人だ。

ジョーダンが見せたもうひとつの連続写真は、白い紙コップを重ねたものだ。私たちはコーヒーなど温かい飲み物を入れるのに、1日4000万個の紙コップを使っているという。

「キャンバスに4000万個の紙コップはとても入りませんでしたが、41万個入りました。41万個の紙コップというのは、こんなものです」

そう言いながら聴衆に見せたのは、白い線が何本も並んでいるような写真だった。

「これは我々が15分で消費する紙コップの量です」

最後の写真には、1日にアメリカで消費されるのと同じ数のコーヒーカップが写っていた。

「これは42階建てのビルと同じくらいの高さがあります。参考までに、自由の女神像と比べてみましょう」

そう言うとジョーダンは、同じ画面上に自由の女神像を映した。そびえ立つ紙コップの壁の前では小さく見える。

別の作品では、ジョーダンは毎年喫煙のために命を落とす人の数をビジュアル化した。最初の写真は、たくさんのタバコの箱を積み重ね、クローズアップで撮っている。カメラを引いた2番目の写真には、作品全体が写っていた。数千個のタバコケースを使って、ビンセント・ヴァン・ゴッホの1886年の作品「タバコをくわえた頭蓋骨」を再現したのだ。

一般の人には、とほうもない数字データの意味を理解するのは難しい、とジョーダンは考えている。だがジョーダンがここで挙げた数字は、どれもアメリカ社会の非常に深刻な問題を映している。それを視覚的に、クリエイティブな形で提示して、聴衆の心を強く動かす。
ボノが数字で聴衆を魅了したように、ジョーダンも大きな数字を「実感」できるようにすることで、行動を促そうとしたのだ。

「我々の文化は感情を失いつつあるのではないか、という不安を私は感じます。今のアメリカは感覚がマヒしているようです。我々の文化で今起きていること、この国で起きていること、そしてアメリカ国民の意思として世界中で行われている残虐行為に対して怒り、悲しむ感覚を失ってしまったのです。どこかへ消えてしまった。こういう感情が、もはやアメリカに存在しないのです」

ジョーダンのプレゼンでは無味乾燥な数字データ、これまで何度も耳にしたのに気にもとめなかったようなデータが、ビジュアル資料によってマルチメディアの要素を追加するだけで、新たな意味を持つことを雄弁に物語っている。ビジュアル資料はプレゼンの重要な主張を補強し、我々が数字に感情移入できるようにする。「人はあなたの言ったことや、あなたがしたことも忘れるが、あなたにどんな思いをさせられたかは絶対に忘れない」と言ったのは詩人のマヤ・アンジェロウだ。聴衆に「何を言うか」だけを考えるのはやめよう。「何を感じてもらいたいのか」を考えるのだ。

マーケティング用パワーポイントを変えたリンクトイン

リンクトインが上場する9カ月前、当時のマーケティング担当副社長に招かれ、営業とマーケティングのスタッフ130人にワークショップを実施した。副社長はチームが使っていたパワーポイントのスライドに不満があった。「いろいろなことを難しくしすぎている」というのだ。副社長は私の過去の著書を参考にスライドを刷新し、法人顧客にリンクトインに広告を出したり、採用に使ったりするよう働きかけたいと考えていた。こうして完成したのが、TEDのようなスライドだ。文字はほとんどなく、箇条書きはゼロで、写真などビジュアルがたくさん使われている。数字を強調する場合は、その数字だけをスライドに映し、続いてリンクトインのサイトの写真など関連するイメージを見せることにした。

私がリンクトインのチームに強く訴えたのは、スライドで見せる画像や説明する言葉によって、聴衆の頭の中に鮮やかなイメージが浮かび上がるようにしよう、ということだ。たとえば重要なスライドの1枚には、「7000万」という数字が書かれていた。続いてリンクトインの会員をイメージしたモデルを使い、同社のロゴマークを表現したアーティストの作品が映し出された。7000万というのは当時のリンクトインの会員数だ（現在では2億人を超える）。このスライドのナレーションはこんな具合だ。

「現在、リンクトインには7000万人の会員がおり、毎月300万人ずつ増えています。毎月サンフランシスコと周辺市街地の人口に匹敵する数の新しい会員が、ネットワークに加わっているのです」

リンクトインのマーケティングや営業部門のスタッフは新しいスライドデザインがとても気に入り、ＩＰＯまでの９カ月、積極的に営業に活用した（リンクトインの株価は公開初日に２倍になり、時価総額は90億ドルに達する快挙を成し遂げた）。

今日では、世界に名だたる企業のＣＥＯや営業、マーケティング担当の幹部が、古いパワーポイントを捨て、聴衆を視覚の旅に連れ出すような新しいバージョンをつくりはじめている。

「剣で銃撃戦は戦えない」という格言があるが、まさにそのとおりだ。従来型のパワーポイントは、現代企業の戦場ではもはや時代遅れだ。時代の波に乗り遅れ、ライバル企業にあなたの夢を討ち取らせてはならない。

TED NOTE

内容をビジュアル化する

画像を増やしたり、円グラフや図表の背景に写真を入れたりしよう。最初の10枚のスライドで、ワード数が40を超えないよう努力してほしい。そのためにはスライドを聴衆の気を散らすような余計な文字で埋め尽くすのをやめ、記憶に残る魅力的なストーリーをどう語ればいいいか、クリエイティブに考えなければならない。

イドからできるかぎり箇条書きをなくそう。ＴＥＤでも特に人気のスピーカーが使うスライドには、箇条書きが一切出てこない。文章や箇条書きは、聴衆に情報を伝える方法として一番記憶に残りにくい。すべてのスライドから箇条書きをなくすことはできないかもしれないが、そう努力するのは良い訓練になる。文字ばかりのスライドをなくすよう努力すると、プレゼンがぐっと楽しくなるはずだ。何よりすばらしいのは、聴衆もそのほうが楽しんでくれるということだ。

聞く

五感のうち一番支配的なのは視覚だが、複数の感覚を同時に刺激したほうが情報をしっかり記憶できる。聴覚もとても強力な感覚だ。話し方（声の高さ、速度、音量、激しさ、滑舌）ひとつで、あなたの言葉が聞き手の心に届くかが決まる。

地下45メートルの違法な坑道

写真家のリサ・クリスティンは25年以上かけて世界の秘境をまわり、その美しさと先住民をとりまく厳しい環境を写してきた。再びクリスティンのＴＥＤｘでのプレゼンを振り返り、聴衆の心を動かすためにどんな言葉を使ったかを見ていこう。

クリスティンが写真をガイド役にビジュアルな旅へいざなうと、聴衆は静まり返ってその様子にくぎづけになった。クリスティンの語りのタイミングは完璧で、ドラマチックだった。話しながら写真を見せるのではなく、最初にストーリーを語り、しばらくしてから写真を見せはじめた。こうした手法をとることで、聴衆はまずしっかりとクリスティンの言葉に耳を傾けてから、ストーリーの登場人物の写真を見ることができた。**表8・2**に、クリスティンがプレゼンの冒頭に語った言葉、写真の内容、表示されたタイミングを示した。

これまでたくさんのプレゼンテーションを見てきたが、クリスティンの最初の2分間ほど引き込まれたオープニングはない。文字がひとつもない写真だけのスライドと説得力のあるナレーション、そして考え抜かれた話し方。クリスティンの写真は聴衆の視覚をくぎづけにしたが、プレゼンを完璧なものにしたのは彼女の話し方だ。聞き手の聴覚を刺激すると、ビジュアルを使うのと同じくらい強烈なインパクトを与えられる。

言葉で絵を描く

クリスティンのプレゼンテーションが並外れてすばらしかったのは、彼女の言葉にすばらしい写真に匹敵するほどの力があったからだ。インドのレンガ工場を訪れたときの、イメージ豊かな描写はこんな具合だ。

表 8.2 ▍リサ・クリスティンの言葉と対応する写真

リサ・クリスティンの言葉	写真
私は地下 45 メートルの違法な坑道にいます。熱とほこりでむっとしています。息もできないぐらい。汗臭い男性たちとすれ違うのがわかりますが、ほとんど何も見えません。話し声は聞こえますが、坑道の中はだれかがせき込む音や粗末な道具で石を砕く音でいっぱいです[14]	粗末な道具を手にした上半身裸の炭鉱夫の白黒写真。頭に取りつけたヘッドライトの弱々しい光の中では、男のシルエットしか見えない
周りの人と同じように、私も光がチラチラする安物のヘッドライトを、ボロボロのゴムバンドで頭に付けています	這って坑道を降りていく炭鉱夫の白黒写真
何十メートルも地下に降りる 90 センチ四方ほどの坑道の壁からは、ところどころ木の枝が突きだしていますが、ほとんど見えません	炭鉱夫の顔のクローズアップ。暗闇の中でヘッドライトの光がその表情を照らしている
手が滑ったとき、数日前に会った炭鉱夫のことを思い出しました。彼は手を滑らせて、数メートル下の坑道に転落したそうです。私が今日、こうしてみなさんとお話ししている間も、男性たちはまだあの穴の中にいます。報酬ももらえない、命がけの仕事で、実際に命を落とすことも少なくありません	炭鉱から外に出ようとしているクリスティン
私は穴を登り、外に出て、家に帰ることができました。でも彼らはおそらく、永久にそれがかなわないのです。奴隷としてとらわれているからです	外に出ようとするクリスティンに手を貸す炭鉱夫たち

この奇妙で目をみはるような光景は、まるで古代エジプトかダンテの地獄に紛れ込んだかのようです。摂氏50度を超える猛烈な暑さの中、男性も女性も子供たちも、家族全員がほこりまみれになり、頭の上に18個ものレンガを積み重ねて灼熱の工場から数百メートル離れたトラックまで運ぶのです。単調さと疲労からだれひとり口をき

かず、黙々とこの作業を1日16〜17時間も繰り返します。食事や水を飲むための休憩もなく、脱水のあまり尿すら出なくなります。あまりの暑さとほこりで、私のカメラが触れないほど熱くなり、故障してしまうほどです。20分ごとに車に走っては機材を掃除し、エアコンで冷やさなくてはなりませんでした。車に座りながら、私のカメラのほうがあの人たちよりずっと良い待遇を受けていると思ったものです。

脳研究者のパスカーレ・ミケロン博士の言葉を借りれば、クリスティンはまさに「聞き手の頭に視覚的なすり込みを行っている」のだ。神経科学の研究によって、脳の視覚野には現実と想像の区別がつかないことが明らかになっている。何かを鮮明かつ克明にイメージできれば、実際にそれを見たときと同じ脳の領域が活性化する。メタファー、アナロジー、そして豊かなイメージは、心の目に画像を焼き付けるのにとても効果的だ。実物を見るよりも効果的なこともある。

「記憶力を高めるには、言語情報をできるだけ視覚情報に変換したほうがいい。それにはビジュアル資料や話し方が重要だ。聞き手の頭に絵が浮かぶように、具体例を使うのだ」とミケロンは主張する。[15] ミケロンは、コミュニケーターにできるだけ具体的な例を使うよう勧める。簡単に言えば、脳は抽象的なものを理解するようにはできていない。セールスピッチでも顧客が心の目でイメージを見ることができるように、具体的事例を使って話そう。抽象的な言葉で販売戦略を説明するよりずっと効果的だ。ミケロンはこう語る。

「人間は言葉よりも絵を覚える。だから聞き手が視覚的イメージを持ちやすいような話し方をすれば、抽象的な言葉だけで話すよりはるかに多くの情報を記憶してもらえる」

写真を使わずイメージを描く

脳は現実に見ているものと、想像しているものを区別できない。第3章で紹介した、大けがを負ったクロスカントリースキー選手のジャニーン・シェパードは、TEDxの聴衆のために鮮やかな絵を描いたが、そのためにスライドや写真は1枚も使わなかった。シェパードはナショナルチームの一員として、トレーニングで自転車に乗っていたときに人生を一変させる事故に遭った。状況が目に浮かぶような言葉を使い、シェパードは聴衆自身が自転車で走っているような気持ちにさせた。

私たちはシドニーの西にある、美しいブルーマウンテンズを目指して走っていました。すばらしい秋の日でした。暖かな太陽が降り注ぎ、ユーカリの香りが漂い、私には夢がありました。人生は充実していました。5時間半ほど走ったところで、私が大好きな場所に出ました。上り坂です。私は上り坂が大好きだったので、勢いよく立ちこぎを始めました。冷たい山の空気を吸い込むと、肺いっぱいに広がるのが感じられ、私は太陽を浴びようと顔を上げました。そのとたん、すべてが真っ暗になりました。[16]

シェパードは小型トラックに衝突したのだ。重傷を負ったシェパードは飛行機でシドニーの病院の脊髄《せきずい》病棟に運ばれ、一部下半身不随という診断を受けた。残り時間では回復までの長い道のりについて語り、最後に「あなたがだれであるかを決めるのは身体ではない」というプレゼンのテーマと結びつけた。

シェパードは担当医の考えが間違っていたことを証明しようと、新しい夢を見つけた。空を飛ぶことだ。事故から1年も経たないうちにパイロットの免許を取得し、ついにはアクロバティック飛行のインストラクターになった。

シェパードのプレゼンは100万回以上視聴されている。彼女のもとには、挫折を経験した人たちから「戦う勇気をもらった」というメールが届く。慢性的な病気と19年間戦ってきたある女性は、シェパードのプレゼンに命を救われたという。

「病状がひどく悪化したので、ここ数週間は自殺を考えていました。でも今日、ジャニーンの姿を見て、その話を聞いたことで新たな希望がわいてきました。私の旅は今、始まります」

1日1秒

シーザー・クリヤマは30歳で広告会社を辞めた。十分なお金を貯めたので、それからの1年は旅や自分の興味のあるプロジェクトに使おうと考えたのだ。クリヤマは日々の体験をビデオで録画することにした。それも1日1秒だけ。彼はTEDに登場したとき、聴衆にこう言った。

「視覚的イメージは記憶を呼び出すトリガーとなる。わずか1秒の動画を見るだけで、その日のことをすべて思い出せるんだ[17]」

ボノのレトリックに学べ

プレゼンにレトリック（修辞的技法）を取り入れることで、聞き手の聴覚を刺激することができる。たとえばマーチン・ルーサー・キングの「私には夢がある」は、現代史に残る有名なスピーチだ。キングはパワーポイントやアップルのキーノートといったプレゼン用ツールなど使わなかった。自らの言葉で、半世紀たっても色あせない鮮やかなイメージを描きだしたのだ。

キングの使ったパブリックスピーキングのテクニックは「首句反復」と呼ばれる。同じ言葉や表現を、文節や文の出だしに繰り返し使うのだ。キングのスピーチでは「私には夢がある」という表現が、最初に登場してから続く8つの文の冒頭に使われる。ボノは聴衆の五感への刺激を強めるため、グラフやアニメーションや写真といったビジュアル資料に加えて、首句反復をとても効果的に使っている。2つ例を挙げよう。[訳注2]

人間は自由を求める、自由を求めれば、たとえ最貧困層であっても社会的、制度的自由に手が届くようになるという**事実**。現状肯定につながるシニシズムや無関心を揺さぶるような**事実**。うまくいっている取り組みとそうでないものをはっきりさせ、問題の解決につながるような**事実**。我々が真摯に向き合えば、2005年にネルソン・マンデラが語った「人類に対する最大の罪である極度の貧困を克服する偉大な世代」に近づく道しるべとなる**事実**。

僕は今、ワエル・ゴニムのことを考えている。ゴニムがフェイスブック上で組織したグループは、エジプト・カイロのタハリール広場での反政府デモで中心的役割を果たし、このためにゴニムは投獄された。彼の言葉は僕の頭にタトゥーのように刻み込まれている。

訳注2
英語の首句反復を日本語に訳す場合、同じく首句反復になる場合と、ここのように結句反復になる場合がある。どちらにしても強調表現であることには変わりがない

「**僕らは勝つ。**政治を知らないから。**僕らは勝つ。**政治家の汚い手には乗らないから。**僕らは勝つ。**党派政治のしがらみがないから。**僕らは勝つ。**僕らの流す涙は心からわき出ているから。**僕らは勝つ。**僕らには夢があり、そのために立ち上がる意思があるから」

ワエルの言うとおりだ。ひとつになって立ち上がれば、**僕らは勝つ。**市民の力は、権力を握っている人々よりはるかに強いんだ。[18]

ボノが最後のパラグラフを言うとき、スライドを見せなかったことに注目したい。聞き手の意識を聴覚、つまり自分の言葉に集中させたのだ。話しているボノの目には涙が浮かんでいた。自分の語る内容への強い思い入れの表れだろう。力強く研ぎ澄まされた言葉は、我々の感情を激しく揺さぶる。ここでスライドを見せていたら、聴衆の意識が分散したはずだ。ボノは割れるような拍手とスタンディング・オベーションを受けた。当然だろう。彼の言葉は聴衆の五感を強く刺激したのだから。

「3人と1台」でひとりの声となる

がんのために声を失った映画評論家のロジャー・イーバートは2011年3月、1000人以上のTEDの聴衆の前で〝話した〟。

「これは私の言葉ですが、声は私のものではありません。すべてのマッキントッシュに搭載されているAlexという、私が聞いた中で最高の合成音声です」[19]

イスに腰をおろし、Macを膝に乗せたイーバートは、聴衆にこう語りかけた。映画評論家として何十年もカメラの前に立ってきた経験があり、映画制作の技術にも精通しているイーバートは、聴衆の関心を引きつけておくのがいかに難しいかを知っていた。だから当然、多感覚を刺激するような仕掛けを準備してきた。

1分ほど合成音声のスピーチが続いた後、イーバートはこう言った。

「合成音声を長い時間聞いていると、退屈しますよね。だから私の言葉を読んでもらおうと、仲間を連れてきました」

ステージには、イーバートと並んで3人が座っていた。イーバートの妻チャズ、医師のディーン・オーニッシュとジョン・ハンターだ。イーバートとチャズの深い絆も伝わる、とても感動的な18分だった。

イーバートがどのようにして自分の声を合成音声として取り戻したかというストーリーはとても興味深いが、合成音声を長時間聞いていると退屈する、という指摘はまさにそのとおりだ。だからイーバートは（コンピュータも含めて）4人の助っ人を呼んできた。複数の声を使うのも、〝多感覚を刺激する〟方法のひとつだ。イーバートの合成音声よりも単調で、聞くに堪えない生身のスピーカーが少なくないのは皮肉なことだ。

第7章で、プレゼンは60分より18〜20分のほうが絶対にいいと書いたが、私が基調講演をするときはたいてい1時間ぐらい話す。言行不一致だろうか？　そうではない。イーバートと同じように、私もステージを独占しないのだ。プレゼンテーションでは刺激的なリーダーたちのビデオクリップを使い、複数の声を取り入れるようにしている。ビデオクリップを使うことで、視覚と聴覚という2つの感覚に同時に働きかけることができる。

感じる

プレゼンテーションの究極の目標は、聴衆の意識を別の場所へトランスポートすることだ。情報を視覚的に提示すれば、聴衆はそれを見ることはできる。でも触れるという経験なしに、別の場所へ完全にトランスポートすることは可能だろうか。プレゼンテーションはブロードウェイの舞台のようなものだ、ということを思い出してほしい。賞を獲得するような舞台には、すばらしいストーリー、魅力的な登場人物、そして適切な小道具がある。最高のプレゼンにも聴衆に臨場感を与える小道具を含めて、こうした要素がすべてそろっている。

歌わずにスタンディング・オベーションを受けた歌手

第3章で紹介したパンクロッカー、アマンダ・パーマーを思い出してほしい。TED2013でのパーマーのプレゼンは、ネットにアップロードされて1週間も経たないうちに視聴回数が100万回を超えた。パーマーのテーマはシンプルでわかりやすい。「楽曲にお金を払わせるのはやめよう」だ。デジタルコンテンツはすでにあり、共有可能なのだから、アーティストはファンに直接サポートを求めたほうがいい、というのがパーマーの提案だ。聴衆のほとんどは大道芸の経験も売れないミュージシャンの苦労も味わったこともないが、パーマーは彼らをその世界に引き込んだ。

パーマーはひと言も発せずにステージに上がると、床に箱を置いた。そして箱の上に立ち、薄いベールを左腕にかけ、右手で花を一輪差し出した。2回深く息を吸うと、数秒間じっとポーズをとる。それからおもむろに口を開いた。

> 私はずっと音楽を生業《なりわい》にしてきたわけではありません。まともなリベラルアーツ大学を卒業してから、5年くらいはこれが仕事でした。フリーの大道芸人として、生きた銅像「8フィートの花嫁」をやっていたのです。大道芸が仕事だというのは楽しかった。みんな、こいつらの素顔はどんなものだろうと思っていますからね。こんなものですよ。
>
> 私は全身を白く塗って、箱の上に立ち、足もとに帽子や缶を置きました。お金を入れてくれる人がいると、花を一輪差し出し、じっとその目を見つめました。花を受け取ってもらえないときには、悲しそうなそぶりをして、後ろ姿を名残惜しそうに見送るのです。[20]

パーマーはプレゼンの最初の3分間は箱の上にとどまり、大道芸人時代の経験やお金をもらったときの様子を再現した。
「この箱の上で学んだことが、音楽ビジネスでこれほど役に立つとは夢にも思いませんでした」
バンドで十分な収入が得られるようになり、パーマーは大道芸をやめた。プレゼンでは「生きた銅像をやめた」と言うのと同時に箱から降りた。だがその後も箱はその場にとどまり、ストーリーのメタファーとして重要な役割を演じつづけた。

私はできるかぎり無料で楽曲を配信しようと決めました。リスナーにダウンロードをうながしつつ、サポートをお願いしようと考えたのです。そのやり方がうまくいくことを、大道芸人時代に学んだからです。

ミュージシャンになってからは、箱の上で見知らぬ人たちと出会ったのと同じように、ネット上での出会いを増やそうと努力しました。だからブログやツイッターでは、ツアーの日程や新しいプロモーションビデオの話題だけでなく、自分たちの作品やアート、恐れや挫折や失敗、お互いへの思いなども書きました。お互いをよく知ると、助け合いたい気持ちになるものだから。

パーマーはプレゼンの最後にこう問いかけた。「これまではみんな、まちがった問いにとらわれてきたのだと思います。『どうすれば楽曲にお金を払わせることができるか』と。そうではなく『どうすれば楽曲にお金を払いたい気持ちにさせられるのか』と考えたらどうでしょう？」」。そして「ご清聴ありがとうございました」と言いながら、オープニングで使った花を差し出し、客席に投げた。聴衆は立ち上がり、15秒ものスタンディング・オベーションを送った。ミュージシャンのパーマーは、１小節も歌わずに一世一代のパフォーマンスを終えたのだ。

ＴＥＤドットコムのパーマーの動画には、１週間で５００以上のコメントが付いた。ある視聴者は「斜に構えた自分自身の内なる声が『こんなプレゼンはダメだ』と言うのだけど、やっぱり違う。すばらしいアイデアを形にした、驚異のプレゼンだわ」と書き込んだ。

すばらしいアイデアを形にした驚異のビジネス・プレゼンを見たことがあるだろうか？　企業の役員会ではなかなかお目にかかれない。だがアマンダ・パーマーは無料で音楽を配信するという音楽業界で賛否の分かれる問題を、まさにビジネスの観点から論じている。しかも、聴衆が自分のこととして感じられるようなやり方で。

遅いダウンロードの苦痛を実感する

パーマーは箱という小道具の上に立つことで、聴衆に売れないミュージシャンの苦労を「感じ」させた。小道具やデモは五感を刺激し、あなたのアイデアや解決できる問題を聴衆に具体的に伝えるのに有効だ。

私は超高速ＵＳＢメモリの発売を計画していたハイテク企業の幹部のプレゼンを手伝ったことがある。「読み込み速度は毎秒１９０メガバイト、書き込み速度は毎秒１７０メガバイト」

という代物だが、そう聞いてもおもしろくないだろうし、まったくピンと来ない。だが我々はシンプルなデモによって、聴衆に今のUSBの苦痛と、新製品がもたらす快適さを実感させる方法を見つけた。こんな具合に。

スピーカーは新製品を簡単に説明した後、ステージの左側のテーブルに置かれたノートパソコンに歩み寄る。新製品のUSBメモリをポケットから取り出すと、パソコンに差し込む。聴衆のひとりにストップウォッチを手渡し、1・5ギガバイトの映画のファイルをパソコンからUSBに転送するのに何秒かかるか計ってほしい、と頼む。転送は10・5秒で完了した。

続いてスピーカーは、ストップウォッチを渡した聞き手に、もう一度時間を計ってほしい、と頼む。今度はライバル企業の製品を使って同じファイルを転送するのだ。スピーカーはひと言も発せず、聴衆とともに静かにファイルの転送状況を見守った。静寂の中、時間だけが過ぎていく。ようやく転送が終わったのは40秒後だった。締めの言葉は、

「USBメモリはどれも同じではありません」

2度目のデモのときにスピーカーが何かをしゃべっていたら、聴衆はそれに気を取られて、もっと速く感じたはずだ。沈黙を守ることで、遅いダウンロードの苦痛をしっかり伝えることができた。

羽根とバーナー

「私は小児科医であると同時に麻酔専門医です。だから子供を眠らせるのを生業としています。学者でもあるので、みなさんを無料で眠らせてあげることもできますよ[21]」

スタンフォード大学パッカード子供病院で、疼痛管理部門の責任者を務めるエリオット・クレーン博士は、2011年のTEDでのプレゼンでこう切り出した。痛みは通常、身体に何か問題があることの徴候だ。だが子供の中には、痛みが引かず、痛み自体が病気となるケースがある。クレーンはTEDの聴衆に、この種の痛みの原因と治療法を説明する前に、まずどんな痛みかを感じてもらおうと考えた。

私がこの羽根で、あなたの腕をなでているのを想像してみてください（そう言いながら黄色い鳥の羽根らしきものを手に取り、左腕を上下させた）。次に、これで同じことをするのを想像してみてください（今度は携帯型バーナーに火を点け、腕に近づけた。その痛みを想像した聴衆から苦笑が漏れた）。これが慢性的痛みとどんな関係があるのでしょう？　私がこの羽根であなたに触れているのに、あなたの脳がこっち（バーナーを手に取る）で触られているのだと認識したら、どんなにつらい日々になると思いますか？　それが慢性痛の患者の日常です。もっとつらい事態を想像してください。あなたのお子さんの手にこの羽根で触れただけで、お子さんがこの熱いバーナーで焼かれているような痛みを感じるとしたら？

図 8.4 ■ TED で講演するエリオット・クレーン医学博士
James Duncan Davidson/TED（http://duncandavidson.com/）

プレゼンテーションのテーマが物理的な製品ではなく、概念（クレーンの場合は病気の症状）である場合、身体的な感覚（触覚）をプレゼンテーションに盛り込むのは難しい。しかしクレーンは、少し想像力を働かせればそれが可能であることを証明してみせた。

クレーンはバーナーを台に置くと、今度は視覚に働きかけた。患者である16歳の少女シャンドラーの写真を見せたのだ。ダンサー志望のシャンドラーは手首を捻挫してしまい、捻挫が治ったあともケガをしたほうの腕に激痛を感じるようになった。シャンドラーの病状は「アロジニア」と呼ばれ、ほんのかすかに触れられただけでも焼けるような激痛を感じる。

医学関係の会議はとびきり退屈なプレゼンが多いことで知られる。私の個人的な見解ではない。たいていの医者が同意してくれるはずだ。ほとんどのプレゼンが退屈で、準備不足だ、と。私がこう断言できるのは、製薬会社や医療機器会社、医療団体の幹部や医者のクライアントがたくさんいるからだ。結論を言おう。複数の感覚を刺激されると、我々は情報をより鮮明に記憶する。次にプレゼンを準備するときには想像力を働かせて、ストーリー（聴覚）、写真やスライド（視覚）、小道具（触覚）などを使って聴衆の五感に働きかける方法を考えよう。

ティファニーのギフトボックスに入っていた意外なもの

ステイシー・クレイマーは脳腫瘍を克服した。普通のスピーカーなら、プレゼンの冒頭でその事実を語るだろう。だがクレイマーは多感覚を刺激するような独創的なアプローチをとった。聴衆が目にしたのは、ティファニーの青いギフトボックスの写真だ。クレイマーはこう語った。

こんな贈り物を想像してみてください。それほど大きなものじゃありません。大きさはゴルフボールぐらい。それがギフトボックスに入っている様子を思い描いてみてください。中身をお見せする前に、あなたの人生にすばらしいことが起こるとお伝えしておきましょう。家族の心がひとつになります。これまで経験したことがないほど、愛され、大切に思われていることを実感します。何年も会っていなかった友達や知り合いとの交流が復活します。愛情や尊敬のこもった言葉をたくさんかけられ、ちょっと戸惑うかもしれません。あなたの人生で一番大切なことを再認識させてくれます。[22]

贈り物について説明した後、クレイマーは衝撃的な答えを明らかにする。

中身が何なのか、どこで手に入るのか、知りたくてたまらなくなったでしょう? アマゾンで売っているのか、アップルのロゴは付いているのか、長いウェイティングリストがあるのか。どれも当てはまりません。私はこの贈り物を5カ月ほど前に受け取りました。包装はこんな感じ。あまり見栄えはよくありませんね(そう言いながら「バイオハザード(医療廃棄物)」と書かれた赤いビニール袋を見せた)。そしてこれとこれ(そう言いながら、腫瘍の写ったレントゲン写真と、切除後の頭の傷跡の写真を見せた)。これは珍しい宝石で、名前を脳腫瘍、医学用語で「血管芽細胞腫《けっかんがさいぼうしゅ》」と言います。その恩恵は今も続いています。

プレゼンの冒頭で示された美しいティファニーのギフトボックスの写真と、最後に示された恐ろしい写真の強烈なコントラストは、聴衆の心を激しく揺さぶった。クレイマーは、命を失いかけた体験から学んだ教訓と、前向きなメッセージでプレゼンを締めくくった。

「今はすっかり元気ですが、みなさんにはこんな贈り物が届かないことを祈ります。みなさんが望むとも思えないし。でも私は自分の身に起きたことを変えたいとは思いません。それは私の人生を予想もしなかったかたちで、つまり先ほどみなさんにお話ししたようなかたちで、大きく変えました。だから今度みなさんが何か予想外の、望まない、先の見えない状況に直面したら、それは贈り物かもしれない、と考えてみてください」

TED NOTE

聴衆にプレゼンを〝感じて〟もらおう

ときどきスライドを離れよう。プレゼンにデモを入れたり、製品を見せたり、聴衆に参加してもらったりするのだ。新製品の説明なら、実際に製品を見せ、触ってもらえるので簡単だ。だが、テーマが純粋なアイデアや概念である場合はどうか。それでも多感覚に働きかけるプレゼンは可能だ。私はカスタマーサービスについて講演するとき、「ラッシュ」という石けん専門店チェーンの話をする。とても高価な石けんを売る店だ。私は石けんをひとつ手に取り、「この１ポンド（約４５０グラム）の石けんに37ドル払う人はいますか？」とたずねる。だれも手を挙げない。そこで客席に歩いていき、だれかに石けんの香りをかいでもらい、触ってもらう。

そしてもう一度同じ質問をする。相手がまだ37ドルは払わないと言えば、タダで石けんを渡す。さらに商品の特徴を詳しく説明しながら、石けんを配りつづける。次第に聴衆は、石けんについて詳しく知るほど、お金を払おうという気持ちになることに気づく。こうして聴衆に楽しみながらブランド・コミュニケーションやカスタマー・エクスペリエンスの大切さへの理解を深めてもらえるのだ。

法則8 五感を刺激して記憶に残す

クレイマーのようなプレゼンをするには勇気がいる。だからこそ、すばらしいプレゼンにはなかなかお目にかかれないのだ。中学1年生でも理解できるぐらい話をシンプルにするには勇気がいる。ボノのように、スライドにたったひと言しか載せないのも勇気が要る。文字や箇条書きを満載したスライドの代わりに写真を見せるのも勇気がいる。クレーン博士が羽根とバーナーを使ったように、堂々と小道具を使いこなすのも勇気がいる。アマンダ・パーマーのように箱の上に立ったまま3分間も話をするのも勇気がいる。

勇気ある行動は目立つ。人々の目に留まる。聴衆のアタマとハートをつかむ。人生最高のプレゼンをするのに必要なのは勇気だ。あなたには勇気がある。それに気づき、発揮し、大いに楽しもう。勇気あるプレゼンテーションはあなたの人生、そして聴衆の人生を変える。

あなたには見てもらうべき、聞いてもらうべき、感じてもらうべきアイデアがある。あなたの声で人を驚かせ、感動させ、世界を変えよう。

第9章　自分らしく語る

「仕事は仕事、遊びは遊びなんて思わない。どちらも生きることだ」
――リチャード・ブランソン

２０１０年12月、フェイスブックＣＯＯ（最高執行責任者）のシェリル・サンドバーグは、ＴＥＤのステージ脇で出番を待っていた。

「前日、幼稚園に娘を送り、別れ際に『これから東海岸に飛ぶから、今晩は会えないわ』と言いました。娘は私の足にしがみつき、『行かないで』と泣きました。その姿が頭から離れなくて、ステージに上がる直前、パット（ペーリーセンターＣＥＯ）にその話をスピーチに入れるべきかしらとたずねました。『絶対に入れるべきよ』とパットは言いました[1]」

自分の問題や気持ちを率直に語ることなく、女性たちを助けることはできないのだ、とサンドバーグは気づいた。

「私は深呼吸をして、ステージに出ました。正直に、自分の真実を語るんだと心に決めて。そこに集まった人たち、そしてインターネットを見ている人たちに、自分がすべてを完璧にこなしているとはとても言い難い状況であることを打ち明けました。それを自分で認めるだけでなく、みなさんに伝えられて、とてもすっきりしました[2]」

法則9

自分らしく語る

ありのままの自分で、堂々と率直に語ろう。

なぜ効果的なのか——たいていの人は偽物を見抜く。自分を偽ろうとすると、聴衆の信頼を勝ち取れなくなる。

パブリックスピーキングは職人芸と思われがちだ。本書を通じて、説得テクニックの職人芸と思われている要素は、信頼性のある科学的根拠に支えられていることを示せたと思う。ただ、ここでいったんテクニックや科学的知識はすべて忘れて、心のままを率直に語ってほしい。なぜかといえば、あなたが芝居を打とうとすれば、ここまで議論してきたことがすべてムダになってしまうのだ。

パブリックスピーキングの手法は学べるが、自分らしさを出さなければ聞き手に強い印象は残せない。オプラ・ウィンフリーが「あなたみたいになりたい」という若い女性に、「やめたほうがいい」と忠告するのを聞いたことがある。だれもが自分の進むべき道を見きわめ、歩みつづけなくてはいけないのよ、という。「成功する人間は人生の中心となる目標を見つけ、それをひたすら追いかけることで、『自分らしさ』を最高の形で実現している」とオプラは語った。

自分の道を進むのは勇気がいる。ドクター・ジルは有名なプレゼン「脳卒中から学んだこと」の準備の最終段階で、ある決断を迫られた。プレゼンの最初の12分間はおもしろく仕上がったが、そこには個人的な要素、つまり〝生身〟のジル・ボルト・テイラーがいなかったのだ。

「結論に、ロケットを宇宙に押し出すときのような最後のひと押しが欠けていたのね」とジルは私に語った。そんな中、TED本番の1週間前に親友が「こんな内容じゃダメ」と言った。「ジル、あなたはこんなすばらしい個人的な体験の世界に、聴衆を招き入れるのよ。聞き手はあなたと一緒に旅をして、あなたに心を開き、すべてを受け入れようという気持ちになっているのに、それから脳卒中がどんなものかを説明しようって言うの？　あなたの世界に踏みとどまりなさいよ[3]」

自分の世界に踏みとどまるというのは生身の自分をさらけだすこと、つまり脳卒中が起きたときの生々しい感情や、そこから学んだ教訓を語るということだ。ジルは親友の言葉を受け入れ、本番1週間前に結論部分を変えた。プレゼンテーションの最後はこうだ。

「私の意識は自由に舞い上がりました。静寂な喜びの海を漂う巨大なクジラのように。涅槃《ねはん》です。私は涅槃に達したのです。私が涅槃に達したのにまだ生きているなら、生きている人はだれでも涅槃を見つけることができるはずです。私の脳裏に、涅槃にいつでも戻れることを知っている、美しく平和的で、愛と思いやりにあふれた人でいっぱいの世界が浮かびました。（中略）そして私は理解したのです。この経験はなんてすばらしい贈り物なのだろう、どう生きるべきかというなんてすばらしい気づきなのだろう」

普通の科学者なら、ドクター・ジルが聴衆を導いた場所へ踏み込もうとはしないだろう。たとえ「意識が喜びの海を漂うクジラのように自由に舞い上がる」経験をしたとしても、それをだれかに話そうとは思わないだろう。だがドクター・ジルは、自分が経験した意識の変容のほうが、脳卒中の話よりもはるかに重要なものだと気づいたのだ。脳卒中で脳の左半球、つまり自我をつかさどる部分が機能を停止したことで、ジルは〝悟り〟を経験した。宇宙から切り離された存在ではなく、宇宙の一部となったのだ。

ドクター・ジルは聴衆に、脳卒中とはどんなものかを教えた。そこで終わっても、優れたプレゼンにはなっていただろう。だが、ジルはさらに一歩踏み込んだ。聴衆の心を動かし、啓発したのだ。その結果「優れたプレゼン」は「驚異のプレゼン」になった。自分らしさを貫くのは、彼女にとって勇気のいることだったが、それが大きな違いを生んだのだ。

ＡＢＣ系列の『グレイズ・アナトミー　恋の解剖学』で、登場人物のひとり、整形外科医のカリー・トーレスがＴＥＤでのスピーチを準備するシーンがある。だがプレゼンの内容に満足できない。これまでＴＥＤで見てきたものと比べて、退屈に思えるからだ。「軟骨の話なんて、興味ある人いないでしょ？」

そこに、病院で大問題が起こり、ＴＥＤに向かう飛行機を逃したカリーは、これでスピーチをしなくてすむと胸をなでおろす。だがギリギリのタイミングで、同僚がカリーのために中継をセッティングする（人気ドラマの中なら何でもアリだ）。

大量のメモを手に、緊張するカリーに、別の医師が声をかける。「普通に話せばいいんだ。ありのままの君でいい」。この医師はカリーに自分の道を進め、と言ったのだ。カリーはメモを捨て、深呼吸をして語りだした。

「こんにちは。私はカリー・トーレスです。今年は散々な年でした。自動車事故で死にそうになったし、別の事故では子供の父親でもあった親友を失いました。私は整形外科医なので、軟骨をよく扱います。だから人生がめちゃくちゃになったとき、何が私たちをつなぎとめるのだろうとずいぶん考えました」

『グレイズ・アナトミー』は架空の医療ドラマだ。だがＴＥＤをドラマに登場させた脚本家は、記憶に残るプレゼンのカギはスピーカーがメモを捨て、心のままを率直に語り、聴衆に胸のうちをさらけだすことだとよくわかっていたようだ。脚本家はプロのストーリーテラーであり、TEDの魅力はプレゼンテーションのテーマよりもっと深いところにあることを直感的に理解している。感動を呼ぶスピーカーは、人生、キャリア、事業に対する聴衆の考え方を変える。聞き手をもっと良い人間になりたいという気持ちにさせるのだ。

本章の冒頭にリチャード・ブランソンの言葉を引用したのは、プレゼンをする人の多くが本当の自分と、他人に見せるペルソナとを区別しているように思うからだ。私はブランソンに何度か会い、インタビューをしているが、彼にはうそっぽさがない。本物だ。カメラが回っていてもいなくても、まったく変わらない。仕事と遊びの区別はなく、遊びの延長に仕事がある。「どちらも生きることだ」とブランソンは考えている。

私が出会った経営者には、プライベートな会話の席とプレゼンテーションのときとでまるっきり話し方が違う人が少なくない。行動も話し方も姿も、まるで別人だ。自分の道を進むことに自信がなく、ほかの誰かになろうとしている。

情熱的でユーモアがあり、心を動かす力を持った熱いリーダーが、ステージに上がったとたんに、魂が抜けてぎこちなくて退屈な人物に様変わりするケースをどれだけ見てきたことか。その理由をたずねると、「プレゼンテーションをしているのだから仕方ないだろう」という返事が返ってくる。

これだけは覚えておいてほしい。プレゼンテーションの目的は、「プレゼンテーションをすること」ではない。聴衆の心を揺さぶり、感動させ、もっと大きな夢を見ようと励ますことだ。聴衆があなたを本物だと思わなければ、感動させることはできない。あなたを信頼し、尊敬し、心から好意を持ってもらえなければ、内容がどんなものであれ、聴衆を説得することなど絶対にできない。

TED NOTE

プレゼンの聞き手を変えてみる

もっと本音を語ってほしいと思うクライアントには、「本番前に同じプレゼンを友人や家族に見せてください」とお願いしている。それほど親しくない人たちを前にするより、親しい相手にはつい〝本当の〟自分を見せてしまうからだ。

「なぜ女性リーダーは少ないのか」と題したスピーチで、シェリル・サンドバーグは「女性は職場で自分の能力を過小評価しがちだ」と語った。こと心を動かすプレゼンをする能力については、男女を問わず、多くの人が同じように自分を過小評価していると思う。私はありとあらゆる言い訳を聞いてきた。「私はシャイなんだ」「パブリックスピーキングは苦手なの」「緊張するんだ」「小学校時代にからかわれたから」「私のスピーチは内容が難しい」などなど。たしかに、あなたがプレゼンに自信を持てない理由はこうしたことかもしれない。だからといって、それであなたのパブリックスピーカーとしての潜在能力が決まるわけではない。

一流と言われるコミュニケーターを含めて、たくさんの人が自分のパブリックスピーキング能力に不安を感じている。国際的に有名なジョエル・オスティーン牧師は、１９９９年10月に初めて説教をする前は「死ぬほどおびえていた」という。だがその10年後には、完成したばかりのヤンキースタジアムを埋めつくす大観衆の前で説教をした。オスティーンの場合、パブリックスピーキングの技術を究めるには10年の歳月と何百回もの説教が必要だったが、今では世界で最も心を動かす宗教指導者のひとりと目されるようになった。リチャード・ブランソンも起業したばかりの頃に講演を頼まれ、気持ちが悪くなったことがあるという。

「マイクを握ったときには頭が真っ白になってしまい、意味不明なことをブツブツつぶやいて演壇を下りた。人生で一番恥ずかしかった場面のひとつで、顔はヴァージンのロゴみたいに真っ赤だったよ」[4]。ブランソンはパブリックスピーキングの能力を磨こうと心に誓い、真剣に練習した。ブランソンは自分らしく、誠実に話すことも学んだ。

「優れたパブリックスピーカーというのは特別幸運なわけでも才能があるわけでもない。努力家なんだ。印象に残るパブリックスピーカーになるには、自分の言っていることを心から信じなければならない。確信とテーマへの情熱を持って話せば、たとえミスをしたって聴衆は大目に見てくれる。この人は真実を言っているのだ、と信用してくれるから。だからよく準備をして、リラックスして、心のままを率直に語ろう」

大富豪の投資家、ウォーレン・バフェットは人前で話すのが大の苦手だった。とても緊張しやすいので、大学の授業も人前で話さなければならないものは避けていたほどだ。あるときにはパブリックスピーキングの授業に登録したが、始まる直前にドロップアウトしてしまった。

「怖くなったんだよ」とバフェットは言う。

21歳でネブラスカ州オマハで証券会社を立ち上げたことをきっかけに、自分の可能性を最大限に発揮するには、パブリックスピーキングへの苦手意識を克服しなければならないと思うようになった。バフェットはデール・カーネギーの講座に申し込んだ。

「私と同じように、立ち上がって名前を言うだけで緊張するような人が30人も集まっていたよ」

バフェットが若い頃にパブリックスピーキングが苦手だったことを打ち明けたのは、仕事で成功したいと思う若い女性を支援するウェブサイトのインタビューだった。「20代、30代の頃に身につけた習慣で、あなたの成功の基礎になっていると思うものは何ですか?」という質問に、バフェットはこう答えている。[5]

「人生にはコミュニケーション能力が必要で、その重要性はどれほど強調しても足りない。学校教育はこの能力を十分重視していない。ほかの人に話しかけ、コミュニケーションをとり、自分のアイデアを伝えられなければ、自分の可能性を棒に振ることになる」

超一流のビジネススクールでさえ、コミュニケーションスキルをカリキュラムの重要な要素として取り入れていない。大企業に勤めるとびきり優秀なMBA保持者にコミュニケーションを指導していて「こういうことはビジネススクールでは一切勉強しないが、仕事には本当に重要だ」と何度も言われた。

TED NOTE

時間をかけよう

今朝、車を離れるときに鍵をかけたことを覚えているだろうか。覚えていないかもしれないが、もちろん鍵はかけたはずだ。毎日機会を見つけてはプレゼンの練習をしよう。そうすれば本番で、細々とした手順など意識しなくてもプレゼンができるようになる。ステップを数えながら踊るダンサーではダメだ。繰り返し練習すれば意識が解放され、自分のストーリーをおもしろく、ダイナミックに、なにより心を込めて語れるようになる。

私は、我々が日々使うような製品やサービスを提供する世界的大企業で毎年数百万ドルを稼ぐ経営者を指導してきた。そんな経営者から、実はパブリックスピーキングに自信がないんだ、と打ち明けられることは珍しくない。彼らの自信を引きだし、聴衆の心を動かすスピーカーにするのが私の仕事だ。どうやるかといえば、彼らの「道」と、それに情熱を感じる理由をはっきりさせるお手伝いをするのだ。そしてプレゼンテーションを練り上げ、視覚化し、リハーサルをすませたら、ブランソンが言うように肩の力を抜いて心のままを率直に語ってもらう。このやり方でうまくいかなかったことは一度もない。

法則9 自分らしく語る

次にプレゼンテーションをするときには、TEDスピーカーと比較されているのだと思ったほうがいい。聴衆は、情報を伝える斬新で大胆なスタイルが登場したことに気づいている。聞き手の精神を高揚させ、魂を満たし、心を動かし、世界での自分の役割を新しい目で見られるようにするプレゼン・スタイルだ。

今では世界中の人が、TEDのウェブサイトやユーチューブ、無数のブログを通じてTEDのプレゼンを10億回以上観ている。キュレーターのクリス・アンダーソンがＴＥＤ２０１３で指摘したように、ＴＥＤのスピーカー自身も年々パワーアップしている。

ＴＥＤスタイルは我々の大衆文化に浸透した。ビル・クリントン元大統領がコメディ・セントラルでスティーブン・コルベアのショーに出たとき、コルベアはクリントンが主宰する「クリントン・グローバル・イニシアティブ」をＴＥＤと合併し、「ビル＆テッドのエクセレント・イニシアティブ！」にしたらどうかと提案した。これには会場の観客は大爆笑したが、聴衆がＴＥＤやその特徴を知らなかったらまったくウケなかったはずだ。

ＴＥＤのスタイルは普及し、本書で見てきたようにＴＥＤのスピーカーのテクニックには共通する部分も多い。しかし、聴衆の心に響くプレゼンをするには、一人ひとりがテーマに自分なりの情熱を持たなければならない。何より大切なのは、アンソニー・ロビンズ、ドクター・ジル、ボノ、シェリル・サンドバーグ、リチャード・ブランソンといった本書の登場人物のまねをしようと思わないことだ。彼らは自分の道を見つけ、それを見事に切り拓いていった。あなたの道を進もう。そこに踏みとどまろう。本当の自分、一番あなたらしい自分を貫くのだ。

著者あとがき

たいていの人は自分が思うより、はるかにすばらしい力を持っている。みんなを感動させ、刺激を与え、失望した人には希望を、道を見失った人には進むべき方向を示すことができる。ほかの人を教育し、驚かせ、情報を与え、感動させる能力がある。だが自分にそんな力があると信じなければ、何も始まらない。

自分に否定的なレッテルを貼り、手に入るはずの成功に背を向けるのはやめよう。あなたには才能がない、説得力のあるピッチやすばらしいプレゼンテーションなどできるはずがないと言う人がいるかもしれない。だが最悪のレッテルを貼るのは、たいてい自分自身だ。人前で話すのが苦手なリーダーは、他人には絶対に言わないようなマイナス評価を自分に下す。たとえばこんなふうに。

「私はプレゼンテーションがおそろしく下手だ」

「昔緊張して、大失敗したことがある。私ほど最悪のパブリックスピーカーはいない」

「だれも私の話なんて聞きたくないよ。退屈な人間だから」

こんなことを毎日自分に言い聞かせたら、プレゼン前に緊張するのは当たり前だ。ほかの人があなたを何と言うかはコントロールできないが、それをどう受け止めるかはコントロールできるし、自分自身に何を言うかは当然、自分で決められる。否定的な考えを頭の中で繰り返すのはやめて、考え方をガラリと変えよう。否定的なレッテルを、励まされる言葉、勇気や力がわいてくる言葉に取り換えてしまおう。

心に刻んでほしい。「アイデアが21世紀を動かす」のだ。あなたのアイデアはあなたの生き方を変え、世界を変える可能性さえ秘めている。否定的なレッテルなどに、そんな可能性の芽を摘ませてはならない。

TEDスピーカーのラリー・スミスをインタビューしたとき、最後にこう言われた。「成功を祈るよ」。スミスが「幸運を祈る」と言わなかったのは、成功をもたらすのは運ではないからだ。人の心を動かすスピーカーになるのに運はいらない。必要なのは良いお手本、テクニック、情熱、練習だ。そして勇気。自分の情熱を追いかけ、アイデアをシンプルに伝え、自分のハートが歌いだすきっかけについて語る勇気だ。

みなさんの成功を祈る。

カーマイン・ガロ

謝辞

最高のプレゼンテーションには、アドバイス、インプット、そしてスキルを提供してくれるスタッフのチームが必要だ。つまり、プレゼンテーションはチームプレーの産物なのだ。

セントマーチンプレスのチームは、とびきり優秀だ。編集者のマット・マーツは、最初からこのテーマへの僕の情熱を共有してくれた。執筆を通じて、僕らはまさに一心同体だった。マットのアドバイス、フィードバック、優れた判断力のおかげで、本書を読者のみなさんにとって有益で参考になる、刺激とエンターテインメントを兼ね備えた本に仕上げることができた。本書にかける思いを共有してくれた、セントマーチンのほかの多くのスタッフにもお礼を言いたい。

全員の名前を挙げることはとてもできないが、次の方々には「ありがとう!」とおなかの底から叫びたい気分だ。サリー・リチャードソン、ダン・ワイス、ローラ・クラーク、ミシェル・キャシュマン、マリアン・ドナート、マイケル・ホーク、ケリー・ノードリング、クリスティ・ダゴスティーニ、そしてマクミラン・オーディオのロバート・アレンと熱心なチームのみなさん。ニューイングランド・パブリッシング・アソシエーツのマネジング・ディレクターで、私の出版エージェントであるロジャー・ウィリアムズは、単なる仕事仲間を超える存在だ。信頼できる友人、アドバイザー、そしてメンターでもある。ロジャー、いつも変わらぬアドバイスと刺激をありがとう。

ブライトサイト・グループで私の講演エージェントを務めるトム・ニールセンとレス・タークの名前も挙げておかなければならない。2人は多種多様な会議、会合、イベントでの基調講演の機会を提供し、私に自分のアイデアを発信するよう背中を押してくれた。彼らの厚い友情とアドバイスには、ずっと感謝している。ブライトサイト自体が、各分野の情熱あふれるエキスパートぞろいの優秀なチームに支えられている。その全員――シンシア・シート、クリスティン・ティーチマン、ジェフ・ライクス、ミケーレ・ディリジオ、マージ・ヘネシー――に感謝している。

ガロ・コミュニケーションズのコミュニティ・マネジャーであるキャロライン・キルマーは、TEDプレゼンの大ファンで、意欲的にリサーチに取り組んでくれた。講演、テーマ、テクニックの分類を手伝うため、数えきれないほどのプレゼンテーションを観てくれた。キャロラインのおかげで、分析の対象となる膨大な資料を整理できた。

私が本書について特に誇りに思っているのは、一つひとつのテクニックの背景に、しっかりとした科学的裏づけがあることだ。それぞれのテクニックが有効なのは、脳の機能する仕組みや、脳が情報を処理し、記憶する方法にもとづいているためである。弁護士である友人のダニー・モーニングは、大学院時代にはコミュニケーションの分野でリサーチ・アシスタントを務めていた。ダニーは優れた聞き役となり、また研究をする大学教授を紹介したり、関連するテーマの新たな学術文献を紹介したりと、しょっちゅう僕に進むべき道を教えてくれた。ダニーはアイデアを伝えることに強い情熱があり、その優れた洞察には心から感謝している。

そしてだれよりも感謝しなければならないのは、妻のバネッサ・ガロだ。バネッサは本書のコンテンツを充実させるために粉骨砕身した。徹底的なリサーチを行い、提出前の原稿を編集し、TEDプレゼンを何時間も観てくれた。妻の執筆と編集能力はかけがえのないものだ。サンフランシスコ州立大学で心理学を教えていた経歴も、TEDスピーカーのボディランゲージやジェスチャー、話し方を分析するのに役立った。本書のテーマと盛り込まれたアイデアの価値へのバネッサの揺るぎない信念は、日々、私の意欲と情熱をかきたててくれた。私たちの会社の経営と、ジョセフィンとリラという2人の娘の育児を両立するバネッサの能力には脱帽する。しかも、すべてを完璧にこなす。妻は掛け値なしに、ぼくのインスピレーションの源だ。

家族のサポートにも、心からお礼を言いたい。ティノ、ダナ、フランチェスコ、ニック、ケン、そしてパティ。私に信念と勇気と強い意思を持つことを教えてくれた母ジョゼッピーナと今は亡き父フランコは、いつも私の中にいる。

訳者あとがき

本を翻訳しながら、こんなに泣いた経験はない。とは言っても、本文に心を打たれたというより（もちろん著者の文章もすばらしいけれど）、著者が本文でお手本に挙げているTEDの動画がどれも心を揺さぶるのである。まずは1本、という読者には、交通事故でオリンピック出場の道を絶たれたクロスカントリスキー選手、ジャニーン・シェパードの「体が壊れても、人は壊れない」をおススメする（日本語字幕あり）。

TEDは1984年にアメリカで誕生したカンファレンスだ。テクノロジー（技術）、エデュケーション（教育）、デザインという3つの分野で目覚ましい成果を上げているスピーカーを招聘《しょうへい》し、18分間のプレゼンテーションをしてもらう。こう書くと限られたトピックしかカバーされないようだが、実際にはパンクロッカーから脳神経学者まで、幅広い分野で活躍するプロフェッショナルが登場する。2000年代に入ってからは、ライセンスを受けた世界各地の団体が「TEDx」と呼ばれる地域版を開催するようになり、またウェブサイト「TEDドットコム」で動画も公開され、日本でもぐっと身近な存在になった。訳者はかつてTED発祥の地、カリフォルニア州モントレーに留学していたころ、通訳のトレーニングのために学生仲間と一緒によくTEDトークを観た。そのたびに人間ってすごいな、自分ももう少し頑張ってみようと勇気づけられたのを思い出す。

そんな「驚異のプレゼン」を聞く側ではなく、聞かせる側になろうというのが本書のテーマだ。著者のカーマイン・ガロはコミュニケーション・コーチとして、インテル、コカ・コーラ、リンクトインをはじめとする世界的企業の経営者らにプレゼンテーションやメディア対応を指導している。こうした実績に加えて、ガロの強みはコミュニケーション・コーチとなる以前にCNNやCBSのレポーターやアンカーとして活躍する中で培った、観察眼とインタビュースキルである。本書は一流のコミュニケーターに間近に接したり、TEDで特に人気のプレゼンを吟味したりする中で発見した最高のプレゼンに共通する法則に加えて、脳科学者や心理学者などコミュニケーションを科学的に研究する専門家のインタビューにもとづく「プレゼンの科学」も紹介している。

ガロの著書『スティーブ・ジョブズ　驚異のプレゼン』(日経BP社刊) は日本でもベストセラーになったので、ご存じの読者も多いかもしれない。スティーブ・ジョブズのプレゼンはまさに神業だったが、だれもがジョブズのようなプレゼンをする必要はない。本書ではTEDドットコムの中でも人気の高いプレゼンを厳選し、モデルケースとして使っている。それを見ると、〝勝ちパターン〟は決してひとつではなく、十人十色であることがよくわかる。本書は優れたプレゼンに共通する要素を学んだうえで、自分の勝ちパターンを見つけるための手引きと言ってもいいだろう。

自分にはあまりプレゼンテーションをする機会がない、と思われた方には、少しプレゼンテーションの定義を広げ、「ほかの人にアイデアを伝えること」ととらえていただきたい。著者はカリスマ投資家、ウォーレン・バフェットのこんな言葉を引用している。

「人生にはコミュニケーション能力が必要で、その重要性はどれほど強調しても足りない。学校教育はこの能力を十分重視していない。ほかの人に話しかけ、コミュニケーションをとり、自分のアイデアを伝えられなければ、自分の可能性を棒に振ることになる」

バフェット自身、もともと人前で話すのが大の苦手で、大学時代にはパブリックスピーキングの授業に登録したが、始まる直前に怖気づいてドロップアウトしたそうだ。だが、経営者になってから一念発起して、パブリックスピーキングを学びに行ったという。聴衆の数は問題ではない。著者も書いているとおり、営業マンの商談は言うにおよばず、転職の面接も自分という人間を売り込むためのプレゼンにほかならない。効果的にメッセージを伝える方法は、あらゆるビジネスパーソンの必須スキルなのだ。

本書の伝授するスタイルは、日本のビジネスシーンには合わないのではないか、という不安もあるかもしれないが、派手なジェスチャーやジョークを飛ばし、パワーポイントを駆使するパワーエリート的（？）なプレゼンを指南する本ではない。本書で著者がこだわっているのは「科学的根拠のあるプレゼン技術」だ。優れたプレゼンに共通する法則について、最先端の脳科学や心理学の研究成果をもとに、それがなぜプレゼンの効果を高めるのかをきちんと説明している。

プレゼンが長くなるほど、聞き手が処理しきれなくなる情報が増える（認知的バックログ）。耳で聞くだけより、ビジュアル資料を通して視覚的に取り入れた情報は鮮明に記憶される（画像優位性）。脳はマルチタスクが苦手である――。このような認知のメカニズムは、聞き手がアメリカ人であろうと、日本人であろうと変わらない。こうした知識を頭に入れたうえで話すのと、そうでないのとでは、聞き手に与えられるインパクトに大きな違いが出てくるはずだ。

ＴＥＤｘＴｏｋｙｏでも、優れたプレゼンは本書の挙げる法則を体現している。２０１４年のイベントに登場し、シニアにとってのパソコンやインターネットの魅力を語った79歳の若宮正子さんのスライドは、文字が少なく写真が豊富で、まさに著者の言うお手本のようだ。語り口も自然な会話のようで、聴衆の目を楽しませる小道具も持参している。何より、パソコンが自分の第二の人生を豊かにするのにどれほど役立ったかを、多くの人に伝えたいというあふれんばかりの情熱がある。ぜひウェブでご覧いただきたい。やはり人を感動させるプレゼンテーションの必須条件は、普遍的なのかもしれないと思えてくる。

本書は3部構成になっており、それぞれ「感情に訴える（第1部）」「目新しさを出す（第2部）」「記憶に残す（第3部）」という「心を動かすプレゼンの3要素」を扱っている。

第1部は聴衆のハートに訴え、感情的な絆をつくる方法を扱う。自分という人間に共感し、信頼してもらわなければ、聴衆を説得することはできない。一番ハードルが高いのは、プレゼンのテーマに「情熱」を持つことの重要性を説く第1章かもしれない。やや抽象的な議論が続くが、聴衆の感情に訴えるのはもちろん、プレゼンそのものの成功を左右する重要な要素である。本書に登場するベテラン捜査官が語るとおり「訓練を積んだスパイやサイコパスでないかぎり、どれだけトレーニングを積んでも言葉と行動のちぐはぐさは隠せない。自分のメッセージを信じていないのに、あたかも信じているような行動を身体に強いることはできない」。著者は「聴衆の心を動かす最初のステップは、自分自身が感動すること」と説く。自分が何に情熱を感じるのか、確かめる方法も説明されている。続く第2章では、聴衆が感情移入できるようなストーリーの語り方、第3章では会話をするような自然な語り口を身に着ける方法を説明している。説得力を倍増させるジェスチャーのコツ、ジェスチャーの悪癖を治す方法など、即効性のあるノウハウが満載だ。

第2部では、目新しさを打ちだし、聴衆の関心を引き付ける方法を扱う。第4章「みんなが知らないことを教える」は、統計学のような退屈なテーマでもだれもが知っているような情報でも、見せ方を工夫することで聴衆が身を乗り出して聞くようなプレゼンにできると説く。第5章「驚きの瞬間を演出する」では、TEDで大好評を博したビル・ゲイツのプレゼンや、スティーブ・ジョブズの伝説的なスピーチを題材に、聴衆が何年経っても思い出すような瞬間を生みだす5つの方法を解説している。第6章「ユーモアで軽快に」は、ユーモアを苦手とする人の多い日本の読者には特に有用かもしれない。意外にもTEDの人気スピーカーはほとんどジョークを口にしないそうだ。「直感に反するが、おもしろいことを言おうとしないほうがいい」と著者は説き、ジョークを言わずにユーモアを表現する方法を5つ紹介している。

第3部では、プレゼンの内容を聴衆の記憶に刻み込むためのポイントを説く。第7章「18分ルールを守る」では、18分のプレゼンのほうが一時間のプレゼンよりも記憶に残りやすい理由を説明したうえで、複雑な内容でも18分に凝縮するのに役立つ「3点ルール」の考え方や「メッセージマップ」というツールを紹介する。第8章「五感を刺激して記憶に残す」では、聴覚だけでなく視覚や触覚を刺激し、さまざまなチャネルを通して聴衆の記憶に働きかける方法を学ぶ。第9章は、第8章までの知識をすべて頭に入れたうえで、それを忘れてありのままの自分を見せることの大切さを説く。とはいえ、舞台の上で「ありのままの自分」でいるには時間をかけて練習しなければならない。また家族や親しい友人など、ありのままの自分でいられる相手の前でプレゼンを練習するのも効果的だという。

実践的なノウハウにあふれた本書が、読者のみなさんのキャリアや人生の可能性を広げるきっかけになれば幸いである。本書の翻訳では、日経BP社出版局の中川ヒロミ氏に大変お世話になった。この場を借りて、心から感謝申し上げる。

2014年7月　　　　土方　奈美

本書に登場する TED トーク

■第 1 章

エイミー・マリンズ「12 組の足」
http://www.ted.com/talks/aimee_mullins_prosthetic_aesthetics

キャメロン・ラッセル「ルックスだけがすべてじゃないのよ」
http://www.ted.com/talks/cameron_russell_looks_aren_t_everything_believe_me_i_m_a_model

マチュー・リシャール「幸せの習慣」
http://www.ted.com/talks/matthieu_ricard_on_the_habits_of_happiness

ラリー・スミス「なぜあなたはすばらしいキャリアを手に入れられないのか」
http://www.ted.com/talks/larry_smith_why_you_will_fail_to_have_a_great_career

マジョラ・カーター「都市再生の物語」
http://www.ted.com/talks/majora_carter_s_tale_of_urban_renewal

リチャード・ブランソン「高度 30,000 フィートの人生」
http://www.ted.com/talks/richard_branson_s_life_at_30_000_feet

ドクター・ジル・ボルト・テイラー「脳卒中から学んだこと」
http://www.ted.com/talks/jill_bolte_taylor_s_powerful_stroke_of_insight

リチャード・セントジョン「成功の 8 つの法則」
http://www.ted.com/talks/richard_st_john_s_8_secrets_of_success

アーネスト・シロリ「だれかの力になりたければ、黙って相手の話を聞かなければならない」
https://www.ted.com/talks/ernesto_sirolli_want_to_help_someone_shut_up_and_listen

■第２章
ブライアン・スティーブンソン「司法の不公正について語ろう」
http://www.ted.com/talks/bryan_stevenson_we_need_to_talk_about_an_injustice

ブレネー・ブラウン「傷つきやすい心の強さ」
http://www.ted.com/talks/brene_brown_on_vulnerability

ケン・ロビンソン「学校が創造性を殺す」
http://www.ted.com/talks/ken_robinson_says_schools_kill_creativity

セス・ゴーディン「アイデアを広める方法」
http://www.ted.com/talks/seth_godin_on_sliced_bread

ルドウィック・マリシェーン「水なし風呂」
https://www.ted.com/talks/ludwick_marishane_a_bath_without_water

マルコム・グラッドウェル「選択と幸福とスパゲティソース」
http://www.ted.com/talks/malcolm_gladwell_on_spaghetti_sauce

■第３章
アマンダ・パーマー「お願いするワザ」
http://www.ted.com/talks/amanda_palmer_the_art_of_asking

アンソニー・ロビンズ「何が人を動かすのか」
http://www.ted.com/talks/tony_robbins_asks_why_we_do_what_we_do

ドクター・ジル・ボルト・テイラー「ティーンエイジャーの脳における神経構造の転換」
http://tedxtalks.ted.com/video/The-Nearanatomical-Transformati

コリン・パウエル「子供たちに規律のある環境を与えよう」
http://www.ted.com/talks/colin_powell_kids_need_structure

アーネスト・シロリ「だれかの力になりたければ、黙って相手の話を聞かなければならない」
https://www.ted.com/talks/ernesto_sirolli_want_to_help_someone_shut_up_

and_listen

ジェニファー・グランホルム「クリーンエネルギー政策」
http://www.ted.com/talks/jennifer_granholm_a_clean_energy_proposal_race_to_the_top

エイミー・カディ「ボディランゲージが人をつくる」
http://www.ted.com/talks/amy_cuddy_your_body_language_shapes_who_you_are

ジャニーン・シェパード「体が壊れても人は壊れない」
http://www.ted.com/talks/janine_shepherd_a_broken_body_isn_t_a_broken_person

■第 4 章

ロバート・バラード「海洋探査」
http://www.ted.com/talks/robert_ballard_on_exploring_the_oceans

ジェームズ・キャメロン「アバターを生み出した好奇心」
http://www.ted.com/talks/james_cameron_before_avatar_a_curious_boy

ハンス・ロスリング「最高の統計」
http://www.ted.com/talks/hans_rosling_shows_the_best_stats_you_ve_ever_seen

スーザン・ケイン「イントロバートの力」
http://www.ted.com/talks/susan_cain_the_power_of_introverts

セス・ゴーディン「アイデアを広める方法」
http://www.ted.com/talks/seth_godin_on_sliced_bread

エディ・ラマ「ペンキを持って街に戻ろう」
https://www.ted.com/talks/edi_rama_take_back_your_city_with_paint

メアリー・ローチ「オーガズムについて、あなたの知らない 10 の事実」
http://www.ted.com/talks/mary_roach_10_things_you_didn_t_know_about_orgasm

ヘレン・フィッシャー「私たちが愛する理由、浮気する理由」
http://www.ted.com/talks/helen_fisher_tells_us_why_we_love_cheat

ダイアン・ケリー「男性生殖器官について知られていない事実」
http://www.ted.com/talks/diane_kelly_what_we_didn_t_know_about_penis_anatomy

ジェニー・マッカーシー「結婚の知られざる真実」
http://www.ted.com/talks/jenna_mccarthy_what_you_don_t_know_about_marriage

エイミー・ロックウッド「コンゴでコンドームを売る」
http://www.ted.com/talks/amy_lockwood_selling_condoms_in_the_congo

ベン・サンダース「北極点へのスキーの旅」
http://www.ted.com/talks/ben_saunders_skis_to_the_north_pole

オリバー・ウベルティ「デザインのボタンを打ち砕く」
http://tedxtalks.ted.com/video/TEDxNASA-Oliver-Uberti-Smash-Th

■第５章
ビル・ゲイツ「蚊、マラリア、そして教育」
http://www.ted.com/talks/bill_gates_unplugged

ドクター・ジル・ボルト・テイラー「脳卒中から学んだこと」
http://www.ted.com/talks/jill_bolte_taylor_s_powerful_stroke_of_insight

ドクター・ジル・ボルト・テイラー「ティーンエイジャーの脳における神経構造の転換」
http://tedxtalks.ted.com/video/The-Nearanatomical-Transformati

マーク・ショー「とてもドライなデモ」
http://www.ted.com/talks/mark_shaw_one_very_dry_demo

ラガヴァ KK「アーティストとして５つの人生」
http://www.ted.com/talks/raghava_kk_five_lives_of_an_artist

スチュワード・ブランド「絶滅種の再生の夜明けとそれが意味すること」
http://www.ted.com/talks/stewart_brand_the_dawn_of_de_extinction_are_you_ready

フリーマン・ラバウスキ「大学が科学で成果をあげるための４つの柱」
http://www.ted.com/talks/freeman_hrabowski_4_pillars_of_college_success_in_science

■第６章
ケン・ロビンソン「学校が創造性を殺す」
http://www.ted.com/talks/ken_robinson_says_schools_kill_creativity

ジョン・マクウォーター「テキスト・メッセージが言語を殺す（なんてね！）」
http://www.ted.com/talks/john_mcwhorter_txtng_is_killing_language_jk

ケビン・アロッカ「バイラルビデオが生まれるメカニズム」
http://www.ted.com/talks/kevin_allocca_why_videos_go_viral

ファン・エンリケス「新しい驚くべき科学について共有します」
https://www.ted.com/talks/juan_enriquez_shares_mindboggling_new_science

ローズ・ジョージ「まじめにおしもの話をしよう」
https://www.ted.com/talks/rose_george_let_s_talk_crap_seriously

スティーブン・ホーキング「宇宙の大きな疑問を問う」
https://www.ted.com/talks/stephen_hawking_asks_big_questions_about_the_universe

■第７章
ラリー・スミス「なぜあなたはすばらしいキャリアを手に入れられないのか」
https://www.ted.com/talks/larry_smith_why_you_will_fail_to_have_a_great_career

デビッド・クリスチャン「ビッグヒストリー」
http://www.ted.com/talks/david_christian_big_history

ニール・パスリチャ「Awesomeを生みだす3つのA」
http://www.ted.com/talks/neil_pasricha_the_3_a_s_of_awesome

「TEDイン・スリーミニッツ」
http://www.ted.com/themes/ted_in_3_minutes.html

マジョラ・カーター「ゲットーを緑に」
http://www.ted.com/talks/majora_carter_s_tale_of_urban_renewal

マジョラ・カーター「エコ・アントレプレナーシップに関する3つのストーリー」
http://www.ted.com/talks/majora_carter_3_stories_of_local_ecoactivism

■第8章
マイケル・プリチャード「汚水を飲用水に変える」
http://www.ted.com/talks/michael_pritchard_invents_a_water_filter

アル・ゴア「気候変動の危機を回避する」
http://www.ted.com/talks/al_gore_on_averting_climate_crisis

ブレネー・ブラウン「傷つきやすい心の強さ」
http://www.ted.com/talks/brene_brown_on_vulnerability

ビル・ゲイツ「ゼロへのイノベーション」
http://www.ted.com/talks/bill_gates

デビッド・クリスチャン「ビッグヒストリー」
http://www.ted.com/talks/david_christian_big_history

ボノ「貧困についての良いニュース（そう、良いニュースもあるんだ)」
http://www.ted.com/talks/bono_the_good_news_on_poverty_yes_there_s_good_news

クリス・ジョーダン「統計をアートに変える」
http://www.ted.com/talks/chris_jordan_pictures_some_shocking_stats

リサ・クリスティン「現代奴隷の目撃写真」
http://www.ted.com/talks/lisa_kristine_glimpses_of_modern_day_slavery

ジャニーン・シェパード「体は壊れても、人は壊れない」
http://www.ted.com/talks/janine_shepherd_a_broken_body_isn_t_a_broken_person

ロジャー・イーバート「声のリメイク」
http://www.ted.com/talks/roger_ebert_remaking_my_voice

アマンダ・パーマー「お願いするワザ」
http://www.ted.com/talks/amanda_palmer_the_art_of_asking

エリオット・クレーン博士「慢性痛の謎」
http://www.ted.com/talks/elliot_krane_the_mystery_of_chronic_pain

ステイシー・クレイマー「人生最高の贈り物」
http://www.ted.com/talks/stacey_kramer_the_best_gift_i_ever_survived

■第９章
シェリル・サンドバーグ「なぜ女性リーダーは少ないのか」
http://www.ted.com/talks/sheryl_sandberg_why_we_have_too_few_women_leaders

ドクター・ジル・ボルト・テイラー「脳卒中から学んだこと」
http://www.ted.com/talks/jill_bolte_taylor_s_powerful_stroke_of_insight

■訳者あとがき
ジャニーン・シェパード「体は壊れても、人は壊れない」
http://www.ted.com/talks/janine_shepherd_a_broken_body_isn_t_a_broken_person

若宮正子
http://www.tedxtokyo.com/talk/masako-wakamiya/

※日本語タイトルは英語タイトルを本書が訳したもの。

参考文献・動画など

序章　アイデアが21世紀を動かす

1. Julie Coe, "TED's Chris Anderson," Departures.com, March/April 2012, http:// www.departures.com/articles/teds-chris-anderson（2014年6月確認）
2. Daphne Zuniga, "The Future We Will Create Inside the World of TED," documentary, New Video Group, Inc., 2007.
3. Stanford University, " 'You've Got to Find What You Love,' Jobs Says," Stanford Report, June 14, 2005. 2005年6月12日の卒業式でのスティーブ・ジョブズの祝辞。http://news-service.stanford.edu/news/2005/june15/jobs-061505.html（2014年6月確認）
4. Daniel Pink, To Sell Is Human（New York: Riverhead Books, 2012）, 2.（『人を動かす、新たな3原則』神田昌典訳、講談社、2013年）
5. Robert Greene, Mastery,（New York: Viking, 2012）, 12.
6. Tony Robbins, "Why We Do What We Do," TED.com, June 2006, http://www.ted.com/talks/tony_robbins_asks_why_we_do_what_we_do.html（2014年6月確認）

第1章　内なる達人を解き放つ

1. Aimee Mullins, "It's Not Fair Having 12 Pairs of Legs," TED.com, March 2009, http://www.ted.com/talks/aimee_mullins_prosthetic_aesthetics.html（2014年6月確認）.
2. Cameron Russell, "Looks Aren't Everything. Believe Me, I'm a Model," TED.com, January 2013, http://www.ted.com/talks/cameron_russell_looks_aren_t_everything_believe_me_i_m_a_model.html（2014年6月確認）
3. Robert Greene, Mastery,（New York: Viking, 2012）, 12.
4. Daily News, "Buddhist Monk Is the World's Happiest Man," October 29, 2012
5. Matthieu Ricard, "The Happiest Person in the World?", Matthieu Ricard blog post, November 12, 2012, http://www.matthieuricard.org/en/index.php/blog/255_the_happiest_person_in_the_world/（2014年6月確認）
6. 仏僧マチュー・リシャールとの2013年3月16日のインタビューより。
7. カナダのウォータールー大学経済学教授、ラリー・スミスとの2012年6月26日のインタビューより。
8. Melissa S. Cardon, Joakim Wincent, Jagdip Singh, and Mateja Drnovsek,

"The Nature and Experience of Entrepreneurial Passion," Academy of Management Review, vol.34, no.3 (2009), 511- 532.
9. Richard Branson, "Richard Branson: Life at 30,000 Feet," TED.com, October 2007, http://www.ted.com/talks/richard_branson_s_life_at_30_000_feet.html (2014年6月確認)
10. Cheryl Mitteness, Richard Sudek, and Melissa S. Cardon, "Angel investor characteristics that determine whether perceived passion leads to higher evaluations of funding potential," Journal of Business Venturing, vol. 27 (2012), 592-606.
11. Jill Bolte Taylor, "Jill Bolte Taylor's Stroke of Insight," TED .com, March 2008, http://www.ted.com/talks/jill_bolte_taylor_s_powerful_stroke_of_insight.html (2014年6月確認)
12. Jill Bolte Taylor, "Does Our Planet Need a Stroke of Insight?", Huffi ngton Post, TED Weekends: Reset Your Brain, January 4, 2013, http://www.huffingtonpost.com/dr-jill-boltetaylor/neuroscience_b_2404554.html (2014年6月確認)
13. セントルイスのワシントン大学非常勤教授、パスカーレ・ミケロンとの2013年1月22日のインタビューより。
14. Howard Friedman and Leslie Martin, "The Longevity Project: Surprising Discoveries for Health and Long Life from the Landmark Eight- Decade Study" (New York: Hudson Street Press, 2011), 28.
15. Joyce E. Bono and Remus Ilies, "Charisma, Positive Emotions and Mood Contagion," Science Direct, The Leadership Quarterly, vol. 17 (2006), 317- 334.
16. Richard St. John, "Richard St. John's 8 Secrets of Success," TED.com, December 2006, http://www.ted.com/talks/richard_st_john_s_8_secrets_of_success.html (2014年6月確認)
17. Ernesto Sirolli, "Ernesto Sirolli: Want to Help Someone? Shut Up and Listen!" TED.com, November 2012, http://www.ted.com/talks/ernesto_sirolli_want_to_help_someone_shut_up_and_listen.html (2014年6月確認)

第2章 ストーリーの技術をマスターする

1. Bryan Stevenson, "Bryan Stevenson: We Need to Talk about an Injustice," TED .com, March 2012, http://www.ted.com/talks/bryan_stevenson_we_need_to_talk_about_an_injustice.html (2014年6月確認)
2. イークアル・ジャスティス・イニシアティブ創設者兼ディレクター、ブライアン・スティーブンソンとの2012年12月17日のインタビューより。

3. Ben Affleck, "Ben Affleck: 8 Talks that Amazed Me," TED.com, http://www.ted.com/playlists/32/ben_affl_eck_8_talks_that_amaz.html（2014年6月確認）
4. Uri Hasson, Asif A. Ghazanfar, Bruno Galantucci, Simon Garrod, and Christian Keysers, "Brain- to- Brain Coupling: A Mechanism for Creating and Sharing a Social World," Neuroscience Institute, Prince ton University, 2012, http://psych.princeton.edu/psychology/research/hasson/pubs/Hasson_et_al_TiCS_2012.pdf（2014年6月確認）
5. Greg J. Stephens, Lauren J. Silbert, and Uri Hasson, "Speaker- Listener Neural Coupling Underlies Successful Communication," Proceedings of the National Academy of Sciences of the United States of America, July 26, 2010,
http://www.ncbi.nlm.nih.gov/pmc/articles/PMC2922522/（2014年6月確認）
6. Brene Brown, "Brene Brown: The Power of Vulnerability," TED.com, December 2010, http://www.ted.com/talks/brene_brown_on_vulnerability.html（2014年6月確認）
7. Andrew Stanton, "Andrew Stanton: The Clues to a Great Story," TED.com, March 2012, http://www.ted.com/talks/andrew_stanton_the_clues_to_a_great_story.html（2014年6月確認）
8. Dan Ariely, "Dan Ariely: Our Buggy Moral Code," TED.com, March 2009, http://www.ted.com/talks/dan_ariely_on_our_buggy_moral_code.html（2014年6月確認）
9. Chip Heath and Dan Heath, Made to Stick: Why Some Ideas Survive and Others Die (New York: Random House, 2007), 64.
10. 9と同じ、84.
11. Ken Robinson, "Ken Robinson Says Schools Kill Creativity," TED.com, June 2006, http://www.ted.com/talks/ken_robinson_says_schools_kill_creativity.html（2014年6月確認）
12. YouTube.com, "Apr 29- Joel Osteen- Yes Is in Your Future," YouTube.com, May 12, 2012, http://www.youtube.com/watch?v=VJiW_H3_0S4（2014年6月確認）
13. Bono, "8 Talks That Give Me Hope," TED.com, http://www.ted.com/playlists/53/bono_8_talks_that_give_me_hop.html（2014年6月確認）
14. Seth Godin, "Seth Godin: How to Get Your Ideas to Spread," TED.com, April 2007, http://www.ted.com/talks/seth_godin_on_sliced_bread.html（2014年6月確認）

15. Ludwick Marishane, "Ludwick Marishane: A Bath without Water," TED.com, December 2012, http://www.ted.com/talks/ludwick_marishane_a_bath_without_water.html（2014 年 6 月確認）
16. Jonah Sachs, Winning the Story Wars: Why Those Who Tell the Best Stories Will Rule the Future（Boston, MA: Harvard Business Review Press, 2012）, 14.
17. Malcolm Gladwell, "Malcom Gladwell: Choice, Happiness and Spaghetti Sauce," TED.com, September 2006, http://www.ted.com/talks/malcolm_gladwell_on_spaghetti_sauce.html（2014 年 6 月確認）
18. Peter Guber, Tell to Win: Connect, Persuade, and Triumph with the Hidden Power of Stories（New York: Crown Business, 2011）, vii.（『成功者は皆、ストーリーを語った。』児島修訳、星雲社、2011 年）
19. 18 と同じ、9.
20. 18 と同じ、33.
21. Annie Murphy Paul, "Your Brain on Fiction," The New York Times, Sunday Review/The Opinion Pages, March 17, 2012, http://www.nytimes.com/2012/03/18/opinion/sunday/the-neuroscience-of-your-brain-on-fiction.html?pagewanted=all&_r=0（2014 年 6 月確認）
22. Significantobjects.com, About page, http://significantobjects.com/about/（2014 年 6 月確認）
23. YouTube.com, "Kurt Vonnegut on the Shapes of Stories," YouTube.com, October 30, 2010, http://www.youtube.com/watch?v=oP3c1h8v2ZQ（2014 年 6 月確認）
24. Isabel Allende, "Isabel Allende: Tales of Passion," TED.com, January 2008, http://www.ted.com/talks/isabel_allende_tells_tales_of_passion.html（2014 年 6 月確認）

第 3 章　会話のように話す

1. Amanda Palmer, "The Epic TED Blog, Part One: It Takes a Village to Write a TED Talk," Amanda Palmer and the Grand Th eft Orchestra, March 7, 2012, http://amandapalmer.net/blog/20130307/（2014 年 6 月確認）
2. James R. Williams, "Guidelines for the Use of Multimedia in Instruction," Proceedings of the Human Factors and Ergonomics Society 42nd Annual Meeting, vol. 42, no. 20（1998）, 1447- 1451, Sage Journals online, http://pro.sagepub.com/content/42/20/1447（2014 年 6 月確認）
3. Lisa Kristine, "Lisa Kristine: Photos that Bear Witness to Modern Slavery,"

TED.com, August 2012, http://www.ted.com/talks/lisa_kristine_glimpses_of_modern_day_slavery.html（2014年6月確認）
4. YouTube.com, Taylor, “The Neuroanatomical Transformation of the Teenage Brain: Jill Bolte Taylor at TEDxYouth@Indianapolis,” YouTube.com, February 21, 2013, http://www.youtube.com/watch?v=PzT_SBl31-s（2014年6月確認）
5. ワシントンDCメトロ地区、最高犯罪対策責任者、モーガン・ライトとの2013年4月4日のインタビューより。
6. Colin Powell, “Colin Powell: Kids Need Structure,” TED.com, January 2013, http://www.ted.com/talks/colin_powell_kids_need_structure.html（2014年6月確認）
7. Colin Powell, It Worked for Me: In Life and Leadership（New York: Harper, 2012）, 243.（『リーダーを目指す人の心得』井口耕二訳、2012年）
8. Ernesto Sirolli, “Ernesto Sirolli: Want to Help Someone? Shut Up and Listen!” TED.com, November 2012, http://www.ted.com/talks/ernesto_sirolli_want_to_help_someone_shut_up_and_listen.html（2014年6月確認）
9. Jennifer Granholm, “Jennifer Granholm: A Clean Energy Proposal-Race to the Top,” TED.com, February 2013, http://www.ted.com/talks/jennifer_granholm_a_clean_energy_proposal_race_to_the_top.html（2014年6月確認）
10. Bob M. Fennis and Marielle Stel, “The Pantomime of Persuasion: Fit Between Non Verbal Communication and Infl uence Strategies,” Journal of Experimental Social Psychology, vol. 47（2011）, 806- 810.
11. Amy Cuddy, “Amy Cuddy: Your Body Language Shapes Who You Are,” October 2012, http://www.ted.com/talks/amy_cuddy_your_body_language_shapes_who_you_are.html （2014年6月確認）
12. Janine Shepherd, “Janine Shepherd: A Broken Body Isn't a Broken Person,” TED.com, November 2012, http://www.ted.com/talks/janine_shepherd_a_broken_body_isn_t_a_broken_person.html（2014年6月確認）

第4章　みんなが知らないことを教える

1. Robert Ballard, “Robert Ballard on Exploring the Ocean,” TED.com, May 2008, http://www.ted.com/talks/robert_ballard_on_exploring_the_oceans.html（2014年6月確認）
2. タイタニック号を発見した探検家、ロバート・バラードとの2013年2月18日のインタビューより。
3. James Cameron, “James Cameron: Before Avatar . . . a Curious Boy,” TED.

com, March 2010, http://www.ted.com/talks/james_cameron_before_avatar_a_curious_boy.html（2014年6月確認）
4. 3と同じ
5. John Medina, Brain Rules (Seattle, WA: Pear Press, 2008), 32.（『ブレイン・ルール』小野木明恵訳、日本放送出版協会、2009年）
6. 5と同じ、265
7. Martha Burns, "Dopamine and Learning," Indigo Learning, September 21, 2012, http://www.indigolearning.co.za/dopamine-and-learning-by-martha-burns-phd/（2014年6月確認）
8. 7と同じ
9. Martha Burns, "Dopamine and Learning: What the Brain's Reward Center Can Teach Educators," Scientific Learning, September 18, 2012, http://www.scilearn.com/blog/dopamine-learning-brains-reward-center-teach-educators.php（2014年6月確認）
10. Hans Rosling, "Hans Rosling: Stats that Reshape Your Worldview," TED.com, June 2006, http://www.ted.com/talks/hans_rosling_shows_the_best_stats_you_ve_ever_seen（2014年6月確認）
11. 10と同じ
12. Nicholas A. Christakis, "The World's 100 Most Influential People: 2012," TIME, April 18, 2012, http://content.time.com/time/specials/packages/article/0,28804,2111975_2112273,00.html（2014年6月確認）
13. Susan Cain, "Susan Cain: The Power of Introverts," TED.com, March 2012, http://www.ted.com/talks/susan_cain_the_power_of_introverts.html（2014年6月確認）
14. Revolution.com, About Revolution Web site page, http://revolution.com/our-story/about-revolution（2014年6月確認）
15. Fast Company Staff, "Twitter's Biz Stone and Ev Williams and Charlie Rose: The Long and Short of Creative Conversations," Fast Company online, http://www.fastcompany.com/3004361/a-conversation-charlie-rose-biz-stone-ev-williams（2014年6月確認）
16. Seth Godin, "Seth Godin: How to Get Your Ideas to Spread," TED.com, April 2007, http://www.ted.com/talks/seth_godin_on_sliced_bread.html（2014年6月確認）
17. Gregory Berns, Iconoclast, (Boston, MA: Harvard Business Press, 2008), 25.（『脳が「生きがい」を感じるとき』野中香方子訳、日本放送出版協会、2006年）
18. Vivienne Walt, "A Mayoral Make over," TIME, October 2, 2005, http://

www.time.com/time/magazine/article/0,9171,1112793,00.html#ixzz2KpjEAsKp（2014年6月確認）

19. James Flynn, Michael F. Shaughnessy, and Susan W. Fulgham, "An Interview with Jim Flynn about the Flynn Effect," Academic journal article from North American Journal of Psychology, vol. 14, no. 1, http://www.questia.com/library/1G1-281111803/an-interview-with-jim-flynn-about-the-flynn-effect（2014年6月確認）
20. Nicholas D. Kristof, "It's a Smart, Smart, Smart World," The New York Times, The Opinion Pages, December 12, 2012, http://www.nytimes.com/2012/12/13/opinion/kristof-its-a-smart-smart-smart-world.html?r=0（2014年6月確認）
21. 作家ダン・ピンクとの2013年2月13日のインタビューより。
22. ウィスコンシン大学医学部客員教授、ジョン・メディナとの2008年6月27日のインタビューより。
23. スティーブン・ラサムとダフィン・ズニガが制作したドキュメンタリー映画"TED: The Future We Will Create Inside the World of TED"（2007）より。
24. Ben Saunders, "Ben Saunders: Why Bother Leaving the House?", TED.com, December 2012, http://www.ted.com/talks/ben_saunders_why_bother_leaving_the_house.html（2014年6月確認）

第5章　驚きの瞬間を演出する

1. YouTube, "Bill Gates Releases Malaria Mosquitoes TED!! Must See," YouTube, February 6, 2009, http://www.youtube.com/watch?v=tWjpVJ8YNtk（2014年6月確認）
2. NBC Nightly News with Brian Williams, "Bill Gates Bugs Out." 最初の放送は2009年2月6日
3. John Medina, Brain Rules (Seattle, WA: Pear Press, 2008), 80.
4. 3と同じ、81.
5. トロント大学心理学教授のレベッカ・トッドとの2013年2月25日のインタビューより。
6. 5と同じ
7. Jill Bolte Taylor, "Jill Bolte Taylor's Stroke of Insight," TED.com, March 2008, http://www.ted.com/talks/jill_bolte_taylor_s_powerful_stroke_of_insight.html（2014年6月確認）
8. YouTube, "The Neuroanatomical Transformation of the Teenage Brain: Jill Bolte Taylor at TEDxYouth@Indianapolis," YouTube, February 21, 2013, http://www.youtube.com/watch?v=PzT_SBl31-s（2014年6月確認）

9. YouTube, "The Lost 1984 Video (The Original 1984 Macintosh Introduction)," YouTube, http://www.youtube.com/watch?v=2B-XwPjn9YY（2014年6月確認）
10. YouTube, "The Microsoft Deal-Macworld Boston（1997）," YouTube, December 21, 2012, http://www.youtube.com/watch?v=tcCONr7UHBs（2014年6月確認）
11. YouTube, "Apple Music Event 2001- Th e First Ever iPod Introduction," YouTube, http://www.youtube.com/watch?v=kN0SVBCJqLs&feature=related（2014年6月確認）
12. Apple, "Macworld San Francisco 2007 Keynote Address," Apple, http://itunes.apple.com/5P/podcast/apple-keynote/id275834665（2014年6月確認）
13. Raghava KK, "Raghava KK: My 5 Lives as an Artist," TED.com, February 2010, http://www.ted.com/talks/raghava_kk_five_lives_of_an_artist.html（2014年6月確認）
14. Freeman Hrabowski, "Freeman Hrabowski: 4 Pillars of College Success in Science," TED.com, April 2013, http://www.ted.com/talks/freeman_hrabowski_4_pillars_of_college_success_in_science.html（2014年6月確認）

第6章　ユーモアで軽快に

1. Ken Robinson, "Ken Robinson Says Schools Kill Creativity," TED.com, June 2006, http://www.ted.com/talks/ken_robinson_says_schools_kill_creativity.html（2014年6月確認）
2. A. K. Pradeep, The Buying Brain: Secrets for Selling to the Subconscious Mind（Hoboken, NJ: John Wiley & Sons, 2010）, 29.（『マーケターの知らない「95%」』仲達志訳、阪急コミュニケーションズ、2011年）
3. Rod A. Martin, The Psychology of Humor: An Integrative Approach（Burlington, MA: Elsevier Academic Press, 2007）, 120.（『ユーモア心理学ハンドブック』野村亮太、雨宮俊彦、丸野俊一監訳、北大路書房、2011年）
4. 3と同じ
5. 3と同じ、128.
6. Fabio Sala, "Laughing All the Way to the Bank," Harvard Business Review, September 2003, http://hbr.org/2003/09/laughing-all-the-way-to-the-bank/ar/1（2014年6月確認）
7. YouTube, "Jerry Seinfeld on How to Write a Joke," YouTube.com, December 20, 2012, http://www.youtube.com/watch?v=itWxXyCfW5s

(2014年6月確認)

8. Dan Pallotta, "Dan Pallotta: The Way We Think about Charity is Dead Wrong," TED.com, March 2013, http://www.ted.com/talks/dan_pallotta_the_way_we_think_about_charity_is_dead_wrong.html (2014年6月確認)
9. Jill Bolte Taylor, "Jill Bolte Taylor's Stroke of Insight," TED.com, March 2008, http://www.ted.com/talks/jill_bolte_taylor_s_powerful_stroke_of_insight.html (2014年6月確認)
10. John McWhorter, "John McWhorter: Txtng Is Killing Language. JK!!!", TED .com, April 2013, http://www.ted.com/talks/john_mcwhorter_txtng_is_killing_language_jk.html (2014年6月確認)
11. Juan Enriquez, "Juan Enriquez: The Next Species of Human," TED.com, February 2009, http://www.ted.com/talks/juan_enriquez_shares_mindboggling_new_science.html (2014年6月確認)
12. Chris Bliss, "Chris Bliss: Comedy Is Translation," TED.com, February 2012, http://www.ted.com/talks/chris_bliss_comedy_is_translation.html (2014年6月確認)
13. Rose George, "Rose George: Let's Talk Crap. Seriously," TED.com, April 2013, http://www.ted.com/talks/rose_george_let_s_talk_crap_seriously.html
(2014年6月確認)
14. YouTube.com, "Jim Carrey and Stephen Hawking on Late Night with Conan O' B," YouTube.com, February 26, 2010, http://www.youtube.com/watch?v=sRO4fAevMZQ (2014年6月確認)
15. Stephen Hawking, "Stephen Hawking: Questioning the Universe," TED .com, April 2008, http://www.ted.com/talks/stephen_hawking_asks_big_questions_about_the_universe.html (2014年6月確認)

第7章　18分ルールを守る

1. カナダのウォータールー大学経済学教授、ラリー・スミスとの2012年6月12日のインタビューより。
2. Amit Agarwal, "Why Are TED Talks 18 Minutes Long?" Digital Inspiration, February 15, 2010, http://www.labnol.org/tech/ted-talk-18-minutes/12755/ (2014年6月確認)
3. テキサス・クリスチャン大学コミュニケーション学部長兼教授、ポール・E・キングとの2012年12月3日のインタビューより。
4. Roy Baumeister, Willpower: Rediscovering the Greatest Human Strength (paperback) (New York: Penguin Books, 2012), 48.(『WILLPOWER 意志

力の科学』渡会圭子訳、インターシフト、2013年)
5. Matthew May, The Laws of Subtraction: 6 Simple Rules for Winning in the Age of Excess Everything (New York: McGraw- Hill, 2012), xiv.
6. アングロ・アメリカン史、ロシア史の研究者で、「ビッグ・ヒストリー」と呼ばれる学際的アプローチの創始者として知られる、デビッド・クリスチャンとの2012年12月13日のインタビューより。
7. Neil Pasricha, "Neil Pasricha: The 3 A's of Awesome," TED.com, January 2011, http://www.ted.com/talks/neil_pasricha_the_3_a_s_of_awesome.html (2014年6月確認)
8. Kevin Allocca, "Kevin Allocca: Why Videos Go Viral," TED.com, February 2012, http://www.ted.com/talks/kevin_allocca_why_videos_go_viral.html (2014年6月確認)
9. Majora Carter, "Majora Carter: 3 Stories of Local Eco- Entrepreneurship," TED.com, December 2010, http://www.ted.com/talks/majora_carter_3_stories_of_local_ecoactivism.html (2014年6月確認)
10. Carmine Gallo, "How to Pitch Anything in 15 Seconds [Video] ," Forbes, Leadership, July 17, 2012, http://www.forbes.com/sites/carminegallo/2012/07/17/how-to-pitch-anything-in-15-seconds/ (2014年6月確認)

第8章　五感を刺激して記憶に残す

1. Michael Pritchard, "Michael Pritchard: How to Make Filthy Water Drinkable," TED.com, August, 2009, http://www.ted.com/talks/michael_pritchard_invents_a_water_filter.html (2014年6月確認)
2. Richard Mayer, "Cognitive Theory of Multimedia Learning (Mayer)," Learning- Theories.com, posted in Cognitive Theories, Learning Theories & Models, http://www.learning-theories.com/cognitive-theory-of-multimedia-learning-mayer.html (2014年6月確認)
3. Emily McManus, "TEDsters Talk about Al Gore's Impact," TED.com, October 12, 2007, http://blog.ted.com/2007/10/12/i_was_actually/ (2014年6月確認)
4. Elizabeth Blair, "Laurie David: One Seriously 'Inconve nient' Woman," NPR, Special Series Profiles, May 7, 2007, http://www.npr.org/templates/story/story.php?storyId=9969008 (2014年6月確認)
5. Carmine Gallo, "Richard Branson: If It Can't Fit on the Back of an Envelope, It's Rubbish (An Interview)" Forbes.com, October 22, 2012, http://www.forbes.com/sites/carminegallo/2012/10/22/richard-branson-if-it-cant-fit-on-the-back-of-an-envelope-its-rubbish-interview/ (2014年6月

確認)

6. YouTube, "An Inconvenient Truth (1/10) Movie Clip-Science of Global Warming (2006) HD," YouTube, October 8, 2011, http://www.youtube.com/watch?v=NXMarwAusY4 (2014 年 6 月確認)
7. Nancy Duarte, "Nancy Duarte: The Secret Structure of Great Talks," TED.com, February 2012, http://www.ted.com/talks/nancy_duarte_the_secret_structure_of_great_talks.html (2014 年 6 月確認)
8. John Medina, Brain Rules (Seattle, WA: Pear Press, 2008), 84.
9. 8 と同じ、233.
10. Bill Gates, "Bill Gates on Energy: Innovating to Zero!", TED .com, February 2010, http://www.ted.com/talks/bill_ gates.html (2014 年 6 月確認)
11. David Christian, "David Christian: The History of Our World in 18 Minutes," TED.com, April 2011, http://www.ted.com/talks/david_christian_big_history.html (2014 年 6 月確認)
12. Bono, "Bono: The Good News on Poverty (Yes, There's Good News)," TED.com, March 2013, http://www.ted.com/talks/bono_the_good_news_on_poverty_yes_there_s_good_news.html (2014 年 6 月確認)
13. Chris Jordan, "Chris Jordan: Turning Powerful Stats into Art," TED .com, June 2008, http://www.ted.com/talks/chris_jordan_pictures_some_shocking_stats.html (2014 年 6 月確認)
14. Lisa Kristine, "Lisa Kristine: Photos that Bear Witness to Modern Slavery," TED .com, August 2012, http://www.ted.com/talks/lisa_kristine_glimpses_of_modern_day_slavery.html (2014 年 6 月確認)
15. セントルイスのワシントン大学客員教授でメモリー・プラクティス社ディレクターのパスカーレ・ミケロンとの 2013 年 1 月 22 日のインタビューより。
16. Janine Shepherd, "Janine Shepherd: A Broken Body Isn' t a Broken Person," TED.com, November 2012, http://www.ted.com/talks/janine_shepherd_a_broken_body_isn_t_a_broken_person.html (2014 年 6 月確認)
17. Cesar Kuriyama, "Cesar Kuriyama: One Second Every Day," February 2013, http://www.ted.com/talks/cesar_kuriyama_one_second_every_day.html (2014 年 6 月確認)
18. Bono, "Bono: The Good News on Poverty (Yes, There's Good News)," TED.com, March 2013, http://www.ted.com/talks/bono_the_good_news_on_poverty_yes_there_s_good_news.html (2014 年 6 月確認)
19. Roger Ebert, "Roger Ebert: Remaking My Voice," TED.com, April 2011, http://www.ted.com/talks/roger_ebert_remaking_my_voice.html (2014 年

6 月確認）
20. Amanda Palmer, "Amanda Palmer: The Art of Asking," TED.com, March 2013, http://www.ted.com/talks/amanda_palmer_the_art_of_asking.html（2014 年 6 月確認）
21. Elliot Krane, "Elliot Krane: The Mystery of Cronic Pain," TED.com, May 2011, http://www.ted.com/talks/elliot_krane_the_mystery_of_chronic_pain.html（2014 年 6 月確認）
22. Stacey Kramer, "Stacey Kramer: The Best Gift I Ever Survived," TED.com, October 2010, http://www.ted.com/talks/stacey_kramer_the_best_gift_i_ever_survived.html（2014 年 6 月確認）

第 9 章　自分らしく語る

1. Sheryl Sandberg, Lean In: Women, Work, and the Will to Lead (New York: Alfred A. Knopf, 2013), 139.（『LEAN IN』村井章子訳、日本経済新聞出版社、2013 年）
2. 1 と同じ
3. NAMI（ナショナル・アライアンス・オン・メンタルイルネス）のインディアナ州ブルーミントン広域地区プレジデントで、ハーバード脳組織リソースセンター全米広報官のジル・ボルト・テイラー博士との 2013 年 3 月 19 日のインタビューより。
4. Richard Branson, "Richard Branson on the Art of Public Speaking," Entrepreneur, February 4, 2013, http://www.entrepreneur.com/article/225627（2014 年 6 月確認）
5. Meredith Lepore, "6 Essential Tips for Work and Life from Warren Buffet," Levoleague.com, May 8, 2013, http://www.levoleague.com/career-advice/warren-buffett-life-tips（2014 年 6 月確認）

著者プロフィール

カーマイン・ガロ（Carmine Gallo）

世界の有名ブランドを支えるコミュニケーションコーチ。CNNとCBSのアンカーや記者を務めた。インテル、シスコ、コカ・コーラ、ファイザーなど多くの企業で講演した経験を持つほか、Forbes.comでは連載も持つ。国際的なベストセラー『スティーブ・ジョブズ　驚異のプレゼン』（日経BP社）などの著者でもある。妻と２人の娘とともに、カリフォルニア州プレザントン市在住。

詳しくは、www.carminegallo.comをご覧ください。

訳者プロフィール

土方　奈美（ひじかた・なみ）

翻訳家。慶應義塾大学文学部卒業後、日本経済新聞社で記者を務める。米国公認会計士、ファイナンシャルプランナーの資格を保有し、経済・金融分野を中心に翻訳を手がける。主な訳書に『世界の技術を支配するベル研究所の興亡』（文芸春秋）、『ライク・ア・ヴァージン　ビジネススクールでは教えてくれない成功哲学』（日経BP社）など。

TED　驚異のプレゼン

人を惹きつけ、心を動かす9つの法則

2014年7月23日　第1版第1刷発行
2020年1月6日　第1版第8刷発行

著　者　カーマイン・ガロ
訳　者　土方 奈美
発行者　村上 広樹
発　行　日経BP社
発　売　日経BPマーケティング
〒105-8308　東京都港区虎ノ門4-3-12
装　幀　坂川栄治＋坂川朱音（坂川事務所）
編　集　中川 ヒロミ
カバー写真　Getty Image News/Getty Image
制　作　クニメディア株式会社
印刷・製本　株式会社シナノ

ISBN978-4-8222-5033-1　2014 Printed in Japan

本書籍に関するお問い合わせ、ご連絡は下記にて承ります。
http://nkbp.jp/booksQA